鈴木達治郎・広瀬 訓・藤原帰一 編
Tatsujiro Suzuki, Satoshi Hirose & Kiichi Fujiwara

核の脅威にどう対処すべきか

北東アジアの非核化と安全保障

How to Face Nuclear Threats

法律文化社

RECNA叢書3

目　次

第6章　北東アジア非核化への包括的アプローチの再検証と今後の対応 ──── 中村　桂子　81

1　はじめに　81
2　「スリー・プラス・スリー」北東アジア非核兵器地帯構想　81
3　国内外における支持の高まり　82
4　日本政府の姿勢　83
5　包括的アプローチの提案　84
6　北東アジア非核兵器地帯条約における工夫　86
7　北東アジア非核兵器地帯と拡大核抑止の関係　87
8　包括的アプローチのフォローアップ　88
9　構想実現の可能性と意義　89

第2部　北東アジアにおける信頼醸成
──「トラック2」活用の可能性──

第7章　「トラック2」の定義と北東アジアの特徴 ──── 広瀬　訓／向　和歌奈　97

1　研究の目的　97
2　研究対象　99
3　アプローチ　100

第8章　北東アジア平和協力構想（NAPCI）の可能性と今後の展望 ──── 孫　賢鎮　103

1　背　景　103
2　NAPCIの概念および基本原則　104
3　NAPCIの目標　106
4　NAPCI参加国　107

5　NAPCIの主要議題　108
6　NAPCIの成果　108
7　NAPCIの今後の展望　111

第9章　パグウォッシュ会議の成果と北東アジアへの期待　――――広瀬　訓　114

1　背　景　114
2　功　績　115
3　特　徴　117
4　北東アジア　119

第10章　東南アジアにおけるトラック2の役割と限界　――――向　和歌奈　121

1　東南アジアにおけるトラック2とは　121
2　セミトップ・ダウンとボトム・アップの試み　123
3　ボトム間での組織論形成への挑戦：CSCAPの設立　126
4　ボトム・アップへの再回帰：CSCAPからARFへの還元　127
5　CSCAPの特異性、可能性、そして限界　128
6　北東アジアにおけるトラック2の可能性　130

第3部　非核化の検証と北東アジアの課題

第11章　核軍縮における検証の現状と課題　――――鈴木達治郎／堀尾　健太　141

1　はじめに　141
2　核軍縮の検証をめぐる歴史的経緯と展望　142
3　核兵器の禁止と検証　145

はじめに

　本書は、長崎大学核兵器廃絶研究センター（RECNA）が中心となり、東京大学、一橋大学、明治学院大学、広島市立大学平和研究所の研究者が取り組んだ科学研究費「核廃絶に向けての阻害・促進要因の分析と北東アジアの安全保障」（平成27年度〜29年度、「紛争研究」分野、科研費番号15KT0045）の研究プロジェクト成果をまとめたものである。

　研究プロジェクトを開始した2015年は、核不拡散条約（NPT）再検討会議において、最終文書の合意が採択されない結果に終わり失望感が漂っていた。さらに2016年1月、9月には北朝鮮（朝鮮民主主義人民共和国）が4、5回目の核実験を連続して行い、ミサイル実験も継続して、北朝鮮をめぐる情勢はさらに厳しくなった。そういった中で2017年1月に誕生したのが米トランプ政権である。核兵器についても不用意な発言を繰り返すトランプ政権は「核態勢見直し」の着手を即座に命じ、総額120兆円ともいわれる「核兵器近代化」計画の促進も決定した。さらに、米トランプ政権は北朝鮮に対しても圧力を強めていった。国連安全保障理事会における制裁決議を重ねて行うとともに、米・韓・日は軍事演習を強化して、北朝鮮への軍事攻撃も辞さないところまで圧力を高めた。このような動きをあざ笑うかのように、2017年9月3日には6回目の核実験を行い、北朝鮮政府は、度重なるミサイル実験とあわせて、「大陸間弾道ミサイル（ICBM）に搭載可能な水爆実験に成功」と発表するまでに至った。

　一方で、核兵器廃絶への動きを促進する流れも見え始めた。2016年5月には米オバマ大統領が現職大統領として、初めて被爆地広島を訪れて演説を行った。この歴史的訪問は、あらためて「核のない世界」を目指すオバマ大統領の決意と勇気を示すことになった。そして、2017年7月7日、核兵器の開発・所有・使用・支援そして威嚇等も禁止する「核兵器禁止条約」が採択されたのである。9月20日の署名式当日には既に条約発効に必要な50か国が署名し、これらの国における批准が進めば、2018年にでも条約が発効する見通しが立ったのであ

る。しかし、「核抑止」に依存する核保有国、並びに「核の傘」の下にある非核保有国は、この条約に反対し、条約には参加しない声明を発表している。核兵器禁止条約が発効すれば、核保有国と「核の傘」国に対する国際圧力は徐々に高まっていくだろう。

このように、核兵器をめぐる世界の動きは、いまや廃絶に向けて「阻害」する動きと「促進」する動きが同時進行で行われているのが現状だ。唯一の戦争被爆国日本は、北朝鮮の核の脅威への対応と核兵器禁止条約への対応という、難しい問題に直面しているのである。そういった背景の中、本書は、より長期的視点から、北東アジアの安全保障環境の改善と非核化に焦点をあて、冷静で客観的な分析に基づき、「核廃絶」と「核の傘に依存」という被爆国日本のジレンマの解決に少しでも資することを目的とした研究成果報告書である。本報告書の構成は次の4部からなっている。

第1部は、「核の傘」への依存度をどう下げていくことができるか、という問題を取り扱う。最初に、日本と同様米国の「核の傘」の下にある非核保有国が、NPTや核兵器禁止条約という多国間協議でどのような政策や外交を行ってきたのか。特に「人道アプローチ」から「核兵器禁止条約」に至るまでの動きへの対応の焦点をあてる。次に、核の傘を不要にする一つの政策措置として、非核兵器地帯、特にその中でも「消極的安全保証」（核兵器国が非核兵器国に対し、核兵器による攻撃や威嚇を行わない）について、その重要性や実効性について検証を行う。第三に、日本と同様「核の傘」に依存しつつ、既に南太平洋非核兵器地帯（「ラロトンガ条約」）に参加しているオーストラリアの事例研究を紹介する。4番目には、現在の北朝鮮の核の脅威に対して、「核抑止」が本当に機能しているのか、「核抑止」に依存することがかえってリスクを高めていないか、を検証する。最後に、2015年に発表した、RECNAの「北東アジア非核兵器地帯への包括的アプローチ」について、再度検証を行う。

第2部は、「信頼醸成措置」としての「トラック2」外交（非政府機関が主体となった民間外交の場で、政策担当者も参加することで非公式な情報交換が可能となる）に焦点をあてる。ここでは、「トラック2」という概念の定義から入り、実際の事例研究を通じて、北東アジアにおける「トラック2」の可能性、そして成

功に導くための要因を明らかにすることを目的に、分析を行っている。事例研究として次の3つを扱う。①「アジア太平洋安全保障協力会議（CSCAP）」という長い歴史を持つ、アジア地域における「トラック2」外交を評価する。②「北東アジア平和協力構想（NAPCI）」は韓国政府が主導して開始した「信頼醸成措置」であり、まだ歴史も浅いが、その背景や現時点での評価と今後の見通しを評価する。③「パグウォッシュ会議」は、核兵器と戦争の根絶を目指す科学者集団の国際的な活動であり、特に冷戦時代の米・ソ連間での「トラック2」活動により、ノーベル平和賞を1995年に受賞している。その成功の要因と最近の活動、特に北東アジアにおける可能性について検討している。以上の3つの事例研究に基づき、北東アジアにおける「トラック2」の可能性について示唆を与える。

　第3部は、核軍縮を実施するうえで重要な「検証」に焦点をあてる。核兵器を廃絶するためには、核軍縮段階での検証が不可欠であり、また核兵器が廃絶された後も、関連施設や核物質が軍事転用されないよう検証する必要がある。本来平和利用とされている施設や核物質も引き続きその軍事転用を防ぐ措置（保障措置）が必要である。そのためには、検証のための制度的課題とともに、技術的課題についても検討することが必要だ。本章では、「非核化プロセス」に不可欠な検証制度の在り方とその技術的課題について検討する。核軍縮における「検証」措置の現状と課題について整理し、事例研究としては①衛星監視技術の応用、②アルゼンチン・ブラジル核物質計量管理機関（ABACC）の教訓と北東アジアへの適用、の2つを扱う。最後に、北東アジア非核兵器地帯が設立された場合の「検証措置」の可能性について検討を加える。

　第4部は本書の基となる研究成果の発表会として開催した公開シンポジウムにおけるパネル討論の概要をまとめた。北朝鮮問題への対応、核抑止論の功罪、核兵器の役割低減、そして北東アジアの安全保障と日本の役割、と幅広く充実した議論を行うことができた。

　被爆地長崎に誕生したRECNAは、核兵器廃絶のための「知の拠点」として、世界に研究成果を発信し続けていく責務がある。RECNAを創設し、常に温かいご指導と支援をいただいてきた長崎大学片峰茂前学長、河野茂学長、そして

長崎の被爆者の方々に深く謝辞を表したい。また、長年核兵器廃絶の理論的研究と市民運動に尽力され、RECNA創設にもかかわっていただいた故土山秀夫元長崎大学学長に、本書をささげたいと思う。

　全編を通じて、専門用語が多く、専門学術誌への投稿も考慮に入れた研究論文形式になってはいるが、それぞれの著者には、できるだけ平易にかつ簡潔に執筆をお願いした。専門家のみならず、政策担当者や一般読者にもぜひ手に取っていただき、今後の政策論議の参考の一助としていただければ幸いである。

　　　　　　　　　　　　　　　　　　　　　　　　　　鈴木達治郎

目　次

はじめに　　　　　　　　　　　　　　　　　　　鈴木達治郎

略語表

第1部　「核の傘」依存低減と非核保有国の政策

第1章　「核の傘」依存国の定義と考察　――　中村　桂子　3

　　1　「核の傘」依存国の現状と分類　3
　　2　「核の傘」依存国と核軍縮義務　6

第2章　「核兵器禁止条約」成立過程における「核の傘」依存国の動向　――　中村　桂子　10

　　1　はじめに　10
　　2　「人道アプローチ」前期（2010年～13年）　10
　　3　「人道アプローチ」後期（2014年～17年）　12
　　4　米国の反応　14
　　5　「核の傘」依存国の反応　15
　　6　「核の傘」依存国は変わることができるか　20

第3章　オーストラリアの「核の傘」依存政策と「南太平洋非核地帯」（SPNFZ）　――　中村　桂子　24

　　1　はじめに　24
　　2　オーストラリアと核兵器　26
　　3　SPNFZ条約の成立　27

v

  4 条約の特徴 28
  5 米国の支持 30
  6 消極的安全保証（NSA）をめぐる議論 31
  7 核抑止依存のリスク 33
  8 オーストラリアにとっての「脅威」 33
  9 オーストラリアの核軍縮外交 35
  10 おわりに 36

第4章　消極的安全保証（NSA）の意義と役割 ── 榎本　浩司　40

  1 はじめに 40
  2 消極的安全保証とは 41
  3 5核兵器国の消極的安全保証に関する一方的宣言 43
  4 一方的宣言による消極的安全保証の課題 45
  5 消極的安全保証の課題を克服するための非核兵器国の政策 49
  6 非核兵器地帯における消極的安全保証の役割 52
  7 北朝鮮の核問題と消極的安全保証 57
  8 おわりに：「核の傘」依存から北東アジア非核兵器地帯に
    向けて 60

第5章　核抑止過剰依存とそのリスク認識 ── 吉田　文彦　65

  1 はじめに 65
  2 米国の軍事戦略における核兵器の位置づけ 66
  3 北朝鮮への抑止効果期待に関するリスク 69
  4 核先制攻撃にエスカレートするリスク 70
  5 非人道的行動に関する「敷居」低下のリスク 72
  6 電磁波パルス（EMP）攻撃によるリスク 73
  7 ミサイル防衛システムが地域的核軍拡をもたらすリスク 74
  8 おわりに 76

4　大量破壊兵器の軍縮に関わる他の検証制度　149

第12章　衛星監視技術の利用可能性
　　　　　──永井雄一郎／全　炳徳／広瀬　訓／榎本　浩司　154

　　　1　リモートセンシング衛星技術の動向　154
　　　2　軍縮・不拡散分野における衛星技術の活用例：現状と課題　157
　　　3　北東アジアの非核化プロセスにおける利用可能性と課題　166

第13章　地域核物質検証制度の可能性────堀尾　健太　175

　　　1　アルゼンチンおよびブラジルにおける原子力開発　175
　　　2　ブラジル・アルゼンチン核物質計量管理機関（ABACC）　177
　　　3　ABACC成功の要因と課題、評価　181
　　　4　北東アジアにおける地域核物質検証制度の可能性　183

第14章　北東アジア非核兵器地帯の検証制度と
　　　　その課題────────鈴木達治郎／堀尾　健太　186

　　　1　はじめに　186
　　　2　北朝鮮の非核化検証　186
　　　3　核兵器国への監視と検証の可能性　189
　　　4　原子力平和利用に対する追加信頼醸成措置　191

第4部　パネル討論

パネリスト：藤原　帰一　太田　昌克　司会：吉田　文彦　199

参考文献

略語表

A

ABACC（Brazilian-Argentine Agency for Accounting and Control of Nuclear Materials）　ブラジル・アルゼンチン核物質計量管理機関
ANZUS（Australia, New Zealand, United States Security Treaty）　オーストラリア、ニュージーランドおよびアメリカ合衆国の間の三国安全保障条約
APEC（Asia Pacific Economic Cooperation）　アジア太平洋経済協力
APLN（Asia Pacific Leadership Network for Nuclear Non-proliferation and Disarmament）　核不拡散・核軍縮のためのアジア太平洋リーダーシップ・ネットワーク
ARF（ASEAN Regional Forum）　ASEAN地域フォーラム
ASEAN（Association of South-East Asian Nations）　東南アジア諸国連合
ASEAN-ISIS（ASEAN-Institutes of Strategic and International Studies）　ASEAN国際問題研究所連合

C

C3I（command, control, communication, intelligence）　指揮・管制・通信・情報
CBM（confidence-building measures）　信頼醸成措置
CICP（Cambodian Institute for Cooperation & Peace）　カンボジア平和協力研究所
CNEN（National Nuclear Energy Commission）　アルゼンチン原子力委員会
CNES（Centre national d'études spatiales）　フランス国立宇宙研究センター
CSBM（confidence and security building measures）　信頼および安全保障醸成措置
CSIS（インドネシア）（Centre for Strategic and International Studies）　インドネシア戦略国際問題研究所
CSIS（米）（Center for Strategic and International Studies）　米国戦略国際問題研究所
CSCAP（Council for Security Cooperation in the Asia Pacific）　アジア太平洋安全保障協力会議
CTBT（Comprehensive Nuclear Test Ban Treaty）　包括的核実験禁止条約
CTBTO（Comprehensive Test Ban Treaty Organization）　包括的核実験禁止条約機関
CWC（Chemical Weapons Convention）　化学兵器禁止条約

D

DLR（Deutsches Zentrum für Luft- und Raumfahrt）　ドイツ航空宇宙センター

E

EAS（East Asia Summit） 東アジアサミット
EANET（The Acid Deposition Monitoring Network in East Asia） 東アジア酸性雨モニタリングネットワーク
EDSCG（Extended Deterrence Strategy and Consultation Group） 拡大抑止戦略協議体
EMP（electromagnetic pulse） 電磁パルス
ERTS（Earth Resources Technology Satellite） 地球資源技術衛星
EU（European Union） ヨーロッパ連合

F

FMCT（Fissile Material Cut-off Treaty） 核兵器用核分裂性物質生産禁止条約

G

GHSA（Global Health Security Agenda） 世界保健安全保障アジェンダ
GPS（Global Positioning System） 全地球測位衛星システム

H

HEU（Highly Enriched Uranium） 高濃縮ウラン

I

IAEA（International Atomic Energy Agency） 国際原子力機関
ICAN（International Campaign to Abolish Nuclear Weapons） 核兵器廃絶国際キャンペーン
ICBM（Intercontinental Ballistic Missile） 大陸間弾道弾ミサイル
ICJ（International Court of Justice） 国際司法裁判所
ICNND（International Commission on Nuclear Non-proliferation and Disarmament） 核不拡散・核軍縮に関する国際委員会
ICRC（International Committee of the Red Cross） 赤十字国際委員会
IFA（Institute of Foreign Affairs） ラオス外交問題研究所
IIR（Institute for International Relations） ベトナム国際関係研究所
IISS（International Institute for Strategic Studies） 国際戦略研究所
IMS（International Monitoring System） 国際監視制度
INF Treaty（Intermediate-Range Nuclear Forces Treaty） 中距離核戦力全廃条約
InSAR（Interferometric SAR） 干渉SAR
IPNDV（International Partnership for Nuclear Disarmament Verification） 核軍縮の検証に関する国際パートナーシップ
ISDS（Institute for Strategic and Development Studies） フィリピン戦略開発問題研究所

ISIL（Islamic State in Iraq and the Levant）　イスラム国
ISIS（Institute for Science and International Security）　科学国際安全保障研究所
ISIS（マレーシア）（Institute of Strategic and International Studies）　マレーシア戦略国際問題研究所
ISIS（タイ）（Institute of Security and International Studies）　タイ戦略国際問題研究所
ISMA（International Satellite Monitoring Agency）　国際衛星監視機関

J

JCPOA（Joint Comprehensive Plan of Action）　包括的共同作業計画

M

MAD（Mutually Assured Destruction）　相互確証破壊

N

NAC（New Agenda Coalition）　新アジェンダ連合
NAM（Non-Aligned Movement）　非同盟諸国
NAPCI（Northeast Asia Peace and Cooperation Initiative）　北東アジア平和協力構想
NASA（National Aeronautics and Space Administration）　米国家航空宇宙局
NATO（North Atlantic Treaty Organization）　北大西洋条約機構
NEASPEC（North-East Asian Sub-regional Programme for Environmental Cooperation）　北東アジア地域環境協力プログラム
new START（New Strategic Arms Reduction Treaty）　新戦略核兵器削減条約
NPDI（Non-Proliferation and Disarmament Initiative）　軍縮・不拡散イニシアティブ
NPR（Nuclear Posture Review）　核態勢見直し
NPT（Treaty on the Non-Proliferation of Nuclear Weapons）　核不拡散条約
NRO（National Reconnaissance Office）　国家偵察局
NSA（Negative Security Assurance）　消極的安全保証
NTI（Nuclear Threat Initiative）　核脅威イニシアティブ
NTM（National Technical Means of Verification）　自国の検証技術手段

O

OEWG（UN Open-ended Working Group taking forward multilateral nuclear disarmament negotiations）　国連公開作業部会
OPCW（Organization for the Prohibition of Chemical Weapons）　化学兵器禁止機関
OSCE（Organization for Security and Co-operation in Europe）　全欧安全保障協力機構
OSI（On-Site Inspection）　現地査察

P

PACATOM（Pacific Atomic Energy Community）（日本語名称なし）
PAFTAD（Pacific Trade and Development Conference）　太平洋貿易開発会議
PECC（Pacific Economic Cooperation Council）　太平洋経済協力会議
PIF（Pacific Islands Forum）　太平洋諸島フォーラム
PSA（Positive Security Assurance）　積極的安全保証
PSNA（Panel on Peace and Security of Northeast Asia）　北東アジアの平和と安全に関するパネル
PTBT（Treaty Banning Nuclear Weapon Tests in the Atmosphere, in Outer Space and Under Water）　部分的核実験禁止条約
PTS（Provisional Technical Secretariat）　暫定技術事務局

R

RECNA（Research Center for Nuclear Weapons Abolition, Nagasaki University）　長崎大学核兵器廃絶研究センター

S

SALT（Strategic Arms Limitation Talks）　戦略兵器制限交渉
SCAP（Security Cooperation in the Asia Pacific）　アジア太平洋安全保障協力
SCCC（Common System of Accounting and Control of Nuclear Materials）　共有核物質計量管理システム
SIIA（Singapore Institute of International Affairs）　シンガポール国際問題研究所
SORT（Treaty Between the United States of America and the Russian Federation on Strategic Offensive Reductions）　アメリカ合衆国とロシア連邦との間の戦略的攻撃能力の削減に関する条約
SPF（South Pacific Forum）　南太平洋フォーラム
SPNFZ条約（South Pacific Nuclear Free Zone Treaty）　南太平洋非核地帯条約（ラロトンガ条約）
START（Strategic Arms Reduction Treaty）　戦略核兵器削減条約

T

THAAD（Terminal High-Altitude Area Defense）　高高度防衛ミサイル
TRM（Top Regulator Meeting）　日中韓上級規制者会合

U

UNIDIR（United Nations Institute for Disarmament Research）　国連軍縮研究所

UNSSOD（United Nations Special Session on Disarmament） 国連軍縮特別総会
USGS（United States Geological Survey） 米国地質調査所

V

VCDNP（Vienna Center for Disarmament and Non-Proliferation） ウィーン軍縮不拡散センター

W

WMD（Weapons of Mass Destruction） 大量破壊兵器

Z

ZOPFAN（Zone of Peace, Freedom and Neutrality） 東南アジア平和・自由・中立地帯

第1部
「核の傘」依存低減と非核保有国の政策

第1部 イントロダクション

　「核兵器のない世界」の実現は、長年にわたり国際社会の究極の目標と位置付けられてきた。1946年の国連総会第一号決議は、「核及びその他の大量破壊兵器の廃絶」を国際社会の最優先課題に掲げ、以後の様々な合意文書や決議はこれを再確認してきた。

　しかし、目標としては一致しているものの、そこに到達する道筋をめぐっては各国の見解に大きな隔たりが存在する。核保有国や同盟関係にある核兵器保有国の提供する核抑止を自国の安全保障の一環として取り入れる拡大核抑止政策をとる非核保有国（以下、「核の傘」依存国）が段階的な核軍縮政策を唯一の現実的な方途であると主張する一方、核兵器に依存しない政策をとる非核保有国は、そうした段階的アプローチこそが核軍縮停滞の要因であると批判し、非人道性を基盤とする核兵器の禁止と廃絶を訴えてきた。後者がいわゆる「人道アプローチ」である。国連加盟国の3分の2にあたる122カ国の支持を受けて2017年7月に採択された核兵器禁止条約は、まさにこの後者のアプローチが実を結んだものである。

　「人道アプローチ」を背景に核兵器が全面的に違法化された事実は、核兵器使用を前提とする核抑止依存政策の正当性にあらためて大きな疑問を突き付けている。問われているのは核保有国だけではない。国際的な核軍縮・不拡散への貢献を外交政策の柱に掲げてきた多くの「核の傘」依存国も、禁止条約に背を向けながら核軍縮・不拡散を推進するという矛盾に満ちた状況の中でますます困難な舵取りを強いられることとなった。とりわけ、唯一の戦争被爆国として、「『核兵器のない世界』の実現に向け、核兵器使用の惨禍を訴える使命を有する」と断言し、核軍縮・不拡散における主導的な取り組みの実績を「貴重な外交資産」と位置付ける一方で、「核の傘」に固執する日本の政策は、核兵器に依存しない非核兵器国や市民社会から冷ややかな視線が注がれるだけでなく、北東アジアにおける不安定な安全保障環境をもたらす直接的な要因ともなっている。

　こうした状況を背景に、本稿では、「核の傘」の下の非保有国の政策に焦点をあて、核抑止依存の低減に向けての事例研究と理論面からの分析をもとに、日本がとるべき方向を示唆することとする。第1章では、「核の傘」依存国を分類整理し、続いて事例研究として、第2章では、「核兵器禁止条約」採択までの「人道アプローチ」に対する「核の傘」依存国の対応、第3章では「核の傘」依存国でありつつも南太平洋非核地帯を批准しているオーストラリアを取り上げ、「核の傘」依存国の抱えるジレンマに焦点をあてる。続いて第4章では、核軍縮と不拡散の両面において重要な役割を担う「消極的安全保証」をめぐる現状と課題を整理し、第5章では、緊迫する「北東アジアにおける核抑止への過剰依存」について分析する。最後に、第6章ではRECNAの提案した「北東アジア非核兵器地帯を目指す包括的アプローチ」の現在的意義について再度検証する。

第1章

「核の傘」依存国の定義と考察

中村　桂子

1　「核の傘」依存国の現状と分類

　ここでは米国の「核の傘」への依存を公言している国を取り上げ[1]、それらをその形態によって簡単に分類整理してみたい。
　「核の傘」とは、「核報復の威嚇、さらには必要とあらばその後の核エスカレーションの威嚇によって、同盟国・友好国に対する第3国からの武力攻撃を"抑止"すること」と定義される[2]。およそ30の国が「核の傘」の下にあると考えられているが、同盟国に対する安全の保証にあり方については、供与国と被供与国の間において必ずしも成文化されていないため、いずれの国が被供与国であるかについての統一された見解は存在しない[3]。ここでは、米国の「核の傘」への依存を公式政策として公言している国家を以下の3つのモデルに分類する。

(1) 北大西洋条約機構 (NATO) 非核兵器国：多国間／成文化モデル

　集団防衛を任務とするNATO[4]は、1950年半ば以来、同盟国への攻撃を抑止し、防衛する手段として、核兵器を重視してきた[5]。米国がNATO非核兵器国に配備した核兵器を有事の際に共同運用するという核シェアリング政策をとっており、現在、ベルギー、ドイツ、イタリア、オランダ、トルコの5カ国におよそ180発の戦略核が配備されている。

NATOの基本戦略を示した2010年「戦略概念」は、「核及び通常能力の適切な組み合わせに基づく抑止」が継続してNATOの「全体戦略の中核的要素」であるとし、「核兵器が存在する限り、NATOは核同盟であり続ける」と断言した（17節）[6]。さらに、同盟国の安全保障を究極的に保証するものは、「同盟の戦略核戦力、とりわけ米国の戦略核戦力」であり、英仏両国の戦略核戦力も全体的な同盟の抑止と安全保障に寄与している、と述べている（18節）。また、「核の役割に関する集団防衛計画」「平和時の核戦力の配置」「指令・管理・協議の枠組み」の中で、「同盟国の可能な限り広範な参加」を確保するとした（19節）。

2016年7月のNATOワルシャワ首脳会合で出されたコミュニケは、より明確にNATO非核兵器国に配備された米戦術核の役割に触れ、次のように述べている。

「NATOの核抑止態勢は、その一部を、欧州に前進配備された米国の核兵器と、関係同盟国が提供する能力およびインフラに依存している。これらの同盟国は、NATOの核抑止のすべての部分が、安心、安全かつ効果的であり続けることを保証している」[7]。

このように「核同盟」としてのNATOの一体性が重要視される一方、欧州配備の米戦術核に対するNATO非核兵器国の姿勢は一様ではなく、一部の国家からはその依存低減の必要性がしばしば提起されてきたことも事実である。2009年10月には、ドイツが自国および欧州からの米戦略核の撤去を求め、同様の要求はベルギーやオランダからも出された。また、ドイツ、オランダ、ノルウェー、ポーランドの4カ国は、2011年4月14日にベルリンで開かれたNATO外相会合において、欧州配備の米戦略核の削減を視野に、米ロの非戦略核兵器の透明性強化を求める「ノン・ペーパー」を提出した。この提案にはベルギー、チェコ共和国、ハンガリー、アイスランド、ルクセンブルグ、スロベニアからも支持が示された[8]。しかしクリミア情勢などを受けた昨今、再び欧州配備の米戦術核はその必要性が声高に主張されるようになった。

(2) 東アジア（日本、韓国）：二国間／成文化モデル

東アジアにおける米同盟国である日本と韓国は、それぞれ米国との二国間の

安全保障条約に基づいて拡大核抑止の提供を受けている。地域の不安定な安全保障環境、とりわけ北朝鮮情勢の緊迫化を背景に、両政府においては同盟の抑止力や対処力の一層の強化を求める声が高まっている。

日本は、自国の防衛政策の基本文書である「防衛計画の大綱」に米国の拡大核抑止依存の方針を盛り込むとともに、米国との合意文書を通じてその再三の確認を行ってきた。最近のものでは、2015年4月27日に日米安全保障協議委員会（2＋2）が了承した「日米防衛協力のための指針」が、日米同盟の継続的強化を謳い、米国が「引き続き、その核戦力を含むあらゆる種類の能力を通じ、日本に対して拡大抑止を提供する」と明記している[10]。また、トランプ政権誕生以来初となる日米首脳会談で出された2017年2月10日の共同声明においても、「核及び通常戦力双方によるあらゆる種類の米国の軍事力を使った日本の防衛に対する米国のコミットメントは揺るぎない」と、「核の傘」の保証が再確認された[11]。加えて、日米間では2010年以降、「核の傘」を含む拡大抑止に関する協議が実施されており、最近では2017年6月14日に東京で日米拡大抑止協議が開催されている。

韓国についても同様に、米国との共同文書を通じて「核の傘」の供与を確認している。その一つが1968年以来毎年開催されている「米韓安保協議会議」の共同コミュニケであり、2016年10月20日の最新版は次のように述べている。

「国防長官は、米国の核の傘、通常攻撃、及びミサイル防衛能力を含むあらゆる軍事能力を使用して、韓国に対し拡大抑止を提供するという米国の継続的なコミットメントを再確認した[12]。」

米韓両国の間でも「核の傘」の運用に関する定例協議が実施されている。2016年12月20日には、北朝鮮に対する拡大抑止について両国が議論する拡大抑止戦略協議体（EDSCG）の初会合がワシントンDCで開催され、「核の傘」を含むあらゆる能力を使うという米国の「甲鉄のように固く、揺るぎない」誓約を盛り込んだ共同声明が発せられた[13]。

(3) オーストラリア：二国間／非成文化モデル

　米国とオーストラリアの「核同盟」は1951年の「オーストラリア、ニュージーランドおよびアメリカ合衆国の間の三国安全保障条約」（ANZUS条約）に基づいている。1986年に米国がニュージーランドに対する防衛義務を停止したことで、ANZUS条約は実質的には米豪の二国間同盟となった。[14]

　米国の「核の傘」への依存は、オーストラリア政府の文書や政府関係者の発言の中に繰り返し登場する。たとえば、最新の2016年版国防白書には以下の記述がある。[15]

> 「オーストラリアの安全保障は、ANZUS条約、米国の拡大抑止、そして米国の最新の技術と情報へのアクセスに支えられている。米国の核及び通常の軍事力のみがオーストラリアに対する核の潜在的な脅威に対する効果的な抑止を提供する。」

　しかし、前述したNATOや日韓と異なり、そうした「核の傘」の保証についての米国側の公式文書の存在は明らかになっていない。また、日韓の場合には、地域安全保障環境の不安定化を背景に、「核の傘」の再保証や強化を米国に求める動きが顕著であるが、オーストラリアにおいてはそのような協議を求める声は大きくない。オーストラリアが明文化した形での保証を求めていない理由は、クリスティーン・リー（Christine M. Leah）とクリスピン・ロヴェール（Crispin Rovere）が述べるように、核不拡散条約（NPT）批准後のオーストラリアの政策立案者が米国の拡大核抑止を自国の安全保障の重要な一部とみなしつつも、その「依存」はあくまで自国を取り巻く安全保障環境に切迫した脅威が存在しないことを前提とするものであったという点から説明できるだろう。[16]

2　「核の傘」依存国と核軍縮義務

　核軍縮に向けた努力がこれらの国に課された義務であることを確認しておきたい。上記に挙げた「核の傘」依存国は、いずれもNPTの締約国である。NPTは、その第6条[17]において核軍縮義務を定めているが、それは核兵器国のみならず「すべての締約国」に課された義務であり、その点は過去のNPT関

連文書において繰り返し確認されている。2010年の再検討会議の最終合意文書は、64項目の「行動計画」の第一番目に、すべての締約国が「NPT 及び核兵器のない世界という目的に完全に合致した政策を追求することを誓約」したと明記している。

実際、これらの「核の傘」依存国は、長年、NPT を中心とした国際的な軍縮・不拡散体制の強化を自らの政策の優先課題に位置付けてきた。包括的核実験禁止条約（CTBT）をはじめとする関連する国際条約に加入し、二国間、多国間の枠組みや、国連・国際機関、時には市民社会組織との連携や協力の下で、国際的な核軍縮・不拡散の促進にも様々な貢献を行っている。日本は言うまでもなく、唯一の戦争被爆国として、自らに主導的な役割があることを国内外に繰り返し訴えている。また、本書第3章で詳述するように、オーストラリアは南太平洋非核地帯の構成国でもある。

しかしながら、これら「核の傘」依存国の姿勢に多くの矛盾があるとの指摘が一貫してなされてきたことも事実である。NATO を例にとっても、既出の2010年 NATO 戦略概念が、「軍備管理・軍縮・拡散防止は平和、安全保障、そして安定に貢献する」と認識する一方で、「同時に、集団防衛の義務が果たされ、その（NATO の）任務が全面的に遂行される」ことが確実にされるべき、と述べているように[18]、核軍縮努力はあくまで「核の傘」依存に影響を与えない範囲という限定的、条件付のものに留まってきた。欧州における配備数が、1970年代のピーク時の7,000発から現在の約180発へと大幅に削減されたことは事実であるが、その一方で老朽化の進む B-61弾頭の近代化計画が進むなど、実質的な核軍縮の前進には多くの課題が残っていることもその表れと言えるだろう[19]。そもそも核シェアリング政策と米戦術核の欧州配備は核兵器国と非核兵器国の不拡散義務を定めた NPT 第1条および第2条に対する違反であるとの議論は「非同盟諸国[20]」や市民社会[21]の中に根強い。

よって「核の傘」依存国にとって、核兵器の非人道性を焦点化しつつ、その法的禁止とその先の廃絶を目指す「人道アプローチ」は、自国らが長らく抱えているジレンマをあらためて浮き彫りにするものであった。この潮流に対し、「核の傘」依存国がどのように対応していったかを、次章で詳しく見ていくこ

第 1 部　「核の傘」依存低減と非核保有国の政策

とにしたい。

1）　米国の「核の傘」に依存する国の他にも、ロシアを盟主とする「集団安全保障条約機構（CSTO）」に属する非核兵器国（アルメニア、ベラルーシ、カザフスタン、キルギス、タジキスタン）も「核の傘」に依存していると考えられている。しかしこれらの国々のロシアの核戦力への依存についてははっきりとした情報がないため、ここでは分析に含めないこととする。
2）　日本軍縮学会編『軍縮辞典』信山社、2015年、101頁。
3）　たとえば、"Report of the Secretary of Defense Task Force on DoD Nuclear Weapons Management, Phase II: Review of the DoD Nuclear Mission," December 2008は核の傘の下の国として、「30数カ国」と表現している。
4）　現在の加盟国は米国、英国、フランスの核兵器国を含む29カ国。2017年 6 月にモンテネグロが加盟した。
5）　Steven Pifer, "NATO, Nuclear Weapons and Arms Control," *Brookings Arms Control Series Paper* 7, July 2001, pp. 5-9.
6）　NATO, "Active Engagement, Modern Defence: Strategic Concept for the Defence and Security of the Members of the North Atlantic Treaty Organization," Adopted by Heads of State and Government at the NATO Summit in Lisbon 19-20 November 2010.
7）　NATO, "Warsaw Summit Communique," July 9, 2016.（http://www.nato.int/cps/en/natohq/official_texts_133169.htm）
8）　Hans M. Kristensen, "10 NATO Countries Want More Transparency for Non-Strategic Nuclear Weapons," April, 24, 2011.（https://fas.org/blogs/security/2011/04/nato proposal/）
9）　「平成26年度以降における防衛計画の大綱」は次のように述べている。「核兵器の脅威に対しては、核抑止力を中心とする米国の拡大抑止は不可欠であり、その信頼性の維持・強化のために米国と緊密に協力していくとともに、併せて弾道ミサイル防衛や国民保護を含む我が国自身の取組により適切に対応する。」（http://www.mod.go.jp/j/approach/agenda/guideline/2014/pdf/20131217.pdf）
10）　「日米防衛協力のための指針」2015年 4 月27日。（http://www.mofa.go.jp/mofaj/files/000078187.pdf）
11）　「共同声明」2017年 2 月10日。（http://www.mofa.go.jp/mofaj/files/000227766.pdf）
12）　"Joint Communique of the 48th U.S.-ROK Security Consultative Meeting," Washington D.C., October 20, 2016.（https://www.defense.gov/Portals/1/Documents/pubs/USROKSecurityJointCommunique2016.pdf）
13）　"Joint Statement for the Inaugural Meeting of the Extended Deterrence Strategy and Consultation Group," Washington D.C., December 20, 2016.（https://www.defense.

gov/Portals/1/Documents/pubs/Joint-Statement-for-the-Inaugural-Meeting-of-the-Extended-Deterrence-Strategy-and-Consultation-Group.pdf）
14) 米NZの軍事協力は2010年の「ウェリントン宣言」、2012年の「ワシントン宣言」等を通じて強化されつつあるが、非核政策は継続している。
15) http://www.defence.gov.au/whitepaper/
16) Christine M. Leah & Crispin Rovere, "Chasing Mirages: Australia and the U.S. Nuclear Umbrella in the Asia-Pacific," Nuclear Proliferation International History Project, Issue Brief #1.（https://www.wilsoncenter.org/sites/default/files/npihp_issue_brief_1_chasing_mirages_australia_nuclear_history.pdf）
17) 第6条「各締約国は、核軍備競争の早期の停止及び核軍備の縮小に関する効果的な措置につき、並びに厳重かつ効果的な国際管理の下における全面的かつ完全な軍備縮小に関する条約について、誠実に交渉を行うことを約束する。」
18) NATO, op. cit.
19) United States Government Accountability Office, "NNSA Has a New Approach to Managing the B-61-12 Life Extension, but a Constrained Schedule and Other Risks Remain," GAO-16-218, February 2016, pp. 10-25.
20) たとえば、"Statement by H.E. Dr. Javad Zarif, Minister of Foreign Affairs of the Islamic Republic of Iran Before the 2015 NPT Review Conference on behalf of the Non-Aligned Movement States Parties to the NPT," April 27, 2015.（http://www.reachingcriticalwill.org/images/documents/Disarmament-fora/npt/revcon2015/statements/27April_NAM.pdf）
21) たとえば John Burroughs, "Two Legal Issues Confronting NATO and the Non-Proliferation Regime," May 1999, p. 11.（http://www.lcnp.org/disarmament/npt/Nato.pdf）

第2章

「核兵器禁止条約」成立過程における「核の傘」依存国の動向

中村　桂子

1　はじめに

　本章の分析においては、まず、対象とする期間を、「人道アプローチ」が国際議論の表舞台に登場した2010年春から2017年7月の核兵器禁止条約採択までのおよそ6年半に限定し、さらにその期間を(1)非人道性の認識の共有化が目指された前期（2010年〜13年）と(2)法的禁止に向けて議論が具体化した後期（2014年〜17年）の2つに分ける。その上で、これらの2つの期間における「核の傘」依存国の動向の変化に注目し、姿勢が大きく変化した国とそうでない国の違いを明らかにする。そうした検討を基に、これらの国の政策に内在する「核のジレンマ」の本質を明らかにするとともに、核抑止依存政策の変更をもたらしうる要素について考察することを試みる。

2　「人道アプローチ」前期（2010年〜13年）

　この時期における「人道アプローチ」推進国の最優先課題は、核兵器使用のもたらす人道上の影響についての共通認識の拡大であった。2010年4月、当時のヤコブ・ケレンベルガー（Jakob Kellenberger）赤十字国際委員会（ICRC）総裁がジュネーブの外交官らを前に核兵器の非人道性とその法的禁止の必要性を

第 2 章　「核兵器禁止条約」成立過程における「核の傘」依存国の動向

表 1　人道アプローチに関連した主な動き

2010年		
	4月	赤十字国際委員会（ICRC）のケレンベルガー総裁による演説
	5月	NPT 再検討会議、核兵器の非人道性に言及した最終文書に合意
2012年		
	5月	NPT 再検討会議第 1 回準備委員会で 1 回目の「非人道」共同声明発出
	10月	国連総会第一委員会で 2 回目の「非人道」共同声明発出
2013年		
	3月	第 1 回「核兵器の人道上の影響に関する国際会議」（オスロ）開催
	5月	NPT 再検討会議第 2 回準備委員会で 3 回目の「非人道」共同声明発出
	5月〜8月	核軍縮に関する国連公開作業部会（ジュネーブ）開催
	10月	国連総会第一委員会で 4 回目の「非人道」共同声明発出
		「核の傘」依存国中心の共同声明発出
2014年		
	2月	第 2 回「核兵器の人道上の影響に関する国際会議」（メキシコ・ナジャリット）開催
	10月	国連総会第一委員会で 5 回目の「非人道」共同声明発出
		「核の傘」依存国中心の共同声明発出
2015年		
	5月	NPT 再検討会議、6 回目の「非人道」共同声明発出
		最終文書を採択できず閉幕
2016年		
	5〜8月	核軍縮に関する国連公開作業部会（ジュネーブ）開催
	10月	国連総会、禁止条約交渉会議の2017年開催を決定
2017年		
	3月、6〜7月	核兵器禁止条約交渉会議開催（ニューヨーク）
	7月7日	核兵器禁止条約の採択

訴えたことを契機に[1]、スイス、ノルウェー、オーストリア、メキシコ、アイルランド、南アフリカ、ニュージーランドなどが「人道アプローチ」の主導国として動き出した。これらの働きかけを受け、翌 5 月にニューヨーク国連本部で行われた NPT 再検討会議は、「核兵器のいかなる使用も壊滅的な人道上の結末をもたらすことに深い懸念」を示し、「すべての国家がいかなる時も、国際人道法を含め、適用可能な国際法を遵守する必要性」を再確認した画期的な最終文書に合意した[2]。この前進を活かそうと、推進国は、ICRC をはじめとする国際機関や NGO と連携しながら、①核兵器の非人道性に関する有志国家による共同声明の発出、②核兵器の人道上の影響に関する国際会議の開催、を通じて、国際社会における議論の拡大と深化を図っていった。

幅広い国からの支持を得ることを狙った「人道アプローチ」推進国は、人道面の焦点化が法的禁止の拙速な議論に繋がるのではないかという懸念に対応す

る必要があった。そのような配慮は「非人道性」共同声明の文言にも見られる。16カ国が賛同した2012年5月の第1回[3]と35カ国が賛同した同年10月の第2回[4]「非人道性」共同声明はともに、「すべての国家は核兵器を非合法化し、核兵器のない世界を達成する努力を強化すべき」の一文を含んでいたが、翌2013年の4月の3回目以降の声明[5]では、日本を含めて不支持の理由に挙げていた「非合法化」の文言が削除された。また、共同声明のタイトルは、1回目と2回目の「核軍縮の人道的側面に関する共同声明」から、3回目以降の「核兵器の人道上の影響に関する共同声明」に変わっているが、これも同様の配慮と見られる。実際、3回目、4回目の賛同国は80カ国、125カ国と大幅に増加した。

同様に、2013年3月にオスロで第1回が開催された「核兵器の人道上の影響に関する国際会議」において主催国ノルウェーは、会議の目的が、核兵器使用の影響に関する科学的、客観的な事実情報の共有であって、核兵器禁止の議論や核軍縮交渉の場ではないことを強調していた。5つの核兵器国の参加こそなかったものの、「核の傘」依存国を多く含む127の政府代表の参加が実現したことの背景にはこのような配慮があった。

3 「人道アプローチ」後期（2014年〜17年）

共通認識の拡大という前期の目的は達成されたと言える。「人道アプローチ」を支持する国は国連加盟国の多数派を占めるまでになった。「非人道性」共同声明の賛同国数は6度目（2015年5月）には159カ国に上り、その他の関連国連決議も圧倒的多数の支持とともに採択された。しかしそうした核兵器の非人道的性格を詳らかにする動きに留まらず、当然の帰結としてその法的禁止と廃絶に進むべきであるとの要求が具体化していったことが「人道アプローチ」後期の特徴である。

転機となったのは、2014年2月にメキシコのナジャリットで開かれた2回目の「核兵器の人道上の影響に関する国際会議」である。第1回会議に引き続き、主催国であるメキシコは、会議の目的が核兵器禁止の議論や軍縮交渉ではないことを明言していた。しかし会議終盤の意見交換において、参加国の多くから

は核兵器の法的禁止を求める声が相次いだ。閉幕に際して発表された議長総括で、メキシコはナジャリット会議を「後戻りできない地点（point of no return）」と表現し、核兵器禁止に向かう決意を次のように述べた。

「核兵器の人道上の影響に関する広範かつ包括的な議論は、法的拘束力のある文書を通じた、新しい基準と規範とを達成するという、国家と市民社会のコミットメントに繋がるべきである。ナジャリット会議は、この目的に向けた外交プロセスを開始する時が来たことを示したと議長は考える。…今こそ行動をとるべき時だ。」

同年12月にウィーンで行われた3回目の「核兵器の人道上の影響に関する国際会議」はこの方向性をさらに明確に決定づけるものであった。閉会にあたり、議長国オーストリアは、「オーストリアの誓約」と題する文書の中で「核兵器の禁止及び廃棄に向けた法的なギャップを埋める」必要性を訴え、「核兵器を忌むべきものとし、禁止し、廃絶する努力」に向けた協力を各国に促した。この文書はのちに、より普遍的な「人道性の誓約」と改題され、賛同国は最終的に135カ国に上った。

並行して、非兵器国の中からは法的枠組みの議論を発展させる努力が継続していた。非核6カ国による「新アジェンダ連合（NAC）」[6]は、2014年の準備委員会に提出した作業文書において、NPT第6条の実現につながる「効果的な措置」として、法的枠組みを次の4つに類型化して提示した。①包括的な核兵器禁止条約、②「禁止先行型」の簡易的な核兵器禁止条約、③複数の条約による枠組み合意、④それらの混合型、である。

オーストリアやメキシコは、「効果的な措置」を検討する国連公開作業部会（OEWG）の開催を通じてこれらの議論を深化させることを狙った。両国は2015年秋の国連総会に、「核軍縮実現のための具体的かつ効果的な法的措置、とりわけ核兵器のない世界の達成と維持のための新たな法的条項や規範について合意に至ることを目指した交渉を行う」OEWGの設置を求める決議案を提出し、これは138カ国の賛成多数をもって採択された。

OEWGは、2016年2月、5月、8月の計15日間、ジュネーブ国連欧州本部で行われた。「禁止すべきか否か」という抽象論ではなく、適切な法的枠組み

の在り方とそこに含まれるべき諸要素の特定、会議のモダリティの検討といった具体的内容を議論する初の場であったと言える。この中で、禁止条約を支持する国の多くからは、前述の「禁止先行型」の核兵器禁止条約への支持が示されていった。そして8月会期の最終日となる31日、作業部会は、核兵器禁止条約交渉会議の2017年開催を国連総会に勧告するという内容の報告書を賛成多数で採択したのである。

国連作業部会の勧告に基づき、2016年秋の国連総会は、2017年に核兵器禁止条約の交渉会議を開催することを決定した。しかしながら、北朝鮮を除き、核保有国と「核の傘」依存国はいずれも反対あるいは棄権票を投じた。

交渉会議は、ニューヨーク国連本部で、2017年3月27日〜31日、6月15日〜7月7日の2会期にわたり、約130カ国の参加の下で開かれた。9つの核保有国と足並みをそろえる形で、オランダを除くすべての「核の傘」依存国は参加をボイコットした。計4週間の議論を経て策定された条約案は、7月7日の会期最終日、賛成122カ国、反対1カ国（オランダ）、棄権1カ国（シンガポール）の賛成多数をもって採択された。

4 米国の反応

7月7日の核兵器禁止条約採択後、英国、フランスとともに共同声明を発した米国は、「（条約加入が）70年以上にわたり欧州と北アジアの平和の維持に不可欠であった核抑止政策に反する」と強い口調で批判し、条約への署名、批准を行う意思がないことを断言した。

「人道アプローチ」前半、米国の姿勢は現在よりも柔軟であったと言える。公式声明や政府高官の発言には核兵器の非人道性についての一定の理解を示す発言がしばしば見られ、2014年12月にウィーンで開催された3回目の核兵器の人道上の影響に関する国際会議には米英の政府代表がNPT上の5核兵器国として初めて参加するなどの動きもあった。

しかし、禁止条約の議論が本格化し、交渉会議の開催が現実のものとなってくると、それに比例して米国を筆頭とする核保有国は次第に警戒感を強め、そ

の抵抗は激しさを増していった。2016年秋の国連総会第一委員会に2017年の禁止条約交渉開始を求める決議案が提出されると、核保有国はこぞって強い言葉で非難し、とりわけ米国は自国の決議不支持と交渉不参加の意向を述べるに留まらず、他の国連加盟国に対しても同様の行動を取るよう訴えた[7]。さらに、第一委員会での投票一週間前の10月17日には、米国がNATO全加盟国に送った文書を通じて圧力をかけた事実が明らかになっている。「国連総会における核兵器禁止条約の国防への潜在的影響」と題する文書において米国は、禁止条約交渉ならびに抑止を非正当化する動きは「抑止に関するNATOの基本政策と根本的に合致しない」と主張し、よって同盟国はこの決議案に対し「単なる棄権ではなく」反対票を投じるべきであり、また、交渉が開始されても不参加とすべきであると強く要求した[8]。条約交渉の初日である2017年3月27日には、会議開始と時を同じくして、米国の国連大使が北朝鮮の脅威に言及しながら禁止条約交渉に反対する声明を会場の外で発表した。これは国連会議に対して米国らが「外野」から抵抗を示したということで、極めて象徴的な出来事と評された。その場には同じく核保有国であるフランスと英国の国連大使とともに、「核の傘」依存国の政府関係者も同席したと伝えられる。

5　「核の傘」依存国の反応

(1) 姿勢を変化させた国

　既に述べたように、2014年2月のメキシコにおける第2回「核兵器の人道上の影響に関する国際会議」を契機に、「人道アプローチ」推進国は、核兵器の法的禁止に向けて大きく舵を切った。米国からの圧力の高まりとともに、このような変化は、「核の傘」依存国、とりわけ「人道アプローチ」に積極関与していた「核の傘」依存国に難しい対応を迫るものであった。

　そのような状況に直面した「核の傘」依存国の筆頭がNATO加盟国のノルウェーである。「人道アプローチ」の黎明期から、ノルウェーは、オーストリア、スイス、メキシコらと協力して「非人道性」共同声明の発出にかかわるとともに、「核兵器使用が国際人道法に合致しないことを含め、核兵器の人道上の結

末を焦点化する」ことを目指した国際会議の主催国として名乗りを挙げるなど、牽引国の一つとして重要な役割を担った。同国が、核兵器と並んで非人道兵器と位置付けられるクラスター弾禁止条約の交渉過程を主導した国であったことを考えれば、こうした「人道アプローチ」への積極姿勢はむしろ当然と言えなくもない。実際、「人道アプローチ」前期におけるノルウェーの発言には国際人道法と核兵器の関係への言及が頻繁に登場し、核兵器使用の違法性が示唆されていた。また、ノルウェー政府が市民社会、とりわけ核兵器の法的禁止を標榜する国際的なNGO組織や研究機関などと緊密に連携し、財政面を含めた協力支援を積極的に行っていたことにも触れておきたい。

　ところが、「人道アプローチ」後期において、こうしたノルウェーの姿勢は大きく後退することとなる。前述した「オーストリアの誓約」に賛成せず、2016年のOEWGや国連総会でも法的禁止向けた議論には消極的な姿勢を続け、禁止条約交渉会議にも姿を見せることはなかった。国際NGO組織との協力関係も下火となっていった。

　このような変化の背景の一つは、既に述べたように、「非人道性」から「法的議論」へと移行した「人道アプローチ」の潮目の変化であるが、ノルウェーの場合は、それと重なる形で政権交代が行われたことも大きく作用した。

　2013年9月の選挙において、2005年10月から続いていた労働党を中心とする左派中道連立政権が敗北し、同年10月に保守党と進歩党からなる保守系連立政権が誕生した。オスロ会議の開催から間もない時期である。ノルウェーにとって、NATO同盟関係、とりわけ米国との関係は常に重要視されてきたが、それでも左派政権時代においては、より積極的な核軍縮・不拡散推進政策が同盟政策と両立できると考えられていた。これは、この分野に造詣の深い労働党党首のヨーナス・ガール・ストーレ（Jonas Gahr Støre）元外相のイニシアティブによるところも大きいと思われる。

　左派政権時代、ノルウェーは核兵器禁止の法的枠組みの必要性にたびたび言及していた。たとえば、2010年NPT再検討会議主要委員会Ⅰでの発言で、ノルウェーは、「核兵器のない世界は単なるビジョンではない…第6条の究極的な履行として、核兵器のない世界を目指す上では新しい法的文書が必要となる

第2章 「核兵器禁止条約」成立過程における「核の傘」依存国の動向

…この問題についてこれから（＝再検討会議で）議論することを望む」と述べるとともに、核兵器と国際人道法の関連についてもより詳細な検討を行うべきとの認識を示した。もちろんこれはNATOの枠組みを外れて独自路線を進む意向を示唆したものではない。前述したように、ノルウェーにとってNATO同盟は死活的重要であり揺るぎない基盤として位置付けられるものであったが、同時に、「慎重かつ断固たる決意を持って」NATOの核軍縮政策を前進させることに努力を傾注してきたと評価されている。

しかし政権交代後、ノルウェー政府のこの点における姿勢は明らかに後退した。新政権下でもオスロ会議の貢献にたびたび言及してきたにもかかわらず、人道イニシアティブの主要国15カ国がそれまでの取り組みをまとめとして2015年NPT再検討会議に提出した「核兵器の人道上の影響」作業文書にノルウェーは名を連ねなかった。また、2016年4月、ノルウェー議会は全会一致で動議を可決した。それは政府に対し「核兵器のない世界に向けて積極的に行動し、また、核不拡散及び核軍縮の推進力となるようNPTの履行を促進する」ことを求めたものであるが、そこで目指すべきものとして掲げられたのは「バランスの良い、相互的で、不可逆的で、検証可能な核兵器の廃棄」であり、また、それに向けた法的拘束力のある枠組み構築の努力は「長期的視点」に位置付けられた。2017年7月の禁止条約採択後も、ボルゲ・ブレンデ（Børge Brende）外相が同様の文言を繰り返している。

ノルウェーのような政策上の変化とは言えないが、NATOへの誓約と、国内における核軍縮世論とのはざまで苦慮し、結果としてその姿勢に一定の柔軟性を示した「核の傘」依存国がオランダであった。核兵器禁止条約交渉会議の開催を求めた2016年の国連総会決議案に対して、オランダは「核の傘」依存国の中で唯一の棄権票を投じ、2017年3月ならびに6〜7月の交渉会議の全日程に参加するという選択をした。7月7日の投票で、同国が反対投票を行ったことは既に述べた通りである。交渉期間を通じ、オランダは、条約支持の条件に「NATOの義務に合致すること」を一貫して主張し、検証条項の不備を挙げ、条約がNPTを損ないかねないと繰り返した。7月7日の投票後に行った説明の中で、オランダは条約案が「自国の求める条件を満たさなかった」と述べつ

つも、条約案が「核軍縮にスポットライトを当て、それに向けた幅広い機運を生み出してきた」と一定の評価を与えた。[15]

　オランダ政府の姿勢に影響をもたらしたものとして、政府に核兵器禁止条約への支持を迫る、強い国内世論の存在があったことが指摘されている。4万5千筆以上の署名とともに政府への要求を強めていった市民団体のPAXやオランダ赤十字などの国内NGOの動きを背景に、2016年の国連総会に先立ってオランダ下院が核兵器禁止条約交渉への参加を求める動議を可決していた。[16]

(2) 姿勢が変化しない国

　「人道アプローチ」の潮流の前後で、その姿勢にほぼ変化が見られなかった国もある。全体でほとんどの「核の傘」に依存する非核兵器国がこのグループに属する。日本やオーストラリアもその中に数えられるだろう。両国は核兵器の非人道性を重視する発言を行ってきたが、同時に国家安全保障における「核の傘」の必要性を訴え、核兵器禁止条約に一貫して否定的な姿勢を示してきた。

　ただし、表面的な対応の変化は両国ともに見られる。「非人道性」共同声明に対して、日本の姿勢は極めて慎重であり、「非合法化」の文言が削除された2013年4月の3回目の共同声明においても署名することはなかった。その理由として挙げられたのは、共同声明に含まれた「いかなる状況においても核兵器が再び使用されないことが人類の生存にとっての利益」の一文であり、これが「核の傘」依存政策と相容れないと考えられたからであった。ところが、2013年10月の4回目の声明において、この文言がそのまま残っていたにもかかわらず、日本は、「適切な修正がなされたものであり、ステートメント全体の趣旨を精査した結果」、日本の立場と整合しうる内容になったとして、初めて署名を行う判断をした。[17]署名拒否を「裏切り」と断じた2013年の長崎平和宣言をはじめとする国内外の厳しい批判を受けての対応と見られている。

　日本同様に、「非人道性」共同声明に背を向けていたオーストラリアは、2013年10月に4回目の声明が出された同日、「核の傘」依存国を中心とする17カ国を代表して、同一の題名を持つ共同声明を発表するという行動に出た。オーストラリアの声明は、核軍縮の議論が「安全保障と人道性という両面を認識」

すべきであり、核兵器国の関与なく核兵器禁止に進んでも「廃絶の保証はない」と段階的核軍縮論を強調するなど、「核の傘」依存国のそれまでの主張の域を出るものではなく、その意味では目新しい主張ではない。

　オーストラリアが主導した共同声明に対しては、異なるアプローチの国家間の「橋渡し」の手段として一部の国が評価していることも事実である。実際、日本やフィンランドといった国は両者に署名するという選択をしている。しかし、「人道アプローチ」の支持国が急速に広がる中で、その動きを牽制することにその狙いがあったことは否めないだろう。事実、NATOの一員であるルクセンブルグは、2013年4月の3回目の声明で初めて賛同国に名を連ねたが、「核の傘」依存国中心の共同声明が出た後は、前者の賛同を抜けて後者に移った。

　「人道アプローチ」の後期、核兵器禁止に向けた法的検討が議論の俎上に載るようになると、日本やオーストラリアは一層激しい反発を見せた。2016年に開かれたOEWGはそうした姿勢が明白に示された場であったと言える。作業部会に核兵器国の出席がなかったことは前述の通りであるが、日豪両国を筆頭とする「核の傘」依存国は、核兵器国の代弁をするかのごとく、核兵器の安全保障上の必要性を訴え、禁止条約推進派に反対する論陣を張った。これら2国を含めた「核の傘」依存国を中心とする18カ国は、提出した作業文書の中で、核軍縮への「即効薬」は存在しないと禁止条約に向かう動きを批判し、様々な効果的措置（ビルディング・ブロック）を同時並行的に実施する「漸進的アプローチ」を進めていくべきと訴えた。核兵器禁止条約が必要となるのは、「グローバル・ゼロが手の届くところまで来た時」であり、その地点に到達するまでに「膨大な作業が残っている」との主張である[18]。

　核兵器禁止条約に対するオーストラリアの激しい反発は、OEWGの他の参加国を驚かせるほどであった。会議終盤、議長からは客観的な両論併記の形でまとめられた報告書案が出され、全会一致での合意形成が試みられた。一旦はその形で進むと見られたが、最終局面でオーストラリアが合意に異を唱え、投票による採決を求めた。核兵器禁止条約に対しては、核兵器禁止条約が核保有国と非保有国の溝を深めるとの批判がしばしばなされるが、このオーストラリアの抵抗こそがまさにそうした分断を増長する行為であると言えるのではない

だろうか。

　日本、オーストラリアともに核兵器禁止条約交渉会議の開催を決定する国連決議に反対し、2017年3月に始まる交渉会議を実質的にボイコットした。ただし日本は、3月27日の会議初日に軍縮大使が「（交渉会議に）建設的かつ誠実に参加することは困難」という趣旨の演説を行って退席するとの異例の行動をとった。条約採択以降も、両国政府は禁止条約に当面署名する意向がないことを明らかにしている。

6　「核の傘」依存国は変わることができるか

　以上見てきたように、「人道アプローチ」が台頭し、禁止条約採択に至るまでプロセスの中で、「核の傘」依存国が見せてきた反応は一様ではない。これまでの経過の分析から、「核の傘」依存国に影響を与える要素には以下が含まれると考えられる。それぞれの要素は複雑にからみあい、相互に影響を及ぼしてきた。

(1) 核保有国の態度の硬化
　前期において、「人道アプローチ」推進国は、核兵器の非人道性に対する認識を国際社会の共通基盤とすることを目的に、法的議論に繋がりうるとの懸念や不安感を軽減しようと努めた。これは核保有国を含む慎重派の国々を議論に巻き込む点で一定の効果をもたらしたと見られる。しかし、「人道アプローチ」への支持が国際社会に広がり、核兵器禁止の法的議論が前面に押し出されるようになると、核保有国の中に見られた一定の容認姿勢は後退し、強い警戒感と抵抗が示されるようになった。前述したように、米国からは「核の傘」依存の同盟国に対して、露骨な形で「圧力」がかけられたことも明らかになっている。

　しかし一方、「圧力」に抗する形で、NATO加盟国で唯一、オランダが禁止条約交渉会議開催を求める国連総会決議に棄権票を投じ、交渉会議に実質的に参加した事実は、「核の傘」依存国が独自路線を歩むことのできる可能性を示唆しているとも言える。この背景に、オランダ政府の交渉参加を求める同国の市

民社会からの強い要請と、議会の動きがあったことは前述した通りである。

(2) 国内政治の変化

ノルウェーの例が示すように、政権交代による政策や方針の転換も「核の傘」依存国の姿勢に影響を与える要素であった。しかし、その変化の範囲が「核の傘」依存政策の見直しに及ぶかどうかは一概には言えない。かつてのニュージーランドのように、非核政策への一大転換を実現させた国も存在するが、ノルウェーの場合は、歴代の政権はいずれもNATO「核同盟」の維持を前提としており、その意味では限定的な変化であった。オーストラリアにおいても、最大野党の労働党が禁止条約交渉に支持の意向を示しているが[19]、政権についた場合に条約への署名に踏み切るかどうかについては疑問視されている。

(3) 国際・国内世論の高まり

NGO、議会（議員）、専門家などを含めた国内外の市民社会からの圧力は「核の傘」依存国の姿勢に一定の影響を与えている。日本の「非人道性」共同声明への署名もその一例である。また、前述したように、条約交渉への不支持を求めた米国にオランダが抗って交渉会議に参加した背景にあったものは、まさに世論の強い後押しと、それを受けた議会の要求であった。しかしいずれもその変化は国家の政策に影響を与えるところに至ってはいない。核兵器禁止条約を支持する世論の高まりが上記(2)の国内政治の変化につながるには市民の意識喚起に向けた相当の努力が求められるだろう。

(4) 国際安全保障環境の変化

オバマ政権誕生後のかつてない核軍縮機運の高まりの中で「人道アプローチ」はスタートを切ったが、その後、米ロ関係の悪化で機運は後退し、北朝鮮核問題を含む地域安全保障環境の不安定要因も一層顕在化するようになった。第1章で述べたように、「核の傘」依存国の側からは、その盟主国に対してより明確な形で核抑止の再保証を求める動きが高まり、したがって核兵器禁止条約への支持とは真逆の方法に進んでいると言える。事実、核兵器禁止条約への不支

持を述べる際に、「核の傘」依存国は、北朝鮮核問題をはじめとする厳しい安全保障の現状を指摘し、禁止条約がそのような状況に対する解決策とはならない旨を繰り返し述べてきた。国際安全保障環境の悪化が、「核の傘」依存国の姿勢の硬化を招いてきたことは間違いない。

　しかし、そうした「核の傘」依存国の政策決定が、国際安全保障環境における脅威に対する冷静な分析に基づいているのかという点には疑問が残る。既に述べたように、核兵器禁止条約に対する激しい抵抗を示してきた依存国の一つがオーストラリアであるが、同国が安全保障上の深刻な脅威に晒されているとは言い難く、むしろ核抑止依存ありきの政策を進める際の「材料」としてそれらの安全保障問題が使われているに過ぎないという側面がある。オーストラリアについては次章で詳しく見ていきたい。

1 ）　Jakob Kellenberger, "ICRC, Bringing the era of nuclear weapons to an end," April 20, 2010.（https://casebook.icrc.org/case-study/icrc-bringing-era-nuclear-weapons-end）
2 ）　2010 Review Conference of the Parties to the Treaty on the Non-Proliferation of Nuclear Weapons, "Conclusions and recommendations for follow-on actions," Final Document, Volume I, Part I, NPT/CONF.2010/50（Vol.I）, 2010.（http://www.un.org/ga/search/view_doc.asp?symbol=NPT/CONF.2010/50%20（VOL.I））
3 ）　"Joint Statement on the humanitarian dimension of nuclear disarmament by Austria, Chile, Costa Rica, Denmark, Holy See, Egypt, Indonesia, Ireland, Malaysia, Mexico, New Zealand, Nigeria, Norway, Philippines, South Africa, Switzerland," May 2, 2012.
4 ）　"Joint Statement on the humanitarian dimension of nuclear disarmament," October 22, 2012.
5 ）　"Joint Statement on the humanitarian impact of nuclear weapons," April 24, 2013.
6 ）　アイルランド、メキシコ、ブラジル、ニュージーランド、南アフリカ、エジプトの 6 カ国。
7 ）　http://www.reachingcriticalwill.org/images/documents/Disarmament-fora/1com/1com16/statements/14Oct_USA.pdf
8 ）　ICAN, "US pressured NATO states to vote no to a ban," November 1, 2016.（http://www.icanw.org/campaign-news/us-pressures-nato-states-to-vote-no-to-the-ban-treaty/）
9 ）　http://www.reachingcriticalwill.org/images/documents/Disarmament-fora/npt/pre

pcom12/statements/30April_Norway.pdf
10) たとえば、2010年NPT再検討会議の主要委員会Ⅰで発言したノルウェー政府代表は、「我々は、核兵器と国際人道法の関係を直視しなければならない。核兵器は、これまで作られた兵器の中で、最も無差別的、不均衡、かつ非人道的な兵器である」と述べている。
11) たとえば、国際的なNGOネットワーク「核兵器廃絶国際キャンペーン（ICAN）」は、ノルウェー政府の援助を得て、オスロ会議に先立つ3月2日～3日に市民フォーラムを開催した。
12) http://www.reachingcriticalwill.org/images/documents/Disarmament-fora/npt/revcon2010/statements/11May_MCI_Norway.pdf
13) たとえばJulie Ronbeck, "Norway's Approach to NATO's Deterrence and Defence Posture Review," April, 2012.（http://www.basicint.org/sites/default/files/gtznorway-ddpr.pdf）
14) NPT/CONF.2015/WP.30, 2015年4月22日。
15) Kingdom of the Netherlands, "Explanations of vote of the Netherlands on text of Nuclear Ban Treaty," July 7, 2017.（https://www.permanentrepresentations.nl/latest/news/2017/07/07/explanation-of-vote-of-ambassador-lise-gregoire-on-the-draft-text-of-the-nuclear-ban-treaty）
16) Ekaterina Shirobokova, "Why the Netherlands Is Participating in Negotiations to Ban Nuclear Weapons," *Charged Affairs*, May 1, 2017.（https://chargedaffairs.org/dutch-participation-in-nuclear-ban/）
17) 岸田外務大臣会見記録（平成25年10月11日）。（http://www.mofa.go.jp/mofaj/press/kaiken/kaiken4_000011.html）
18) http://www.reachingcriticalwill.org/images/documents/Disarmament-fora/OEWG/2016/Documents/WP09.pdf
19) 2015年の党総会で、労働党が新たに打ち出した「ナショナル・プラットフォーム」において、労働党は「核兵器禁止条約交渉を強く支持し、この目的を支持する世界的な運動の高まりを歓迎する」と述べている。（https://cdn.australianlabor.com.au/documents/ALP_National_Platform.pdf）

第3章

オーストラリアの「核の傘」依存政策と「南太平洋非核地帯」(SPNFZ)

中村　桂子

1　はじめに

　オーストラリアは、米国の保有する核兵器を自国の安全保障の基盤と位置付ける、拡大核抑止力に依存する「核の傘」依存国の一つである。核兵器禁止条約の採択を受け、国際的な核軍縮・不拡散努力を国の優先課題に掲げる一方で、核兵器使用を想定した安全保障政策をとる同国のジレンマは、他の「核の傘」依存国同様、ますます大きくなっている。

　一般的に、こうしたジレンマの解消には非核兵器地帯の設置が有効であると考えられてきた。非核兵器地帯とは、一定の地理的範囲内において核兵器が排除された状態を創り出すことを目的とした、国際法上の制度のことをいうものである。その意義は、単に地帯内における核兵器の開発、製造や配備を禁止するだけに留まらず、地帯に含まれる国家に対する核攻撃や攻撃の威嚇を行わないことを核兵器国に約束させる（「消極的安全保証」(NSA) の供与）点が重要である。また、地域や関係国間の信頼醸成に貢献し、グローバルな核兵器禁止に向けた地域からの規範作りとして重要な意義を持っている。

　現在世界には5つの非核兵器地帯があり、それぞれが国際条約によって規定されている。さらに南極大陸は、南極条約によって、深海底は海底核兵器禁止条約によって、また宇宙空間は宇宙条約によって一種の非核兵器地帯になって

第 3 章　オーストラリアの「核の傘」依存政策と「南太平洋非核地帯」(SPNFZ)

いる。また、モンゴルは、「一国非核兵器地位」を国際社会に認知させている。
　現存する非核兵器地帯条約には、共通して 3 つの重要な要素がある。第一は、核兵器の不存在、つまり核兵器の製造、取得、配備などを禁止している点である。第二は、前述した NSA の供与である。現存する非核兵器地帯条約では、NSA の供与を明記した付属議定書が作られ、核兵器保有国が署名、批准する形がとられている。残る一つは、条約の遵守を検証し、問題が生じた際に協議する機能を持った機構が設置されることである。この他、原子力平和利用の権利やその担保などが含まれることが多い。地帯内における核兵器の開発、製造、配備等を禁止するだけに留まらず、地帯内国家に対し核攻撃や攻撃の威嚇を行わないことを核保有国に約束させる「消極的安全保証 (NSA)」の供与をその概念に含む非核兵器地帯構想は、「核兵器廃絶という理想に貢献」しつつ、「地域の安全保障という実利を達成する」制度としてその意義が評価されている[1]。現存する非核兵器地帯の強化は、中東地域をはじめとする新しい地帯の創設とあわせ、国連決議や NPT 合意文書等でもその重要性が繰り返されてきた。また、非核兵器地帯に含まれる国家からは、核軍縮に対する自国の積極姿勢の象徴としてそのような地帯の構成国であることがしばしば言及されるなど、国家の誇りやアイデンティティの一部となっている。さらに、世界の各地に広がる地帯構成国同士の協力や連携も進み、核軍縮の前進に向けた一つの国際的な勢力であるといっても過言ではないだろう[2]。
　しかしオーストラリアの事例は、非核兵器地帯の設立が自動的にこのジレンマの克服に繋がらないことを示している。オーストラリアは、「南太平洋非核地帯条約 (SPNFZ 条約。通称「ラロトンガ条約」)[3]」の締約国であるとともに、米国を含む ANZUS 同盟の一員として、「米国の核及び通常軍事力のみがオーストラリアに対する核の脅威の可能性に対する効果的な抑止を提供できる[4]」とその安全保障を米国の拡大抑止力に依存する政策をとる国である。非核兵器地帯の構成国であり、同時に核抑止依存を国の公式政策として明言している国はオーストラリアを除いて世界に例がない[5]。
　オーストラリアのこのような政策は同国の安全保障観にいかなる影響を与えているのだろうか。この点を探るために、本章では、まず核兵器に対するオー

ストラリアの姿勢を歴史的背景から紐解くことを試みる。続いて SPNFZ 条約の特徴ならびに設立の経緯をたどり、拡大核抑止力との関係を検証していくこととする。

2　オーストラリアと核兵器

　米国とオーストラリアの同盟関係は1951年の ANZUS 条約に基づいている。同条約は、日本の再侵略に対する安全保障を確保すべくニュージーランドを加えた３カ国が結んだものであるが、1985年にニュージーランドが核搭載可能な米艦船の寄港を拒否したことを受けて米国が同国に対する安全保障義務の停止を表明し、実質的には米国とオーストラリアの二国間条約となった。

　オーストラリア側の公式文書やステートメントにおいては、ANZUS 条約に基づく米国との安全保障取り決めの一環として、同国が米国の拡大核抑止を享受しているとの趣旨が繰り返し登場する[6]。しかし、オーストラリアに対する核攻撃あるいは核による威嚇に際して、米国が核による防護を保証するとした米国側からの公式な文書については明らかになっていない。

　四方を海で囲まれたオーストラリアを頭に浮かべるものは誰でも、同国が自国の安全保障を確保する手段として核の防護を求めていることに違和感を覚えるのではないか。しかし、核時代を通じて、オーストラリアは一貫して自国の防衛のために核兵器が必要との主張を行ってきた。とりわけ、同国と核兵器の関係を考える上で、かつて同国政府が核兵器の取得を検討していた事実を忘れることはできない。その歴史は、大きく２つの段階にわけられる。1956年〜63年において、オーストラリアは自国の管理下に核兵器を置くことを望み、英国との交渉を試みた。当時の政府が核兵器のさらなる拡散を予想し、核兵器が近代的な戦力を持つ国家の一般的な装備となると考えていたことが背景にある。次に、1963年〜73年において、オーストラリアは自主核武装の可能性を検討した。中国が核実験に成功して核クラブの一員となるとともに、オーストラリアにとって最も重要な２つの同盟国（英国、米国）の地域における安全保障コミットメントが低下したことが主たる動機であった。しかしその試みが実現するこ

とはなく、1970年にオーストラリアはNPTに署名する決断をし、1973年に批准した。

3 SPNFZ条約の成立

そのように「核」に強い執着を持つオーストラリアは、いかにして非核兵器地帯の一員となったのだろうか。

1986年8月6日、SPNFZ条約は、南太平洋フォーラム（SPF）[7]総会において署名開放され、8カ国の批准寄託をもって翌年12月11日に発効した。「ラテン・アメリカおよびカリブ地域における核兵器禁止条約（トラテロルコ条約）」（1967年2月14日署名、1969年4月25日発効）に続く、人間の居住地域を対象に制定された2番目の非核地帯条約である。条約はSPF（現「太平洋諸島フォーラム（PIF））加盟の16カ国・地域を対象としたものであり、2017年8月現在、ミクロネシア連邦、マーシャル諸島、パラオを除く13カ国・地域が署名、批准寄託[8]している。

地帯設置の背景には南太平洋地域における核実験の歴史がある。第二次世界大戦後まもなく始まった米英による大気圏核実験を受け、1962年にオーストラリアおよびニュージーランドの労働党政権が南半球非核地帯を提唱した。1963年8月の部分的核実験禁止条約（PTBT）制定で米英のこの地域における実験は中止されたが、1963年にはフランスが仏領ポリネシアのムルロア環礁に実験場を建設、1966年7月には核実験が開始された。フランスの核実験は地域における反核運動の大きなうねりを生んだ。市民社会の後押しを受ける形で1975年にはニュージーランドが非核地帯設置を求める決議案を国連総会に提出した。この決議案に対して米国は懸念を表明し、オーストラリアは対米同盟への影響を懸念してニュージーランドの動きに積極協力しなかったとされる。こうした中で、決議案は採択されるも具体的な動きには結びつかず、さらにはオーストラリアとニュージーランドの両方で保守政権が誕生したことで、構想は頓挫したかに見えた。[9]

この状況を変えたのは、1983年のオーストラリアにおける労働党政権の誕生

であった。オーストラリアは一転、非核地帯の設置努力に前向きな姿勢を打ち出した。翌1984年のSPFはオーストラリアを議長とする作業部会の設置を決定し、同国を中心に条約策定に向けた議論が進んでいった。そして前述の通り、1985年8月にクック諸島のラロトンガで開催されたSPF総会でSPNFZ条約は採択されたのである。

4 条約の特徴

上述したように、SPFNZの設立過程において、労働党政権下のオーストラリアが積極的な役割を担ったことは事実である。しかし、こうした議論の経緯を丹念に追った先行研究の多くが、オーストラリアが米国の意向を最大限に尊重した形で条約案の策定を進め、より「強い」条約を求める他の地域国家の主張を退けてきたことを明らかにしている[10]。

もちろん、条約の制定の意義は決して小さくない。SPNFZ条約は、地帯の内外を問わず、条約締約国が核爆発装置の製造・取得・所有・管理、また、自国領域内における核爆発装置の配備・実験を行うことを禁止している。トラテロルコ条約と異なり、平和目的の核爆発も禁止項目に含まれる。また、禁止される核爆発装置には「組み立てられていない形及び部分的に組み立てられた形のそれらの兵器又は装置」も含まれるとされており、これもトラテロルコ条約と異なる点である。

また、太平洋における放射性廃棄物の投棄に対する強い反発を背景に、地帯内のいかなる海洋においても放射性廃棄物および他の放射性物質を投棄することを禁止し、第三者による海洋投棄も援助・奨励しないということが条文に盛り込まれた点も重要である。投棄の禁止は、条約締約国の領域に限らず、公海を含む地帯内のすべての海洋が対象である。なお、南太平洋のみが名称を「非核地帯」条約としていることは、こうした放射性廃棄物および他の放射性物質の投棄問題が扱われていることに由来している。

加えて、前述したように、かつて独自の核兵器保有を模索したオーストラリアが、NPT上の非核兵器国としての義務に重ねて非核地帯締約国としてより

第 3 章　オーストラリアの「核の傘」依存政策と「南太平洋非核地帯」(SPNFZ)

強固な形で核兵器不保持の誓約を示すことは、オーストラリアの姿勢に疑問を抱く地域国家との間の信頼醸成にも繋がるものであった。実際、東南アジアの非核兵器地帯化にも貢献する要素となった。

しかし一方で、SPNFZ 条約は、核同盟国として米国のグローバルな核抑止政策に貢献し続けるとのオーストラリアの姿勢に影響を与えないものとなっている。条約策定の過程で、とりわけ以下の3点が考慮された。

第一に、核兵器の通過および寄港の問題である。これは条約の策定過程において地域国家間でもっとも意見が対立した点であった。オーストラリアは当初、地帯の設置は通過および寄港を妨げないとする案を出したが、パプアニューギニア、ソロモン諸島、バヌアツは反発し、明確な禁止を求めた。結果、締約国は「その主権的権利の行使において、外国の船舶及び航空機による港及び飛行場への寄港、外国の航空機による領空の通過、ならびに無害通航、群島航路帯通航又は海峡の通過通航の権利に含まれない方法での外国の船舶による領海または群島水域の航行を許可するか否かを自ら決定する自由をもつ」(第5条第2節) との内容で妥協が図られた。同様の文言は、以後に続く非核兵器地帯条約でも採用されており、SPNFZ 条約のみが「弱い」ということではない。しかし、米国に対するオーストラリアの協力がある中で、条約に寄港や通過の期間や回数についての制約が盛り込まれず、長期滞在による核兵器搭載艦船の事実上の母港化といった事態を招く可能性を残すものとなったことは、地域における「核兵器の完全なる不存在」という非核兵器地帯化の根幹を崩すことにもなりかねない要素と言える。

第二に、核保有国の核兵器システムを支える活動への関与である。オーストラリアは国内に米軍との共同管理施設を置いており、これは米国の世界的な核戦略の一端を担うとされているが、条約にはこれを禁止する条項はない。歴代の政府は、米国の情報基地をホストすることがグローバルな核の安定性に寄与すると主張してきた。しかし中国の反応などからその主張を疑う声は大きい。また、ANZUS 合同演習など、核武装戦力を含む演習・作戦行動への参加も条約は禁止していない。

第三に、核兵器使用および使用の威嚇の問題である。条約は後述するように

議定書2第1条において、地帯内国家や地帯に領土を持っている国に「いかなる核爆発装置をも使用しないこと又は使用するとの威嚇を行わない」ことを核兵器国が約束させているが（「消極的安全保証」（NSA））、反対に核兵器国が地帯内の国家や同盟国から核兵器を使用したり、使用の威嚇を行うことは禁止していない。この点は東南アジア非核兵器地帯条約において盛り込まれたが（議定書第2条）、核兵器国との摩擦を生む要素の一つとなっている。

このように、オーストラリアの姿勢が、地域から核戦争の脅威を取り除き、グローバルな核軍縮の前進に貢献するという非核兵器地帯が本来持つはずの有用性を制限し、核保有国の核抑止維持への貢献という側面を正当化したことは否めない。それは、条約の条項に対する直接的な違反ではないが、前文に書かれた条約の精神に反するものと言えるだろう。

また、条約の第4条では、世界第三のウラン輸出国であるオーストラリアを念頭に、輸出の条件としてNPT第3条1項が要求するような包括的な保障措置協定の受諾を定めている。しかし、米印原子力協定締結の動きなどを受けて、オーストラリアは1977年以来継続していたインドへの禁輸措置を見直す方向に動き出した。「アジアの世紀において、今こそ新しい好機を手にする時だ」というジュリア・ギラード首相（Julia E. Gillard）の言葉に象徴されるように[11]、背景には経済的利点に加え、アジア地域で存在感を増しているインドとの関係強化の思惑が指摘されている[12]。2011年12月、ギラード労働党政権下の党議員総会が輸出解禁を僅差（賛成204、反対185）で採択し、2014年9月にアンソニー・アボット（Anthony J. Abbott）首相がインドを訪問してウラン輸出を可能にする原子力協定を締結した。反対派の人々はオーストラリアが台湾への輸出を検討した1996年にアレクサンダー・ダウナー（Alexander Downer）豪外相（当時）が行った議会演説などを引き合いにインドへの輸出はSPNFZ条約違反であるとの主張を展開した[13]。

5　米国の支持

このようにSPNFZ条約に対しては、その範囲や義務において「限定的」「選

択的」であるとの批判がある。しかし当然ながら非核地帯に求められる基準をどのように設定するかによってこれらの評価は大きく異なってくる。「核兵器国の支持を得ること」は非核兵器地帯の基本的要素の一つであり、よって米国の支持を得るためにはこのような妥協は不可避との見方もある。事実、米国は、非核兵器地帯を支持するための条件として、次の7項目を掲げている。

(1) 非核兵器地帯の提案は地帯内の国家から出されるべきである。
(2) 地域におけるすべての関連国が参加するべきである。
(3) 遵守を検証するための適切なメカニズムが備えられるべきである。
(4) 地帯は既存の安全保障取極めを阻害してはならない。
(5) 地帯はいかなる核爆発装置の開発や保有も禁止しなければならない。
(6) 地帯は国際法の下で認められた権利、特に航行の自由、無害通航権の権利の行使を阻害してはならない。
(7) 地帯は通過、寄港、あるいは上空飛行の権利を与える当事国の権利に影響を与えてはならない。[14]

他方、SPNFZ条約の不十分性を指摘し、より包括的な条約が必要と主張する向きからは厳しい批判が出されている。たとえばマイケル・ハメル＝グリーン（Michael Hamel-Green）は、SPNFZ条約に一定の有用性があることを認めつつも、南太平洋に関連する40項目の核関連活動のうち、同条約が禁止する活動は15項目のみに留まるとし、さらにその15項目についても一部の禁止の有効性には重大な制限が存在するとの認識を示した。条約の強化に向けては、地域の市民ネットワークや研究者から代案として様々な包括的条約案の提案も出されたが、政治的な困難さに加え、すべての締約国によるコンセンサスによる合意を必要とする改正手続き（第11条）の難しさも指摘されている。[15]

6　消極的安全保証（NSA）をめぐる議論

このようにSPNFZ条約には、米国の支持を得るためにオーストラリアが示した「配慮」が色濃く出ている。にもかかわらず、SPNFZ条約の3つの議定書（1．地帯内に属領を持つ国家による条約の義務の遵守、2．NSA、3．地帯におけ

る核実験の禁止）に対し米国は批准していないことにも注目したい。

　議定書2の第2条は、5つの核兵器国（米国、ソ連／ロシア、英国、フランス、中国）を対象にNSAを義務付けている。ロシアと中国は1986年、1987年にそれぞれ署名、1988年にともに批准した。ニュージーランドの非核政策への懸念などを理由に約10年遅れて米、英、仏が1996年に署名、英、仏はそれぞれ1997年、1996年に批准した。2018年1月現在、米国のみが批准していない。米国のオバマ前政権は2010年5月に批准の承認を得るために上院に議定書を送ったとされるが、政権交代がなされた今、批准が行われる見通しは不明である。太平洋諸島フォーラムの年次総会を初め、地域国家からは米国の早期批准を求める声が繰り返し上がっている。

　米国以外の4カ国が、議定書2への署名・批准の際に、様々な留保をつけている点にも留意したい。中国は批准の際（1988年10月21日）、自国の先制不使用政策の堅持を強調しつつも、「もし他の核兵器国あるいは条約の締約国が条約あるいは議定書に対する違反行為を行い、よって非核地帯の地位を変更し、中国の安全保障上の利益を脅かした場合」は義務を再検討する権利を留保する、と述べた。ソ連も批准の際（1988年4月21日）に、条約締約国による違反行為があった場合、また、締約国が核兵器国の支援を受ける、あるいは協力の下で侵略を行った場合には、ソ連は核兵器不使用の誓約に縛られない、という内容の留保を述べ、これには核兵器搭載の艦船あるいは航空機の通過、寄港等も含まれる、との見解を示した。英国も批准の際（1997年9月19日）、次の2つのいずれかの場合には同国が議定書の約束に縛られないと述べた。(a)核兵器国と関係してあるいは同盟して、英国、あるいはその領土、英国軍その他の部隊、同盟国あるいは英国が安全保障上の誓約をしている国家に対する侵攻あるいはその他の攻撃が条約締約国によって実行あるいは維持された場合、(b) 条約締約国が条約に基づく不拡散義務に明白に違反している場合、である。フランスは、「自衛権」をふたたび強調し、「NPTの締約国でない国家には保証は適用されない」と署名時（1996年3月25日）に述べた。

　2010年NPT再検討会議の最終文書は、関連議定書の批准とあわせて、「関連するいかなる留保をも見直す」よう奨励している（行動9）。

第3章　オーストラリアの「核の傘」依存政策と「南太平洋非核地帯」(SPNFZ)

7　核抑止依存のリスク

　上記の留保が示すように、オーストラリアが米国の核の防護を得ようとすればするほど、地域における核の脅威を除去するという非核兵器地帯本来の利点を十分に享受することができず、むしろ地域における核のエスカレーションを招きうるというジレンマを抱えることになる。
　加えて、米国の核兵器システムの重要な一端を担う軍事情報通信施設を国内に設置していることで、核ミサイル攻撃を受けるリスクについても長らくその可能性が指摘されてきた。たとえばリチャード・タンター (Richard Tanter) は1969年の開設以降、世界的な核戦争の遂行に貢献する指揮・管制・通信・情報 (C3I) 関連施設であるパイン・ギャップ施設が米中戦争の勃発の際に中国からのミサイル攻撃の標的となりうる可能性について論じている。[16] さらには、パイン・ギャップ、それからすでに閉鎖されたが米国通信衛星による早期警戒システムに対応する地上基地として用いられていたナランガ基地等が、米国がかかわる主要な核戦争が起こった際に、高い可能性で核攻撃の標的となることをオーストラリア政府も認識していたと指摘する。1980年には当時のフレイザー政権の下で、北半球における核戦争の可能性と想定される被害についての報告書が出されているが、その中でもオーストラリアの米軍基地が標的になることが想定されていた。ロバート・ホーク (Robert J. L. Hawke)、ポール・キーティング (Paul J. Keating) 両政権で国防大臣を務めたキム・ビーズリー (Kim Beazley) は1997年8月11日の議会委員会で次のように述べている。

　　「共同施設がおそらく標的になることを我々は認識していた。しかし我々はグローバルな安定の利益と我々がみなすもののためにそのリスクを受け入れたのだ。」[17]

8　オーストラリアにとっての「脅威」

　ここで疑問となるのは、オーストラリア政府における脅威認識である。上述

のように、新たな脅威のリスクを受け入れてまでも拡大核抑止力に依存しなければならないと同国が感じている「脅威」とは何だろうか。

以下に、キーティング労働党政権による「1994年国防白書」の関連部分を抜粋する。

> 「政府は核抑止を永続的な状態としては認めていない。それは、実質的な検証条項をともなった核兵器の完全なる禁止が達成されるまでの中間措置である。その間、オーストラリアが核兵器によって脅かされるような状況を想定することは困難であるが、我々はそのような可能性を除外することはできない。我々はオーストラリアに対するいかなる核の脅威も攻撃をも抑止する米国の核能力の拡大抑止に引き続き依存する。よって、オーストラリアのような同盟国に対する核の脅威を抑止できる十分な核能力を米国が維持できるよう、我々は引き続き支援していく。[18]」

ここからは、①オーストラリアに対する直接的な脅威は存在せず、核抑止政策は将来に対する「保険」である、②核抑止が必要とされる唯一の状況はオーストラリアに対する核攻撃の脅威あるいは攻撃である、という点が指摘できる。

また、最新の「2016年国防白書」は次のように述べている。

> 「オーストラリアの安全保障はANZUS条約、米国の拡大抑止、そして米国の最新の技術と情報へのアクセスに下支えされている。米国の核及び通常の軍事力のみがオーストラリアに対する核の脅威の可能性に対する効果的な抑止を提供できる。米国の軍事力のプレゼンスは、インド太平洋における安全保障を確保する上で死活的な役割を担う。また、米国のグローバル戦略面また経済面での重要性は、ルール基盤の国際秩序が効果的に機能する上で引き続き不可欠なものである。[19]」

白書は、米中の「協力と対立の混ざった関係」、軍備の近代化や弾道ミサイルの開発などを含む地域安全保障の不安定化に懸念を示しているものの、「2035年までの期間において他国がオーストラリアの領土を軍事攻撃する見通しはほとんどないが、オーストラリアが安全保障及び繁栄という目標を追求していく環境においては、次の20年間にわたり、新しい困難さや試練が出てくることだろう」と引き続き核抑止依存が将来に向けた「保険」政策の性格を持つことを明らかにしている。

こうしたオーストラリアの拡大抑止依存政策を、TanterはJust in case (も

しもの時)モデル」と位置付け、現状においていかなる正当化の理由も見つからない、と批判する。また、オーストラリア国内において、「脅威の性質は何か」「それが起きる可能性は」「代替策はあるのか」といった点についての議論が十分になされていない点を指摘している。

9　オーストラリアの核軍縮外交

核兵器禁止条約をめぐる議論についても、それがグローバルと地域の安全保障にどのような利点があるのか否か政府内での十分な検討がなされていないとの指摘がある。

オーストラリアは長年、軍縮・不拡散問題における世界のリーダー国と自負してきた。この分野における賢人会議による政策提言もオーストラリアが世界に先駆けて行ったことの一つである。1995年11月、キーティング首相のイニシアティブで、12カ国17人からなる「核兵器廃絶に関するキャンベラ委員会」が設置され、翌96年に核兵器廃絶に向けた具体的な諸措置の提言を含んだ報告書を発表した。

2008年にはラッド首相の提案を受け、日豪政府の共同イニシアティブとして、「核不拡散・核軍縮に関する国際委員会」(ICNND) が立ち上げられた。両国の元外相であるギャレス・エバンス、川口順子の両氏が議長を務めた。2009年12月に翌2010年 NPT 再検討会議への勧告などを含む報告書を提出した。

また、2010年 NPT 再検討会議で合意された64項目の行動計画の履行を進めるため、2010年7月、日本と共同で軍縮・不拡散イニシアティブ（NPDI）を設置した。核軍縮への姿勢が異なる地域横断的な非核保有国12カ国（オーストラリア、カナダ、チリ、ドイツ、日本、メキシコ、ナイジェリア、オランダ、フィリピン、ポーランド、トルコ、アラブ首長国連邦）が参加している。

しかし、核兵器の法的禁止をめぐる議論に関しては、オーストラリアは他の「核の傘」依存国を先導する形で、一貫して強い反発を示してきた。第2節で述べたように、2016年8月に開かれた OEWG においては、「2017年禁止条約交渉会議の開催」を勧告した報告書案の全会一致合意に強硬に反対し、オース

トラリア政府代表が最終局面で投票を求めたことは他の非核兵器国を驚かせるものであった。

2016年12月の国連総会における「2017年禁止条約交渉会議の開催」を決定する決議案に対しても、オーストラリアは他の「核の傘」依存国と足並みを揃える形で反対票を投じた（オランダのみ棄権）。2017年3月に始まった交渉会議にも同国政府は参加していない。豪外務省のホームページでは、「なぜわれわれは単に『核兵器を禁止』しないのか」と題して、核兵器禁止条約の締結を進める諸国や市民社会に対する反論を次のように述べている。[21]

> 「単に核兵器を禁止することが核兵器の廃絶に繋がる、あるいは核保有国ならびにオーストラリアのように自国の安全保障ドクトリンの一部として拡大核抑止に依存する国が直面している現在の、真の、安全保障上の懸念に変化をもたらすという見方を我々はしていない。」

> 「核保有国が参加しておらず、国際的な安全保障環境と切り離された禁止条約は、非生産的であり、一発の核兵器もそれで削減されることはない。」

SPNFZ条約の前文は、すべての国家の義務として、「核兵器、核兵器が人類に与えている恐怖及び核兵器が地球上の生命に与えている脅威を取り除くという目的を達成するために、最大限努力する」必要性を謳っている。核兵器に安全保障上の重要な役割があることを認め、全面的な禁止に背を向け続けるオーストラリアの姿勢はSPNFZ条約の掲げた精神に反すると言わざるを得ない。

10　おわりに

ANZUS同盟の一角として米国の拡大核抑止に依存する政策をとるオーストラリアは、核兵器国への縛りを実質的に弱めた非核兵器地帯条約を成立させることにより、相反する性格を持つ2つの政策の両立を試みてきた。しかし同時に、そうした政策の選択は、オーストラリアをさらなる安全保障のジレンマの深みに追い込んでいる。「核兵器の完全な不存在」を達成することで地域に対する核攻撃の脅威を低減させ、消極的安全保証を通じて「非核の傘」による安

第3章　オーストラリアの「核の傘」依存政策と「南太平洋非核地帯」(SPNFZ)

全を確保する、というのが非核兵器地帯条約に加入する最大のメリットである。ところが、オーストラリアはそのような地帯構成国が本来享受すべき恩恵を放棄し、反対に米国の核戦略の一部となることによって自国への脅威を増大させる結果を生んでいる。

　非核兵器国が「核の傘」依存政策を選択する理由として、国際安全保障における脅威があるというのが世間一般の通念であろう。しかし、切迫した安全保障上の危機に直面しているとは言い難いオーストラリアの場合、その選択に十分な合理性はないと言える。この背景には、核武装論の台頭からも見えるように、自国の安全保障上の「脆弱性」に過剰とも言える反応を示してきたオーストラリアの歴代政権の姿勢がある。また、Tanterが指摘するように、国民における核問題への関心の低さや議論の欠如も大きく影響しているだろう。し

図　非核兵器地帯

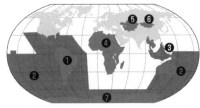

①ラテン・アメリカおよびカリブ地域における核兵器禁止条約(トラテロルコ条約)
●締結署名：1967年2月14日
●発効：1969年4月25日
●加盟国：33カ国(全関係国)が署名、批准寄託

②南太平洋非核地帯条約(ラロトンガ条約)
●締結署名：1985年8月6日
●発効：1986年12月11日
●加盟国：13カ国・地域が署名、批准寄託

③東南アジア非核兵器地帯条約(バンコク条約)
●締結署名：1995年12月15日
●発効：1997年3月27日
●加盟国：10カ国(全関係国)が署名、批准寄託

④アフリカ非核兵器地帯条約(ペリンダバ条約)
●締結署名：1996年4月11日
●発効：2009年7月15日
●加盟国：50カ国・地域が署名、40カ国が批准寄託

⑤中央アジア非核兵器地帯条約(セメイ条約)
●締結署名：2006年9月8日
●発効：2009年3月21日
●加盟国：5カ国(全関係国)が署名、批准寄託

⑥モンゴル非核兵器地位
●1998年12月4日、国連総会で一国の非核兵器地位を全会一致で決議
●2000年2月3日、国内法制定

⑦南極条約
●締結署名：1959年12月1日
●発効：1961年6月23日
●加盟国：5核兵器国を含む53カ国

出典：長崎大学核兵器廃絶研究センター『提言：北東アジア非核兵器地帯への包括的アプローチ』より）

がって、オーストラリアの政策の転換に向けては、核抑止依存政策が多大な代償を払ってでも固守すべきものであるのか、同国をとりまく安全保障上の脅威に対する冷静かつ客観的な分析と、より現実的な代替策の検討が何よりも必要なのではないだろうか。

1) 梅林宏道『非核兵器地帯：核なき世界への道筋』岩波書店、2011年。
2) 複数地域にまたがる非核兵器地帯構成国による共同行動の例として、アルゼンチン、ブラジル、コスタリカ、エクアドル、グアテマラ、インドネシア、マレーシア、メキシコ、フィリピン、ザンビアの10カ国が核兵器禁止のための法的拘束力のある文書の2017年交渉開始を求めて2016年の核軍縮のための国連公開作業部会（OEWG）に提出した作業文書 A/AC.286/WP.34/Rev.1（「核軍縮を議論する：非核兵器地帯の見解からの勧告」）が挙げられる。
3) 公海を含む範囲において放射性廃棄物等の投棄が禁止されているなど、条約の定める義務が核兵器以外の核関連活動に及ぶため、「非核兵器地帯」ではなく「非核地帯」という用語が用いられている。
4) Australian Government Department of Defence, "2016 Defence White Paper". (http://www.defence.gov.au/whitepaper/Docs/2016-Defence-White-Paper.pdf)
5) ロシアを盟主とする集団的安全保障機構に加盟しているカザフスタン、キルギス、タジキスタンについても、核の傘が供与されている可能性があるが、その実態は明らかでない。
6) 本章第1節を参照。
7) 現在の名称は「太平洋諸島フォーラム（PIF）」。オーストラリア、ニュージーランド、パプアニューギニア、フィジーなど16カ国・地域が加盟。
8) オーストラリア、クック諸島、フィジー、キリバス、ナウル、ニュージーランド、ニウエ、パプアニューギニア、サモア、ソロモン諸島、トンガ、ツバル、バヌアツ。
9) オーストラリア、ニュージーランドで構想が棚上げされる中でも、フィジー、バヌアツなどの島嶼国においては構想が国連総会等で継続的に提唱されていた。小柏はこれが再び地域レベルで取り上げられる際に重要な役割を果たしたと指摘する。小柏葉子「南太平洋フォーラム諸国の地域協力：南太平洋非核地帯条約成立をめぐって」『国際法外交雑誌』89巻5号、473-499頁、1990年。
10) たとえば、Michael Hamel-Green, "The Rarotonga South Pacific Nuclear Free Zone Treaty," *The Pacific - Peace, Security & The Nuclear Issues*, pp. 93-122.
11) "Labor ends ban on uranium export to India," ABC News, December 4, 2011. (http://r.search.yahoo.com/_ylt=A0SO80.ixxBaNlIAqDBXNyoA;_ylu=X3oDMTExcW9hNGZwBGNvbG8EcG9zAzExBHZlcwM0BHZ0aWQDVUlDMV8xBHNlYwNzcg--/RV=2/RE=1511077922/RO=10/RU=http%3a%2f%2fwww.abc.net.au%2fnews%2f2011-12-

第 3 章　オーストラリアの「核の傘」依存政策と「南太平洋非核地帯」(SPNFZ)

04%2flabor-delegates-debate-india-uranium-sale%2f3711512/RK=2/RS=kfk1yfRY3b8q EIIIDsSl6HSWqLk-)
12) Kyle Spinger, "Australia and India: A Nuclear Alliance?," The National Interest, September 17, 2017. (http://nationalinterest.org/blog/the-buzz/australia-india-nuclear-alliance-11298)
13) Harsh V. Pant, "Canberra buries its nuclear angst about Delhi," *The Japan Times*, September 11, 2014.
14) Zachary S. Davis, "The Spread of Nuclear-Weapon-Free Zones: Building a New Nuclear Bargain," *Arms Control Today*, February 1996, p. 16.
15) トラテロルコ条約の場合、改正には「(特別会合に) 出席しかつ投票する締約国の3分の2以上の多数」が必要とされる。
16) Richard Tanter, "The 'Joint Facilities' revisited-Desmond Ball, democratic debate on security, and the human interest," *Nautilus Institute for Security and Sustainability Special Report*, December 12, 2012.
17) Ibid.
18) Commonwealth of Australia, "Defending Australia-Defence White Paper 1994". (http://www.defence.gov.au/Publications/wpaper1994.pdf)
19) Australian Government Department of Defence, "2016 Defence White Paper". (http://www.defence.gov.au/whitepaper/Docs/2016-Defence-White-Paper.pdf)
20) Richard Tanter, "Rethinking Extended Nuclear Deterrence in the Defence of Australia," *The Asia Pacific Journal*, December 2009, pp. 1-22.
21) Australian Government Department of Foreign Affairs and Trade, "Australia's Nuclear Non-Proliferation and Disarmament Policy". (http://dfat.gov.au/international-relations/security/non-proliferation-disarmament-arms-control/nuclear-weapons/Pages/australias-nuclear-non-proliferation-and-disarmament-policy.aspx)

第4章

消極的安全保証（NSA）の意義と役割

榎本　浩司

1　はじめに

　本章では、「核の傘」への依存を低減する際に、非核兵器国の安全保障を考える上での鍵となる消極的安全保証に焦点を当てる。核兵器国が非核兵器国に対して核兵器を用いないことを約束する消極的安全保証は、それが機能すれば理論的には非核兵器国が核の脅威を感じることはなくなり、拡大核抑止は不要なものとなる。消極的安全保証はまた、非核兵器地帯条約の根幹を支える政策でもある。しかし、今日存在する消極的安全保証は、核兵器国が一方的に宣言したものであるため、数多くの課題が積み残されている。ここではまず、消極的安全保証の定義とこれまでの議論の経緯、5核兵器国の消極的安全保証に関する宣言の文言を概観する。次に、一方的宣言による消極的安全保証の課題と、消極的安全保証の課題を克服するために非核兵器国が取るべき政策について考察する。その上で、非核兵器地帯条約における消極的安全保証の役割や現状について検討し、最後に、北朝鮮の核開発問題と消極的安全保証の関わりを踏まえ、「核の傘」への過度な依存を低減し、消極的安全保証を軸とした北東アジア非核兵器地帯の実現に向けた課題や展望についての考察を行う。

2　消極的安全保証とは

(1) 定　義

　消極的安全保証（NSA）は、核不拡散条約（NPT）で定められた非核兵器国に対し、核兵器の保有を断念することへの見返りとして、NPT上の不拡散の義務を遵守する非核兵器国に対しては、核兵器を用いた威嚇や攻撃を行わないことを核兵器国が約束するものである。これにより、NPTに内在する核兵器国と非核兵器国の不平等性と、非核兵器国の安全保障上の懸念を和らげることによって、非核兵器国が核保有を試みる誘引を低下させる「デマンドサイド・アプローチ」と呼ばれる核不拡散政策の一つである。

　消極的安全保証に対する概念として、積極的安全保証（PSA）がある。積極的安全保証は、NPTに加盟している非核兵器国が、核兵器を用いた威嚇や攻撃を受けた場合、国連憲章に基づき、国連を通じて援助や対抗措置を提供することを約束するものである。

(2) 議論の経緯

　1960年代に行われたNPTの交渉の中で、非同盟諸国（NAM）をはじめとする非核兵器国は核兵器国に対して消極的安全保証を提供するよう求めてきた。しかし核兵器国側はこうした要求を拒否し、1968年6月、米、英、ソの3カ国は、積極的安全保証を提供する旨の宣言を行った。同年、国連安保理もこれらの宣言を歓迎する決議を採択した[1]。しかし、国連安保理を通じた積極的安全保証は、安保理常任理事国である5核兵器国が核兵器使用の当事国となった場合には、その国が安保理において拒否権を行使することで、実際には機能し得ないとの懸念が残った。

　非核兵器国がその後も消極的安全保証の提供を訴え続けたこともあり、1978年6月の第1回国連軍縮特別総会（UNSSOD1）において、初めて5核兵器国がそれぞれの一方的宣言（unilateral declaration）によって消極的安全保証の提供を表明した[2]。しかしこの宣言にはいずれも、消極的安全保証を提供する対象の

例外を定めた条件が付されていた。米英は、対象となる国は、NPTを遵守しており他の核兵器国と同盟もしくは連携していないことを、ソ連は、その領域内に核兵器を配備していない非核兵器国であることを条件としていた。米英ソに遅れて核保有国となったフランスと中国においては、フランスは1982年の国連軍縮特別総会（UNSSOD2）で同様の宣言を行い、中国は核を保有して以来、無条件での消極的安全保証を繰り返し宣言してきている。

　1995年、NPT再検討会議に先立ち、5核兵器国はジュネーブ軍縮会議（CD）において、再び消極的安全保証の提供に関する一方的宣言を行った。この宣言では、1978年のものと比べると消極的安全保証が提供されない例外となる範囲が狭められたものの、無差別・無条件の消極的安全保証を表明してきた中国を除き、米、英、ロ、仏の宣言は依然として条件付きのものであった。5核兵器国はまた、積極的安全保証に関する国連安保理決議案を共同提案し、これは、非核兵器国の安全保障に関する安保理決議984として採択されている。

　以降も、非核兵器国は、CDなどの場で普遍的かつ無差別・無条件の消極的安全保証を、法的拘束力のある形で規定すべきであるとの主張を続けてきている。こうした非核兵器国の要求に対してはロシアや中国が支持する姿勢を示す一方、米国やフランスは、消極的安全保証は非核兵器地帯条約において規定すべきであると主張してきており、議論が進展していない[3]。

　初めて消極的安全保証が条約上に明記されたのが、非核兵器地帯条約の先駆けともなったラテンアメリカ及びカリブ地域核兵器禁止条約（トラテロルコ条約）においてである。非核兵器地帯条約の詳細については後述するが、これを批准した核兵器国には消極的安全保証を遵守する法的な義務が生じ、条約を批准した非核兵器国は核兵器による威嚇や使用の対象とならないことが保証される。しかし実際には、核兵器国はほとんどの非核兵器地帯条約を署名・批准しておらず、唯一5核兵器国すべてが批准まで行っているのはトラテロルコ条約のみである[4]。その結果、今日に至るまで、消極的安全保証はほぼ核兵器国の一方的宣言によってのみ担保されてきた。

第4章 消極的安全保証（NSA）の意義と役割

3　5核兵器国の消極的安全保証に関する一方的宣言

5核兵器国は、1978年5月23日から6月30日までニューヨークの国連本部で開催された第1回国連軍縮特別総会（SSOD 1）において、初めて消極的安全保証についての宣言を行った。その後、各国は、消極的安全保証の提供の例外となる範囲の見直しを行ってきている。

(1) 米　国
米国は、1978年6月12日の国連軍縮特別総会において、サイラス・ヴァンス（Cyrus R. Vance）米国国務長官による「核兵器の不使用に関する米国の保証」声明の中で、ジミー・カーター（James E. Carter）大統領の名の下、消極的安全保証の宣言を行った。

「合衆国は、NPTもしくはそれと同等の、核爆発装置を獲得しないという国際的な拘束力のある誓約に非核兵器国として加盟するいかなる国に対しても、当該国が核兵器国と同盟し、あるいは核兵器国と連携し、合衆国およびその領土、軍隊もしくは同盟国に対し攻撃を加え、あるいは攻撃を支援している場合を除き、核兵器を使用しない。」として、NPTもしくは核爆発装置を獲得しないという国際的な約束の締約国である非核兵器国に対しては、核兵器を使用しないとしている。ただし、そこには例外があり、核兵器国と同盟もしくは連携して米国とその領土または軍隊や同盟国に対して攻撃を行った場合にはその限りではないとされている。

(2) ソ　連
ソ連は、1978年5月に行った宣言の中で「（ソ連は）そのような（核）兵器の製造および獲得を放棄し、また、領土内に保有しない国に対しては核兵器を決して使用しない。」との表現で消極的安全保証を表明している。ソ連の宣言では、対象が単に非核兵器国でなく、その領域内に核兵器が存在しないことも条件とされている。

第1部 「核の傘」依存低減と非核保有国の政策

第2回国連軍縮特別総会が開催された1982年6月、ソ連は、非核兵器国に対する安全の保証は国際的な協定を通じて解決されるべきとしつつ、同時に、領域内に核兵器を保有しない非核兵器国との間には安全を保証する二国間合意を締結する用意があることを表明した。

(3) 英　　国

英国は、1978年6月、「英国は、NPTもしくはそれと同等の、核爆発装置を獲得しないという国際的な拘束力のある誓約に非核兵器国として加盟するいかなる国に対しても、当該国が核兵器国と同盟し、あるいは核兵器国と連携し、英国およびその属領、軍隊もしくは同盟国に対し攻撃を加え、あるいは攻撃を支援している場合を除き、核兵器を使用しない。[7]」として、消極的安全保証を宣言した。宣言の内容は、基本的に米国のものと同じである。

(4) フランス

フランスは、SSOD 1において消極的安全保証に関する宣言を行った際、消極的安全保証を提供する対象となる国について「(フランスは) 非核兵器地帯を構成する国々と交渉による協定に基づき、このような (NSA) 保証を与える用意がある[8]」と述べている。

先の宣言は、非核兵器地帯を構成する国を念頭に消極的安全保証の提供を表明したものであったが、1982年6月には、「(フランスは) 核兵器を保有せず、また保有を求めないと誓約した国家に対し、フランスもしくはフランスが安全保障上の協定を持つ国に対し、核兵器国と連携もしくは同盟し、侵略行為を行った場合を除き、核兵器を使用しない[9]」との文言を含む宣言を行い、消極的安全保証の対象を拡大した。この宣言により、フランスの消極的安全保証の対象は1978年に米英などが宣言の中で定めた範囲とほぼ同じものとなっている。

(5) 中　　国

中国は1964年に最初の核実験を行った際に発した宣言を繰り返す形で、1978年6月に「さしあたり、すべての核兵器国、とりわけ大量の核兵器を保有する

超大国は、ただちに非核兵器国および非核地帯に対し、核兵器による威嚇ならびに使用を行わない旨保証すべきである。中国はかかる保証を行う用意があるだけでなく、いつ、いかなる状況の下においても、最初に核兵器を使用する国とはならない旨、繰り返し声明したい。」と述べている。5核兵器国の中で唯一、無条件での消極的安全保証の提供を宣言している中国は、前段で特に米ソに対して非核兵器国と非核兵器地帯への核の不使用を求め、後段では、中国が消極的安全保証にコミットするだけでなく、いかなる時、いかなる状況においても、最初に核兵器を使用する国とはならない旨を宣言している。

1982年4月、中国はさらに、「（中国は）非核兵器国および非核地帯に対し、無条件で核兵器を使用もしくは使用の威嚇を行わないと保証する。」との文言を追加した。これにより中国は、非核兵器国と非核兵器地帯に対しては無条件で核兵器による威嚇や使用を行わないことを改めて明確に示している。

4 一方的宣言による消極的安全保証の課題

ここまで見てきたとおり、現在の消極的安全保証はほぼ、核兵器国の一方的な宣言政策に依拠している。そのため、双方の合意が明文化された条約に基づくものでない一方的宣言ゆえの課題が存在する。

(1) **一方的宣言の不安定さ**

非核兵器国が、核兵器国から消極的安全保証が確実に提供されるかどうかを、客観的に検証することは可能であろうか。核兵器国が消極的安全保証を提供するということ、すなわち、核兵器を用いた威嚇や攻撃を行わないということを明らかにするためには、反対に核兵器を用いた核抑止が機能するための要件から考えてみると分かりやすい。

核抑止が成立するためには、核兵器を使用するという「意思」、実際に使用することのできる「能力」、そしてそれらを相手側が「認識」することが必要となる。これを消極的安全保証の提供に置き換えて考えてみると、核兵器を用いた威嚇や攻撃を行わないという「意思」、実際にそうした威嚇や攻撃に用い

る核兵器の「能力」が存在しないこと、そしてそれらを非核兵器国が「認識」できて初めて、核兵器国が表明した消極的安全保証から、非核兵器国が安全保障上の安心を得ることができると言える。すなわち、一方的宣言による消極的安全保証の場合、非核兵器国にとっては、核兵器国に、核兵器を使用する「意思」と実際に核兵器を使用する「能力」が存在しないということを証明できるかが鍵となる。

　文書の形式を伴う条約に基づいた合意と異なり、片方の当事国が一方的に行った宣言政策では、その内容はもちろん、実際の遵守も、宣言を行った国の裁量に委ねられる。そのため、非核兵器国にとっては、核兵器国が急に政策を転換することで、突然に消極的安全保証の提供が行われなくなるなど、宣言自体を覆されてしまう懸念が常に存在する[12]。こうしたことを防ぐためにも、消極的安全保証の提供が明文化された条約を核兵器国と非核兵器国の間で締結することが、消極的安全保証の確実な提供という点での不安定さを解消する上でより望ましいことは言うまでもない。しかし現実的には、消極的安全保証に関する規定を含んだ非核兵器地帯条約をすべての核兵器国との間で締結するには多大な時間を要することとなり、実現のハードルが高い。そのため、非核兵器国としてできることは、核兵器国が一方的宣言を破棄したり、核兵器を使用した威嚇や攻撃を行わないという意思を覆したりしないように釘を刺しつつ、核兵器国との関係を悪化させないように努めることなどに限られる。

　しかし、二国間関係の悪化に伴って一方的宣言による消極的安全保証提供の「意思」が覆されるという事例も近年生じている。2014年のウクライナ危機の際、ロシアによってクリミア地域の併合が行われた後、ウラジーミル・プーチン（Vladimir V. Putin）大統領は、情勢次第ではウクライナに対する核兵器の使用も準備していた旨の発言を行った[13]。これは、ウクライナの主権および領土の尊重と消極的安全保証の提供を取り決めた1994年の「ブダペスト覚書」[14]を覆すものであり、状況次第では核兵器国の一存によって消極的安全保証の提供が翻意されることを非核兵器国に印象付ける出来事となった[15]。

　こうした事例からも分かるとおり、一方的宣言による消極的安全保証においては、宣言を遵守して核兵器を使用しないという「意思」の存在とその信頼性

第 4 章　消極的安全保証（NSA）の意義と役割

は極めて不安定なものと言える。また、非核兵器国がそうした核兵器国の意思の存在を確認するための方法も、核兵器国が国際会議や二国間などの外交の場で行う発言や声明などによる意思表明に頼るところが大きく、核兵器国に消極的安全保証を提供する意思があることを客観的に確認することは容易ではない。

(2) 検証の難しさ

　それでは、核兵器国の実際の核兵器の運用方針や配備状況などから、非核兵器国に対する核兵器使用の「能力」が存在しないか制限されているということを確認することは可能だろうか。

　核兵器国が定期的に核兵器の運用方針などを公にする核戦略（核ドクトリン）や、軍事関連の白書や報告書などの公開情報は、非核兵器国にとって、核兵器国の核兵器の運用状況を知る上で貴重な情報となる。ただし、核ドクトリンなどの対外的に公表される文書や報告書の場合、政治的な目的を持って書かれ公表される面も否定できないことから、内容の正確性については慎重な判断が必要となる。また、非核兵器国が自国のインテリジェンス能力を用いて核兵器国の核兵器の運用や配備の状況に関する情報の入手を試みることも考えられなくはない。しかし、核抑止において、報復のための戦略核戦力が相手国の第一撃によって破壊されないことが必要とされるように、国家の存亡に関わる核戦力の秘匿性は極めて高く、非核兵器国が詳細な核兵器の配備状況などに関する情報に接することは容易でないだろう。

　核兵器国が核兵器の運用状況などに関して公開する文書などから、核兵器国の長期的な核兵器の運用方針や核戦略の大枠をつかむことは可能かもしれない。しかし、消極的安全保証の裏付けとなるようなより具体的な運用についての情報を通して、核兵器国に核兵器を用いた威嚇や攻撃を行う「能力」が存在しないことを非核兵器国が検証するということは非常に難しいと言える。このように、非核兵器国は、核兵器国が本当に自国を核兵器を用いた威嚇や使用の対象としていないのか知り得る術を持たない。そのため、非核兵器国が、核兵器国による核使用の「能力」の有無を判断するには、核兵器国が消極的安全保証を提供する対象とする非核兵器国に対してとる具体的な行動が重要となる。

裏を返せば、核兵器国による具体的な行動が伴わない場合には、いくら消極的安全保証の提供が宣言されたとしても、その信頼性において、非核兵器国から疑念を向けられることとなる。その事例として、核開発以降、一貫して無条件での消極的安全保証の提供を宣言してきている中国が挙げられる。非核兵器国である日本などの周辺国は、中国が射程が短く核弾頭も搭載可能な準中距離弾道ミサイル東風21（DF-21）や、DH-10などの巡航ミサイルを配備し、さらにその能力向上に取り組んでいるとみられていることを懸念している。[16] こうした行動は、無条件での消極的安全保証の宣言を繰り返してはいる一方で、いざとなれば即座に宣言を翻してあらゆる国を核使用の対象とするのではないかとの疑念を非核兵器国に抱かせることになろう。

(3) 適用対象範囲の制限

最後に、一方的宣言による消極的安全保証が抱える課題として、その適用対象の範囲を定めた条件の問題がある。

前述のとおり、1978年に初めてなされた消極的安全保証に関する一方的宣言でも、1995年のNPT再検討会議に先立ってなされた一方的宣言においても、中国以外の4核兵器国は、一定の条件付きでの消極的安全保証を表明してきている。[17] 各宣言における条件の具体的な文言は前項で見たとおりであるが、いずれにおいても、他の核兵器国との同盟や連携によってその核兵器国を攻撃した場合などを消極的安全保証の適用対象外と規定している。一方的宣言では、このように消極的安全保証の適用対象の範囲を核兵器国がその一存によって決めてしまうため、核兵器国側の都合によって消極的安全保証の対象範囲が狭められ、その結果、宣言の趣旨が骨抜きにされてしまう可能性が残る。そのため、非核兵器国は核兵器国に対し、こうした条件を撤廃し、普遍的で無差別・無条件の消極的安全保証を提供するよう求め続けてきている。

米国では、2010年の核態勢見直し（NPR）報告において見直された「強化された消極的安全保証」において、核以外の化学兵器や生物兵器といった大量破壊兵器を用いた攻撃を受けた場合であっても、核兵器を保有していない国である場合には、核戦力による報復措置は取らず、通常戦力によって対応すること

が明言された。[18] バラク・オバマ（Barack H. Obama II）政権が推し進めた「核兵器の役割低減」の取り組みの中で、消極的安全保証が提供される対象範囲が拡大されたのである。これにより、非核兵器国にとっては自国が核兵器国から核を用いた威嚇や攻撃を受ける可能性が低下することとなり、安全が保証される機会が拡大されたと言える。一方で、ロシアは2010年の軍事ドクトリンで、自国の領域や軍隊および同盟国が核兵器や大量破壊兵器で攻撃された場合と合わせ、非核兵器国の通常兵器を用いた攻撃や侵略行為であっても、国家の存亡を危険にさらす場合には核戦力による報復の対象になり得るとした。[19] これは米国の事例とは対照的なものである。非核兵器国にとっては、米国のように消極的安全保証が提供される対象から外される条件の範囲が狭いほど、安心の度合いが高いことは言うまでもない。ロシアが、国家の存亡を危険にさらす場合という不明瞭な条件を追加した背景には、核兵器使用の可能性をより広く残すことでその抑止効果を狙った意図があろう。しかし、非核兵器国にとっては、条件が追加されたことで消極的安全保証が提供される対象範囲が狭められた上、その条件が具体的にどのような状況を指すかについて明確ではないため、ロシアの消極的安全保証への信頼性を損なうものになったと言えよう。

　以上のように、非核兵器国は、条約ではなく一方的宣言に基づいて提供される消極的安全保証に対し、核兵器国に核兵器を使用する意思や能力がないことを検証することは難しく、さらに宣言に付された条件の内容やその履行についても核兵器国次第となるため、消極的安全保証の提供が反故にされるのではないかという不安を常に抱え続けることとなる。

5　消極的安全保証の課題を克服するための非核兵器国の政策

　消極的安全保証は、国際的な核不拡散政策であると同時に、非核兵器国にとっては自国の安全保障に直結するものである。そのため、非核兵器国には、現状の一方的宣言による消極的安全保証が抱える課題を克服していく取り組みが必要となる。

第1部　「核の傘」依存低減と非核保有国の政策

(1) 国際世論の喚起

　もし、核兵器国が一方的宣言において定めた条件に該当せず、消極的安全保証が提供される対象であるはずの非核兵器国が、核兵器国から核兵器を用いた威嚇や攻撃を受けた場合、その非核兵器国はどのような対応を取ることになるのか。

　まず、核兵器国から核兵器を用いた威嚇を受けた場合、非核兵器国が核兵器国に攻撃を思い止まらせるため、国際世論を喚起して対抗することが考えられる。例えば、非核兵器国に対する核兵器の使用は国際人道法違反であるとして国際社会に訴え、国際世論を後押しとすることで核兵器国に圧力を加えるというものである。こうした対抗措置が効果を持ち得る背景には、1945年以降、核兵器は使用してはならないものであるという「核のタブー」や「核兵器不使用の伝統」と呼ばれる国際的な規範が少しずつ国際社会に浸透してきたことが指摘できる。[20] さらに最近では、核兵器禁止条約に関する交渉の土台となった、核兵器の非人道性についての議論の高まりも挙げられよう。核兵器の使用をちらつかせて威嚇を行う国は、実際に核兵器を使用するかの判断を行う上で、核兵器を使用することによって得られるであろう利得と、自らが長崎以来となる核兵器使用の当事者となる場合に受けると考えられるコストとの勘案を行う。その際、国際社会にこのような核兵器使用に対する規範意識が存在することで、核兵器使用に対して国際社会から被る政治的・経済的コストが大きくなり、核使用よって得られる利益に見合わないと考えることで、核兵器の使用を思い止まる可能性も高くなる。また、こうした国際的な規範の強化は、核兵器を用いた威嚇や攻撃がなされるような状況にならずとも、核兵器国が消極的安全保証に関する一方的宣言を突然撤回したり、宣言に付した条件の解釈や範囲を変更することで宣言の趣旨を損なうようなことを簡単には行いづらくすることも期待できよう。核兵器国が、核兵器の使用は割に合わないと判断するよう、国際社会に対して規範意識を高める取り組みを行うことは、一方的宣言による不安定な消極的安全保証の限界を克服するための、非核兵器国の重要な役割と言える。その他にも、非核兵器国は、核兵器を用いた威嚇を行った核兵器国を、国際司法裁判所に提訴するという形で国際社会に訴えることも可能である。

(2) 信頼醸成

　このような点から、第二に、最終的に地域から核抑止力を取り除くための環境を整えるためにも、非核兵器国には、核兵器国との間での信頼醸成によって、双方の間にある安全保障上の課題を解決する努力が必要となる。具体的には、定期的な政治レベル・実務レベルから専門家レベルまでの幅広い次元での対話や、安全保障政策に関する情報共有などを積み上げていくことを通じて、積極的に双方間の信頼関係を築き、そうした環境整備を通じて消極的安全保証の提供をより安定的なものにしていく必要があろう。

(3) 積極的安全保証の限界

　非核兵器国が核兵器を用いた攻撃を受けた場合、攻撃を受けた非核兵器国が単独で対抗することは難しいと考えられることから、積極的安全保証の提供を国際社会に訴え、国連安全保障理事会がそれを協議して対処することが考えられる。しかし先にも述べたとおり、核兵器を用いた攻撃を行った国が安全保障理事会の常任理事国である5核兵器国のいずれかであった場合、その国が拒否権を発動して、積極的安全保証の提供に向けた安保理決議を阻止してしまう可能性が高い。そのため、積極的安全保証が機能する可能性があるのは、核兵器を用いた攻撃を行った国が5核兵器国以外であった場合に限られる。国連を通じた積極的安全保証という対応が難しい場合、攻撃を受けた非核兵器国を支援するのは有志国のみに止まることが考えられる。また、そもそも積極的安全保証は、侵略を受けた国に対して他の国連加盟国が援助などを行うという国連憲章上の義務を述べたものに過ぎないとも言える。こうした理由から、非核兵器国は積極的安全保証では不十分と考えてきており、非核兵器国は長年にわたって消極的安全保証の提供を核兵器国に求めてきている。

(4) 一方的宣言の法的拘束力

　一方的宣言による消極的安全保証は、その適用対象範囲を定めた条件の設定を始め、宣言を行った非核兵器国の政策に左右される。しかし、国際法の観点からは、一方的宣言に法的拘束力が存在するという見解も存在する。

1960年代から南太平洋ポリネシア領で大気圏内核実験を繰り返していたフランスに対し、オーストラリアとニュージーランドは1973年に核実験の中止を求めて国際司法裁判所（ICJ）に提訴を行った。その背景には、国際社会において、大気圏内核実験の実施に伴って発生する放射性降下物に対する批判の高まりがあった。こうした国際世論も追い風となり、フランスでは大統領や閣僚が、当時行われていた一連の核実験をもって大気圏内核実験を終了するとの見解を公表した。ICJは1974年の判決において、フランスが核実験の終了を一方的に宣言したことに関し、一方的行為であっても対世的な義務が生じるとしてその法的効果を認めると結論付けている。この判例を踏まえ、国家の一方的行為である一方的宣言も法的拘束力を有するものであるとの指摘もなされている[21]。こうした指摘を踏まえれば、核兵器国による消極的安全保障の一方的宣言にも法的拘束力があると考えることもできよう。しかし実際には、核兵器国が宣言を覆して核兵器を用いた威嚇や攻撃を行った際にも、それに対抗する手段は国連を通じた積極的安全保証などに限られ、その実効性には疑問が残る。こうしたことからも、消極的安全保証に関する一方的宣言が法的拘束力を有するとの見方は広がっているとは言えず、その意味でも非核兵器地帯条約を通じた法的拘束力のある形での消極的安全保証が必要とされている。

核兵器国の一存に左右される現在の消極的安全保証を、より安定的かつ十分なものにするためには、非核兵器国が長く求め続けているように、一方的宣言に付された条件を廃し、国際条約に明文化することで法的拘束力のあるものとすることが望ましい[22]。こうした方針は中国がこれまで主張してきているほか、米国なども消極的安全保証の有効な取り決めの形態として、国際機関での議論を通じた条約の採択を主張している。

6　非核兵器地帯における消極的安全保証の役割

非核兵器地帯とは、複数の非核兵器国が条約によって、核兵器の研究・開発・実験・製造・保有・取得・貯蔵・配備などを禁止した特定の地域のことである[23]。核兵器を保有しない意思を非核兵器地帯に入ることによって自ら法的に定

め、核兵器国による核兵器の配備も行わないことを決めた非核兵器国に対しては、NPTの不平等性を緩和し、核不拡散の実効性を高めるために、核兵器国は核兵器を用いた威嚇や攻撃を行わないこと、つまり、消極的安全保証の提供をその条約の中で定めている。消極的安全保証が提供される理由として、核兵器について「丸腰」の非核兵器国に対して核を用いた威嚇や攻撃を行うことは国際人道法上の「均衡の原則」に違反することなどが指摘されている。[24]

(1) 非核兵器地帯条約における消極的安全保証

消極的安全保証を含む非核兵器地帯条約の中で、5核兵器国すべてが消極的安全保証の提供を定めた議定書を批准しているのは、非核兵器地帯条約として最初に成立したトラテロルコ条約のみである。トラテロルコ条約は国際的な大気圏内核実験への懸念の高まりに加え、キューバ危機を契機とした核戦争への現実的な懸念に後押しされ、1964年から本格的な条約交渉が開始された。1967年まで続いた条約交渉の中では、核兵器を輸送する車両や船舶の通過については条文に明記されず、土木工事や資源採掘などの平和的な目的のための核爆発については禁止の対象から外されるなどの妥協もあり合意に至っている。また、トラテロルコ条約にはその発効要件を細分化して段階的に設定することで実効性を確保する工夫もなされている。人間がほとんど住んでいない南極大陸を対象に地域の非核化を定めた南極条約を除き、最初の非核兵器地帯条約となったトラテロルコ条約であるが、条約の発効とともに、条約の履行をつかさどるラテンアメリカ核兵器禁止機関（OPANAL）が設置され、検証制度として国際原子力機関（IAEA）による保障措置を受ける協定を締約国が締結することなど、条約の実効性を確保するための仕組みが一通り揃っており、以後の非核兵器地帯条約のモデルとなっている。トラテロルコ条約において消極的安全保証は、以下の文言で条約の附属議定書Ⅱの第3条に定められている。

> 「下名の全権委員によって代表される政府は、また、ラテンアメリカ及びカリブ地域における核兵器の禁止に関する条約の締約国に対し、核兵器を使用しないこと又は使用するとの威嚇を行わないことを約束する。」[25]

この付属議定書Ⅱについては、英国が1969年12月、米国が1971年5月、フランスが1974年3月、中国が1974年6月、そしてソ連が1979年1月にそれぞれ批准し、5核兵器国のすべてが批准を行っている。[26] これにより、トラテロルコ条約の締約国である非核兵器国は、5核兵器国すべてから消極的安全保証の提供を受けられることが法的にも裏付けられた。

(2) 消極的安全保証を規定した議定書の批准状況

各条約の消極的安全保証を規定した文書	米	英	ソ/ロ	仏	中
トラテロルコ条約（付属議定書Ⅱ）	○	○	○	○	○
ラロトンガ条約（付属議定書Ⅱ）	×	○	○	○	○
バンコク条約（議定書）	×	×	×	×	×
ペリンダバ条約（議定書Ⅰ）	△	○	○	○	○
中央アジア条約（議定書）	△	○	○	○	○

○：批准　△：署名　×：未署名
(Arms Control Association, Nuclear-Weapon-Free Zones (NWFZ) At a Glance および Nuclear Threat Initiative, Treaties and Regimes: NWFZ を元に筆者作成。2017年7月時点。)

米国は、法的拘束力のある消極的安全保証を実現する上では、非核兵器地帯条約による取り決めの形が最も適切であると主張してきている。[27] しかし、消極的安全保証に関する規定を含む議定書への署名・批准状況を他の核兵器国と比較すると、米国の署名・批准は遅れている状況にある。2010年のNPT再検討会議の際、オバマ大統領はラロトンガ条約とペリンダバ条約の議定書の批准について言及し、2011年5月に議会上院に対して両条約議定書の批准を求めた。その際の書簡では、議定書の批准は非核兵器地帯条約の締約国との関係強化につながるほか、NPTに基づく国際的な核不拡散と軍備管理の目的を促進させることで米国の安全保障に資するものであることが強調され、さらにバンコク条約と中央アジア非核兵器地帯条約の発効を後押しするために早期に両条約の議定書に署名する必要性が述べられている。[28][29] バンコク条約に関しては、同年8月から他の核兵器国とともに締約国との間で議定書についての調整が進められており、中央アジア非核兵器地帯条約に関しても、2015年4月にオバマ大統領

は議会上院に対して、同条約の議定書を批准した場合にも米国の核政策になんら影響がないことを述べて、批准を求めている状況である。[30]

(3) 非核兵器地帯条約による消極的安全保証の意義
ⓐ 一方的宣言による消極的安全保証との違い

 非核兵器地帯条約によって定められた消極的安全保証は、核兵器国の一方的宣言による消極的安全保証とどのような点で異なるのか。
 一方的宣言では、条件を付すことからその遵守に至るまで、完全に核兵器国の裁量に委ねられている。それゆえ、核兵器国が宣言どおりに消極的安全保証を提供するのかとの疑念が消えず、非核兵器国は常に不安な状況に置かれることとなった。これに対し、条約上に明文化された消極的安全保証の場合、その締約国には条約を遵守する法的な義務が生じることから、条約を署名・批准した核兵器国がその一存で消極的安全保証の提供を反故にするリスクは下げることができる。万が一、条約を批准していた核兵器国が一方的に条約に違反して核兵器を用いた威嚇や攻撃を行った場合に国際社会から受ける批判や対抗措置は、一方的宣言を自ら翻した場合と比べても大きなものになると考えられる。このように、非核兵器地帯条約に規定された消極的安全保証は、一方的宣言によるものと比較すると、非核兵器国にとっては安定性が大きく増したものになると言える。
 一方で、消極的安全保証を提供する対象範囲を制限した条件に関しては、非核兵器地帯条約を批准した場合も核兵器国は一定の条件を設けている。米英ソは、トラテロルコ条約を批准した際、非核兵器地帯条約の締約国であっても、他の核兵器国の支援を受けて攻撃を行った非核兵器国に対しては、ただちに消極的安全保証の提供を行う訳ではないとする解釈声明を行っている。こうした条約規定への条件付けは、結果的に核兵器国に恣意的な裁量の余地を与えてしまうことになるため望ましいことではないが、核兵器国としては条件付けを前提に条約と議定書の批准を行うような場合も考えられることから、同じ条件が付されるのであれば、一方的宣言よりも法的拘束力のある条約に基づく消極的安全保証が望ましいと考えることもできよう。また、一方的宣言による場合と

は異なり、条約上に消極的安全保証を規定した文言という共通の土台が存在するため、核兵器国が不明確な解釈を行った場合には、締約国である非核兵器国との間でその文言について議論を行うことも可能である。

しかし、非核兵器地帯条約に基づき、核兵器国が法的な義務として消極的安全保証を負った場合でも、核兵器国が最終的にそれを遵守するかどうかという部分について、非核兵器国が確証を得ることは難しい。消極的安全保証が条約に規定された場合でも、核兵器国が消極的安全保証を遵守しようという「意思」や核兵器を用いないという「能力」の部分を検証する方法は存在しないためである。

(b) 核抑止に替わる安全保障政策

理論的には、消極的安全保証が成立すれば、非核兵器国は核の脅威を感じることはなくなり、その結果、核兵器国からの拡大核抑止によって自らの安全を保障する必要性はなくなると考えることができる。それでは現実はどうか。ここまで繰り返し述べたとおり、一方的宣言による消極的安全保証に対しては、非核兵器国は不安を感じており、信頼性も高いとは言えない。そのような消極的安全保証では、非核兵器国が自らの安全を認識することは難しく、拡大核抑止への依存を減らすことも難しいと考えられる。それでは、非核兵器地帯条約によって規定された、法的拘束力を有し、無条件の消極的安全保証が成立した場合にはどうか。条約に規定された消極的安全保証は、一方的宣言によるものと比較すると安定性も高い。しかし、消極的安全保証を客観的に検証する方法がなく、核兵器が存在する限りにおいては核兵器国が絶対に核兵器を使用しないという確証を得ることはできないことから、非核兵器国が完全な安心を得ることは不可能と言える。また、非核兵器地帯条約による消極的安全保証であっても、核兵器国は対象範囲に一定の条件を付した解釈を行うと考えられることから、核兵器国の恣意的な運用を完全に排除することはできない。消極的安全保証が抱えるこうした限界を克服するため、非核兵器国は核兵器国との信頼醸成や、緊張関係にある場合にはその解決に努める取り組みを並行して行うことが必要となる。その場合には、自国の安全保障の軸を拡大核抑止に置くか、消極的安全保証に置くかは、その時々の国際安全保障環境や国内政治によって決

定されることとなろう。

　問題となるのは、一方的宣言による消極的安全保証が存在する状況から非核兵器地帯条約による消極的安全保証の成立を目指す過程である。核兵器国を交えて非核兵器地帯条約の交渉を行い、その採択と核兵器国による消極的安全保証を定めた議定書への批准に至るには、多くの時間と労力を要することになると考えられる。核兵器国が条約に基づく消極的安全保証を提供するようになるまでの間、一方的宣言による消極的安全保証を補完してそれを維持しつつ、核抑止によって支えられて来た安全保障環境からの転換を進めなければならない。その際、一方的宣言による消極的安全保証の提供が不確実な中で、性急に現在の拡大核抑止の撤廃や縮小を目指すことは避ける必要がある。非核兵器国に対する核兵器を用いた威嚇や攻撃の可能性が依然残された状態で、そうした行動を思い止まらせる核抑止力が低下することは、そこに力の空白を生じさせ、地域の戦略バランスを不安定化させてかえって自国周辺の安全保障を脅かす可能性があるからである。そうした事態を防ぐため、非核兵器国は核抑止力への依存を低減させる過程では、その空白を埋めるために通常戦力による抑止力の拡大や弾道ミサイル防衛などの拒否的抑止力の能力向上に取り組むことが考えられる。しかしこうした取り組みは、核兵器国との間で新たな緊張を生み出し、消極的安全保証の安定的な提供や非核兵器地帯の創設を目指す上で逆効果となりかねない。そうした事態を防ぐためにも、一時的に通常戦力による抑止力を強化せざるを得ない場合にも、核兵器国との間での信頼醸成の努力は不可欠となる。

7　北朝鮮の核問題と消極的安全保証

(1) 北朝鮮の核開発の動機

　スコット・セーガン（Scott Sagan）は、国家が核兵器の保有を試みる誘因を、安全保障モデル、国内政治モデル、規範モデルの3つの類型に分けて説明している[31]。安全保障モデルでは、国家は外的な脅威に対抗して自国の安全を保証するための手段として核開発を行う。これに対し、国内政治モデルでは、国内の

官僚組織や一部の狭い政治的利益を実現するために、核開発が利用される。規範モデルでは、核兵器は近代国家としてのアイデンティティや正統性のシンボルとして求められると考えられる。[32] これらの類型を北朝鮮の核開発の動機に照らして考えると、北朝鮮国内においては核開発を推進しようとする勢力とそれに反対する勢力が対立する状況は考えにくいことから、「安全保障モデル」と「規範モデル」が核開発の主な動機として考えられる。[33] 規範モデルの観点からみると、核兵器は、北朝鮮の独裁政権が対外的・対内的にその正統性を主張するために利用されていると指摘できる。安全保障モデルとして見た場合には、北朝鮮にとって最も重要なことは体制の維持であると考えられることから、それを脅かす米国の核兵器を含む軍事力に対抗し、その使用を抑止することが核開発の目的であると考えられる。消極的安全保証は、このような安全保障モデルで説明される核開発の動機に対して、対外的な脅威を低減することで核開発の誘因を下げることを目的とした核不拡散政策である。

(2) 北朝鮮の核開発をめぐる経緯

北朝鮮がNPTおよびIAEAからの脱退を表明した後、1993年に米朝間での交渉を経て取りまとめられた共同声明には、米国から北朝鮮に対して核兵器を用いた威嚇や攻撃を行わないとする消極的安全保証の提供が含められた。その後、保障措置協定の履行をめぐる問題の中で二国間関係が悪化したことを受けて1994年に合意された枠組み合意においても、米国が北朝鮮に対して核兵器や通常兵器による攻撃を行わないとする消極的安全保証を提供することが示されている。しかし2002年、米国が北朝鮮の核開発疑惑を指摘する声明を出した際、北朝鮮は、ジョージ・ブッシュ（George W. Bush）政権が消極的安全保証の約束を含む枠組み合意に違反しているとして反発を強めた。[34] 前年に明らかとなったブッシュ政権下でまとめられた核態勢見直し（NPR）報告において、北朝鮮による韓国への攻撃を例に、核兵器を用いた攻撃だけでなく、大規模な通常兵器などを用いた攻撃に対しても、核による報復の可能性があるとされていたためである。こうした北朝鮮の核開発をめぐる第二次核危機の中で、米国、中国、北朝鮮に韓国、日本、ロシアを加えた六者協議が開始された。2005年に

第4章　消極的安全保証（NSA）の意義と役割

採択に至った六者協議の共同声明には、北朝鮮が核開発計画を廃棄しNPTおよびIAEAに復帰することへの見返りとして、北朝鮮に対しては核兵器の使用を含むいかなる侵略行為も行わないとする消極的安全保証の提供が盛り込まれている。さらに2010年のオバマ政権の下でのNPRでも、北朝鮮が核開発計画を放棄した場合には、消極的安全保証を提供することが示されている。しかしこの際、北朝鮮が保有していると考えられている核以外の大量破壊兵器による攻撃を脅威と考える周辺国は、北朝鮮に対して米国が消極的安全保証を提供することで、米国から受けている拡大核抑止力の効力が低下し、自国の安全が揺らぐことを懸念した。こうした背景から、2010年のNPRでは、化学・生物兵器や通常兵器による攻撃に対しても、核戦力を用いて報復する可能性が残されることとなった。その結果、北朝鮮にとっては米国から核戦力による攻撃を受ける可能性を排除しきれず、体制の安全が保証されるという信頼性が高まらないことも動機となり、現在に至るまで核開発を継続してきている。

(3) 北朝鮮の核開発に対する消極的安全保証の効果

これまでの経緯から考えると、北朝鮮による核開発に対して消極的安全保証が果たしてきた不拡散上の効果は限定的であったと言わざるを得ない。その原因としては、主に以下の二点が挙げられよう。

第一に、北朝鮮の核開発の動機には、規範モデルに基づく側面も存在するということである。北朝鮮においては、核兵器の保有によって、韓国に対して自国の正統性と優位性を示しているということが指摘されている[35]。米国のような対外的な脅威に対抗するだけでなく、対内的に体制を維持するために、通常戦力や経済力で優る韓国に対して核保有によって自らの優位性を示し、さらに支配体制としての自らの正統性を強化する道具として核兵器を利用しているという側面である。消極的安全保証は、対外的な脅威を低下させることで安全を保証するという、安全保障モデルで説明される核開発の動機を前提としており、このように規範モデルで説明される核保有の動機を低下させることはできない。

また、これまでの消極的安全保証においては、その裏付けとなる具体的な措置が不足しており、それゆえ北朝鮮にとっては消極的安全保障の信頼性が低

かったことも指摘できる。消極的安全保証の提供の信頼性を向上させるためには、消極的安全保証に関する合意に伴い、北朝鮮を対象としている戦力配置の再編などの軍事的措置をとることも考えられよう。北朝鮮が米国の軍事力という対外的な脅威から自国の体制を守ることを第一に考えていることから、体制の安全が保証されるという信頼性をいかに北朝鮮に認識させるかが、非核化に向けて核開発の動機に対処する上での鍵となると言える。しかし一方で、こうした措置は、北朝鮮の軍事力を脅威と感じている周辺国にとって自国の安全保障を毀損するものとなる可能性がある。特に米国の軍事力による拡大抑止を受けている国は、拡大抑止の力が弱まることで、北朝鮮の大量破壊兵器による攻撃に対しての脆弱性が高まることが懸念される。北朝鮮も安全が保証されていると認識できる消極的安全保証の措置を実施し、同時に周辺国の安全保障を維持して地域が不安定化することを防いでいくという難しい舵取りが必要となる。

8　おわりに：「核の傘」依存から北東アジア非核兵器地帯に向けて

　無条件で法的拘束力のある消極的安全保証は、核兵器国から核を用いて威嚇や攻撃をされないという安全保障上の利益が法的に定められていることで、非核兵器国の安全保障を大きく向上させるものと言える。これは言い換えれば、核兵器が使用される場面が大きく限定されることになり、そうした「使えない」核兵器は核兵器国間での相互抑止の役割などに限定されることとなる。核兵器国の核軍縮が停滞している現状において、核兵器の役割が低減されることは、核弾頭数やその配備状況の見直しにつながるなど、核軍縮を促進する重要な役割を果たす側面もあると言える。そして、核不拡散政策としては、NPTを遵守してきた非核兵器国に対して安全を保証することで核開発に向かう誘因を下げ、今日の国際的な核不拡散体制を支えている。実効性の高い核不拡散政策として、消極的安全保証は核兵器国と国際社会全体にとっても安全保障上有益であると言える。消極的安全保証はこのように、核不拡散と核軍縮の両輪を動かす政策であるとともに、非核兵器国の安全保障の向上に直接的に寄与する政策である。消極的安全保証の規範を強化し、非核兵器地帯条約を通じた消極的安

全保証の実現に向けた取り組みは、地域の安全保障のみならず、国際的な安全保障の向上にも非常に有益であると言える。

　現在の北東アジア地域は、非核兵器国にとっても消極的安全保証の信頼性という点で厳しい状況にある。消極的安全保証を宣言している地域の核兵器国はロシアと中国であるが、急速な軍事力の強化を不透明な中で行い、対外的にも拡大戦略をとる中国に対し、周辺国との間には安全保障上の緊張関係が生じており、そのことが、中国が繰り返し宣言してきた無条件の消極的安全保証への信頼性を低下させている。ロシアも周辺の非核兵器国間との間で安全保障上の緊張関係を有しており、5核兵器国で唯一、一方的宣言に付した条件で定めた消極的安全保証の提供対象の範囲を狭めるなどの措置は、非核兵器国に不安を抱かせている。このように、核兵器国からの消極的安全保証の提供の信頼性に不安が残る場合、非核兵器国は安全保障上のヘッジとして抑止力への依存度を低下させることが難しくなる。現在、日本を含む東アジア・太平洋地域の非核兵器国が米国の核抑止力への依存を続ける背景には、地域内に存在する北朝鮮による核開発の脅威とともに、こうした中国とロシアの行動から生じる消極的安全保証への信頼性の低さもあると考えられる。一方的宣言による核兵器国からの消極的安全保証をより安定的なものとするため、日本を始めとする北東アジア地域の非核兵器国は、国際的な消極的安全保証の規範の強化に努め、同時に中国とロシアに対して消極的安全保証の遵守を繰り返し確認していくことが必要となろう。また、最終的に北朝鮮を含む北東アジア地域の非核兵器地帯の実現に向けた取り組みを進めるためには、信頼醸成の取り組みを通じて中国・ロシアを含む核兵器国との間の安全保障課題を一つずつ解決していく必要がある。そして、条約に基づく消極的安全保証が中ロを含む核兵器国によって提供されるという信頼性が積み上げられる過程で、非核兵器国は核の傘への依存を低下させていくことが可能となる。

1）　S/RES/255（1968）.
2）　積極的安全保証に変わって消極的安全保証の議論が中心となってきたことに関して、藤田久一は、「従来の安全保障観を逆転させ、同時に軍縮の中に安全保障を求める」も

のと評している。藤田久一『軍縮の国際法』日本評論社、1985年、317-318頁。

また、米国の消極的安全保証に関する政策の詳細についてはGeorge Bunn, "The Legal Status of U.S. Negative Security Assurances to Non-Nuclear Weapon States," *The Non-proliferation Review*（Spring/Summer）1997, pp. 1–17.

3） 米国は2010年の核態勢見直し（U. S. Department of Defense, *Nuclear Posture Review Report*. April 2010. pp. viii, 46）において、NPTを遵守する非核兵器国であれば、例え生物兵器や化学兵器を用いて米国もしくは同盟国に攻撃を行った場合でも、核兵器を用いた報復攻撃は行わないとしている。これにより、米国の消極的安全保証はそれまでの曖昧さを残すものから「強化された消極的安全保証」へと変化している。

4） ジョゼフ・ゴールドブラット著、浅田正彦訳『軍縮条約ハンドブック』日本評論社、1999年、134-141頁。但し、米英は議定書の署名と批准時に解釈声明を発し、非核兵器地帯の構成国であっても、核兵器国の支援を受けて攻撃を行った場合には核兵器不使用義務を再検討する旨の留保を付している。ソ連も同様の条件を付し、フランスは不使用義務も国連憲章上の自衛権行使の障害とはならないとしている。

5） "Statement of Secretary of State Vance: U.S. Assurance on Non-Use of Nuclear Weapons, June 12, 1978," Department of State Bulletin, August 1978, p. 52, ACDA, Documents on Disarmament, v. 1978, p. 384.（http://unoda-web.s3-accelerate.amazonaws.com/wp-content/uploads/assets/publications/documents_on_disarmament/1978/DoD_1978.pdf）

米国の1978年の宣言とその後の展開および課題についてはACA, "LOOKING BACK: Carter's 1978 Declaration and the Significance of Security Assurances," ACT Oct. 2008.（https://www.armscontrol.org/act/2008_10/lookingback#ednt1）

6） Thomas Bernauer, "Nuclear Issues on the Agenda of the Conference on Disarmament," UNIDIR/91/68, 1991. p. 8.（http://www.unidir.org/files/publications/pdfs/nuclear-issues-on-the-agenda-of-the-conference-on-disarmament-en-445.pdf）

7） Ibid., p. 9.
8） Ibid., p. 7.
9） Ibid., p. 7.
10） Ibid., p. 7.
11） Ibid., p. 7.
12） 国際法の観点からは、1974年の核実験に関するICJ判決により、一方的宣言が法的拘束力を有することが明確になったとの指摘もある。福井康人『軍縮国際法の強化』信山社、2015年、179-180頁。また、Bunn, op. cit., pp. 9–12.
13） BBC, "Ukraine conflict: Putin 'was ready for nuclear alert'," March 15 2015.
14） CD/1285（21 December 1994）.
15） 秋山信将編『NPT 核のグローバル・ガバナンス』岩波書店、2015年、94頁。
16） 防衛省編『平成29年版防衛白書』2017年、111頁。
17） 米国、英国、フランス、ロシアの消極的安全保証の宣言においては、対象となる非

第 4 章　消極的安全保証（NSA）の意義と役割

　　　核兵器国が、（消極的安全保証を供与する）国の領域、軍隊、同盟国、安全保障を約束している国に対して、侵略や攻撃を核兵器国との連携や同盟の下で行っている場合を例外として規定している。また、1995年に採択された国連安保理決議984において、NPT無期限延長の中で積極的安全保証の供与について改めて述べている。1995年の消極的安全保証宣言とそれまでの経緯および法的な分析については以下を参照。Bunn, op. cit.
18) U.S. Department of Defense, *Nuclear Posture Review Report*. April 2010. pp. viii, 46.17) Sokov Nikolai, "The New 2010 Russian Military Doctrine: The Nuclear Angle," *CNS Feature Stories*, February 2010.
19) Sokov Nikolai, "The New 2010 Russian Military Doctrine: The Nuclear Angle," *CNS Feature Stories*, February 2010.
20) Nina Tannenwald, *The Nuclear Taboo -the United States and the Non-Use of Nuclear Weapons Since 1945*. Cambridge University Press, 2007.; T.V. Paul, *The Tradition of Non-Use of Nuclear Weapons*. Stanford University Press, 2009.
21) 福井、前掲書、179-180頁。また、Bunn, op. cit., pp. 9-12.
22) 1980年代初めから1994年にかけて、ジュネーブ軍縮会議には消極的安全保証に関して議論を行うアドホック委員会が設置されていた。
23) 非核兵器地帯の定義については、国連総会決議3472B（1975年）。
24) 梅林宏道『非核兵器地帯：核なき世界への道筋』岩波書店、2011年、6頁。
25) ゴールドブラット、前掲書、269頁。
26) Nuclear Threat Initiative, "TREATY FOR THE PROHIBITION OF NUCLEAR WEAPONS IN LATIN AMERICA AND THE CARIBBEAN (LANWFZ) (TLATELOLCO TREATY)" (http://www.nti.org/learn/treaties-and-regimes/treaty-prohibition-nuclear-weapons-latin-america-and-caribbean-lanwfz-tlatelolco-treaty/)
27) Statement by Ambassador Laura E. Kennedy, CD Plenary Discussion of Negative Security Assurances（February 10, 2011）
28) The White House Office of the Press Secretary, Message on African Nuclear Weapon Free Zone Treaty（May 2, 2011）, Message on South Pacific Nuclear Weapon Free Zone Treaty（May 2, 2011）.（https://obamawhitehouse.archives.gov/the-press-office/2011/05/02/statement-nuclear-free-zones-asia-and-africa）
29) The White House Office of the Press Secretary, Statement on Nuclear Free Zones in Asia and Africa（May 02, 2011）
30) Congressional Research Service, *Arms Control and Nonproliferation: A Catalog of Treaties and Agreements*, April 13, 2016, pp. 29-30.
31) Scott D. Sagan, "Why Do States Build Nuclear Weapons?: Three Models in Search of a Bomb," *International Security*, Vol. 21, No.3.（Winter, 1996-1997）, pp. 54-86.
32) Robert Jervis, "The Symbolic Nature of Nuclear Politics," *The Meaning of the Nuclear Revolution*, Cornell University Press, 1989, pp. 174-225.

33) 渡邉武「不拡散における誘引の欠如：なぜ北朝鮮は非核化しなかったのか」『防衛研究所紀要』19巻 2 号（2017年 3 月）、71-87頁。
34) "North Korean Nuclear Program", Press Statement, Richard Boucher, Spokesman, US Department of State, October 16, 2002.
35) 渡邉、前掲論文、76-80頁。
36) 防衛省編『平成27年版 日本の防衛：防衛白書』2015年、33-56頁。

第5章

核抑止過剰依存とそのリスク認識

吉田　文彦

1　はじめに

　北朝鮮の核兵器・弾道ミサイル開発の進展への対応策として、核兵器による拡大抑止（核の傘）の強化、信頼性維持・向上が強調されている。公式な政府レベルの政治宣言をたどると、その旨が発信されていることは確かだ。[1]これに加えて、政府以外からの公人からは、米国の戦術核兵器の韓国や日本への配備（再配備）の検討を促す意見も出ている。[2]核抑止の確度を高めるには、お互いを壊滅状態にする能力と意思があることを相互に理解することが重要な条件だが、北朝鮮についてはこれらの条件に関して多くの点が不透明であり、抑止効果を見定めることは困難な作業である。だらかと言って、こうした状態が抑止効果を全面否定することに直結するものでもない。ただ、無論のことだが、そうした論証限界の存在が核抑止の効用を全面保証するものでもない。逆に、核兵器への過剰なまでの依存が、北朝鮮への対応でリスクを拡大するだけでなく、北東アジアにおける懲罰的抑止、拒否的抑止の両方がからみあった抑止強化競争を加速し、日本の安全保障にマイナスに作用する危険も認識しておく必要がある。[3]

　そこで本章では、(1)米国の軍事戦略における核兵器の位置づけを分析したうえで、核兵器への過剰依存に関わるリスクの具体例として、(2)北朝鮮への抑止

効果期待に関するリスク、(3)核先制攻撃にエスカレートするリスク、(4)非人道的行動（原子力施設への攻撃など）に関する「敷居」(threshold) 低下のリスク、(5)電磁パルス (EMP) 攻撃によるリスク、(6)ミサイル防衛システム（拒否的抑止）が外交的決着にマイナス効果をもたらすリスク——について論じる。結びとして、こうしたリスク群と核抑止のバランスシート、北東アジアの平和と安全保障に関する中長期戦略に必要な基本的視座について記すことにする。

2　米国の軍事戦略における核兵器の位置づけ

　オバマ政権が2010年にまとめた「核態勢見直し」(NPR2010) で注目されたのは、「核攻撃を抑止することが核兵器保有の唯一の目的」への指向が示されたことだ。この時点では「唯一の目的」政策を採用しないものの、「そのような政策が安全に採用されるような条件を作り出すよう努める」との考えを示したのである。[4] オバマ政権末期には、核攻撃を受けない限りは核使用はしないという趣旨の「先制不使用」(no first use) 宣言も検討課題のひとつとなった。国防総省や、「核の傘」のもとにある同盟国の反対などで先制不使用宣言は実現しなかったものの、全体として核兵器の役割低下がオバマ政権の核政策の基調にあった。そうした基調を反映する形で、NPR2010には次のような記述も見られる。すなわち、米国は「米国と同盟国、パートナーの死活的利益を守るために、究極的な環境下でのみ核兵器の使用を考慮する」と核使用の際の条件を限定したうえで、「約65年間の核不使用の記録を永久に延長することは米国にとっても他のすべての国にとっても利益となる」との認識を示し、核使用の「敷居」を極めて高くする意図を鮮明にしている。

　2017年に就任したドナルド・トランプ (Donald J. Trump) 大統領は、大統領選挙の過程で、従来の米国の方針を逸脱するような発言を繰り返してきた。

　ここ40数年の核世界は、核不拡散条約 (NPT) 体制に立脚して核不拡散と核軍縮、原子力平和利用を同時推進するという戦略をできるだけ共有する方向で動いてきた。この方向付けの大前提は、核保有国を最初の5か国以外に増やさないことが国際社会の戦略的安定に資するという認識であった。NPT体制を

支える、この基盤的認識を共有しないインド、パキスタン、北朝鮮が核実験・核武装し、イスラエルも事実上の核武装国となっている。それでも190近い国がNPT体制を支える基盤的認識を少なくとも相当程度は共有してきた。

ところがトランプ氏は、この基盤的認識を軽んじる、あるいはNPT体制の脆弱化を誘発しかねない発言に及んだ。代表的なものが、同盟国の日本、韓国による将来的な核保有オプションの容認を示唆する発言である。2016年5月のCNNのインタビューで、トランプ氏は「日韓が核保有国になることに心構えはできているか」との質問に対して、「できている。我々は他国を防衛しており、彼らは対価（同盟にかかる経費）を払うべきだ。そうでなければ、彼らが自力で防衛すべきだ」と答えたのである。

同年7月のNew York Timesの取材に対しては、大統領に就任した場合には、NATO諸国に対する相互防衛義務を放棄し、同盟国としての義務を果たしている国に対してのみ防衛するとの考えを語った。NATO条約では、いずれの加盟国に対する攻撃も全加盟国に対する攻撃とみなして集団的自衛権を行使することが謳われているが、このコミットメントの見直しに言及したものと受け止められた。

トランプ氏が大統領として実際にどのような基本政策でのぞむのか。NPR2010の見直しを指示し、オバマ政権よりも核の役割を高める方向で動いている。だが、通常戦力の性能が飛躍的に向上し、しかも核兵器の非人道性への批判が強まっている環境のもとで、あえて核の役割強化を打ち出すことは、核軍縮交渉の誠実な遂行を義務付けたNPT第6条にそぐわないとの強い批判をまぬがれないだろう。ましてや核兵器禁止条約が採択されたにもかかわらず、わざわざ核依存を高める方向に舵を切れば、厳しい批判の矢面に立たされることは想像に難くない。

こうした中で現実には、核兵器が長年果たしてきた抑止の役割は通常戦力による対応で相当程度代替できるとの考え方が米国の安全保障政策関係者には少なくない。[5] たとえば、北朝鮮に関していえば、通常戦力による対応で十分との考え方がむしろ、下記に示すように主流となってきている。

1994年の戦争計画がその典型例である。当時、北朝鮮は国際的な約束に反し

て、核兵器を開発しようとしているという疑惑が強まった。国際原子力機関（IAEA）査察団の調査を拒否する北朝鮮に対し、クリントン政権は軍事行動を検討した。地対空ミサイル「パトリオット」を韓国に配備するとともに、3万人の兵士を韓国へ増派し、北朝鮮の核施設を破壊する巡航ミサイルの準備なども選択肢に入れていた。その時に国防長官だったウイリアム・ペリー（William J. Perry）は「私たちは戦争の準備をしていた」「北朝鮮の核施設を完全に破壊する自信があった」と回想している。大事なことは、その際に使用が計画された兵器は核兵器ではなくすべて通常戦力であった点である。

　2006年に北朝鮮が初の核実験したあとも、米軍の元高官たちは通常戦力による対応で十分との考えを示してきた。軍制服組のトップである統合参謀本部議長をつとめた経験も持つコリン・パウエル（Colin L. Powell）元国務長官は、核兵器は「極めてむごい兵器」であるために、軍事的には無用な存在だと語った。「まともなリーダーならば、核兵器を使用するという最後の一線を踏み越えたいとは決して思わない。使わないのであれば基本的には無用だ」と強調した。使えないものには頼らないという、パウエル流プラグマティズムがそこに見てとれる。パウエルは、北朝鮮の核の脅威には核兵器を使う必要はなく、強力な通常戦力で抑止力は足りるとの見方に立っている。

　オバマ政権で大統領特別補佐官（核政策担当）をつとめたジョン・ウォルフスタール（John B. Wolfsthal）も通常戦力重視という路線が踏襲されているとの考えを示している。トランプ大統領には「予測不能」な面があるものの、国防長官ら周囲の人には軍事・安全保障面の経験があることから、「仮にトランプ氏が核兵器の使用を考えたとしても、周囲が『それは不要だ』『リスクが大きい』と説明し、使用しない方向に導くだろう」とみる。さらに、「（米国は）北朝鮮を倒すために核兵器を必要とはしない」ものの、「（日本政府が米国の）『核に頼りたい』と言う以上、米国は日本に対して『核は使わない』とは言えない。日本政府が意見を変えて『対北朝鮮抑止に核兵器は不要だ』と言えば、米国は尊重するだろう」との見方を示している。

　こうした形で「核は使えない」というパウエル流プラグマティズムが脈々と存在し続けているにせよ、場合によっては核使用も辞さないという基本姿勢が

米国の核戦略の根底にあることは間違いない。パウエル流プラグマティズムが少なくとも北朝鮮に対してはより現実的な対応であるにせよ、米軍が核兵器を保有している限り、核使用の威嚇という究極の破壊リスクを提起することによって、核戦争あるいは大規模な戦争の勃発リスクを回避するという戦略が継続すると考えられる。

3　北朝鮮への抑止効果期待に関するリスク

　米軍がそうした基本戦略を継続しているにしても、北朝鮮への対応で果たして核抑止は実際に効果的な方策なのか。この疑問と核抑止にまつわるリスクについて、国連軍縮研究所（UNIDIR）の研究チームが綿密に分析している[8]。
　研究チームが重視する第一の問題点は、北朝鮮の金正恩氏の判断・行動が「予測可能性」を欠いている点である。核抑止論に基づく「安定」というものは基本的に、相手の判断・行動の「予測可能性」が相当程度高いことを前提にしている。1962年のキューバ危機のあと米ソは「戦略的安定」を求めて、合理的な判断を共有する方向に動いた。その過程で生まれたのが相互確証破壊（MAD）論であり、核軍備管理交渉などを通じた信頼醸成措置であった。ところが、金正恩氏の場合は米ソ間の「戦略的安定」はあてはまらず、自暴自棄になる抑止が効かない最悪ケースも視野に入れておかなくてはならない[9]。
　核武装国は全般に秘密部分が多いが、北朝鮮は「透明性の欠如」の極致にあると研究チームはみる。このことがさらに、「予測可能性」を低める要因になっている。北朝鮮は米国のように基本的な国防戦略や核・ミサイルの保有数を公表しておらず、偵察情報などから北朝鮮の能力を推定しているのが現状だ。こうした情報収集能力の限界に加えて、北朝鮮の意図にも不明確な部分が残る。基本的には「米国の脅威」に対抗するための核武装であると考えられるが、北朝鮮が発する核に関するメッセージには必ずしも一貫性があるわけではない。それも錯乱要因となって、「予測可能性」を低くする結果につながっている。
　金正恩氏の判断・行動は極めて不透明で、しかも北朝鮮の核・ミサイルは開発途上であるがゆえに、どのミサイルがどのようなミッションのもとで配備さ

れたり、開発中であったりするかが判然としない。その結果、「安定」的な抑止にとって重要な判断材料となる「何によって抑止が可能か」「どれだけの手段によって抑止は十分か」「仮に抑止が失敗した際にはどうなるのか」といった問いへの答えを絞りづらくなっているのが現状である。脅し合いのチキンゲームの段階での危機管理をどのように展開し、大規模な軍事衝突にいたるまでに対話路線に転じるタイミングを見極めるのも非常にむずかしいのが実情だろう。

　こうした戦略環境のもとでは、核による威嚇を強めることがかえって、相手の核先制攻撃を誘発するリスクが高まる。それを警戒して米国は核による威嚇に慎重にならざるを得ないが、その方向が明確になり過ぎると核抑止が弱まるというジレンマに陥る。核武装した北朝鮮への対応は、「ポストMAD」に向けたチャレンジでもある。

4　核先制攻撃にエスカレートするリスク

　だが、少なくとも現段階では、「ポストMAD」の核戦略の輪郭が見えているわけではない。UNIDIRの研究チームは、北朝鮮による「狡猾な脅し」(brazen threats) が、「核戦争『オプション』のシステマティックな常態化」をもたらし、それが核戦争のリスクを高めているとの危惧を記している。研究チームの分析は概ね次のようなものだ。[10]

　核抑止の「中心的なパラドックス」は、「核兵器の殺りく・破壊能力が高いために、われわれが安全と感じる程度にまで核使用の可能性を低く抑えている」とのロジックに依拠していることだ。報復の不可避性を考慮すると、核使用には利点がないとの考えが米ロなどの政策決定者や理論家によって形成され定着して、冷戦期には核兵器は使われてはならないし、使わないとの考えが広まってきた。これもMAD論の範疇の中での論理の組み立てである。

　しかしながら、現状はこうした「安定」感が侵食されつつあり、パラドックスが深まっている。相手がつきつけてくるリスクや、相手の予測不能性、相手との戦争がもたらしうる極端な結果のせいで、いざという時には核使用も辞さ

ないとの決意の信頼性が揺さぶられるようになる。その際、米国はどう対応するか。ひとつの選択肢は、決意の信頼性を向上させる目的で核使用へのエスカレーションの可能性を高めることである。だが、それがこうじると北朝鮮の核使用の敷居が低くなり、米国側はそれを抑えようとさらに核使用の脅しをかける形になり、相手の先制使用リスクも高まることになる。MAD流の思考に基づいて核抑止を維持するためには、「相手にとって受け入れがたいコストとは何か」に関して米国と北朝鮮が少なくとも一定の相互理解を持つことが必要である。しかしながら、現実にそれが望むべくもないとなると、MADのロジックは信頼性を失い、結果として核使用の「敷居」がより低くなるリスクも危惧される。

　こうした現象は北朝鮮に限らないものの、北朝鮮の言動は、核抑止に関するロジックの脆弱性を白日のもとにさらしている。すなわち、北朝鮮が繰り返し、具体的な核使用の脅しを発信している様子を目の当たりにすると、平壌の政権は核使用のタブーに本当に制約を受けるのかという疑問が強まり、冷戦期に常態化したMAD型の核抑止への疑問を膨らませる誘因ともなっているのである。

　UNIDIR研究チームのこうした指摘はまさに、「核戦争『オプション』のシステマティックな常態化」の進行の証左であり、旧来型の核抑止のパワーダウンの裏返しとも言えるだろう。そうなると、核抑止の「中心的なパラドックス」の中にあって負のスパイラルに入り込み、「核兵器の殺りく能力が高いために、われわれが安全と感じる程度にまで核使用の可能性を低く抑えている」のではなく、「殺りく・破壊能力が高い核兵器の使用によって、戦争を有利に進める」という独善的な核戦争勝利論に傾斜していく恐れもなしとしないだろう。言うまでもなく、そうした事態に転落してしまえば、核先制攻撃にエスカレートするリスクが高まることになる。つまり、米ソというかなり対称性の高い核スーパーパワーを想定したMADが、その汎用性の限界にぶちあたっている。にもかかわらず、「ポストMAD」の核戦略は描き切れないでいる。そうした米国の現状を浮き彫りにしたのが北朝鮮問題といえるだろう。

第1部　「核の傘」依存低減と非核保有国の政策

5　非人道的行動に関する「敷居」低下のリスク

　核使用のタブーの後退、あるいはその消失。こうしたリスクがよりさし迫ったものになるということは、言葉を変えると、核使用に対する人道的自制の弱化、さらには通常戦力使用における国際人道法の軽視・無視に直結するリスクに直面しているということでもあるだろう。

　非人道的行動に関する「敷居」低下で危惧される事態の一例が、原子力施設への攻撃である。日本列島には、使用済み核燃料の貯蔵施設が点在し、燃料棒内部には大量の放射性物質がある。これらが破壊されると、貯蔵施設周辺だけでなく、汚染地帯の各地に放射性物質が飛び散る。いくら北朝鮮でもそこまでひどい攻撃などしてこないと思いたいが、タブーが消えた時には「予測不能性」は一段と高まる。韓国で大規模な使用済み燃料プールに関わる原発事故が起きた場合、風向きによっては西日本が放射能被害を受けるとの研究報告を、韓国の専門家が発表している。[11] 仮に北朝鮮が韓国の原発を核攻撃することになれば、やはり日本の危機管理にとって重大な事態となる。

　それにしても実際に原子力施設まで核攻撃してくるのかといった反論も当然、ありうる。だが、日本や韓国の大都市に核攻撃をしてくるかも知れないと想定するなら、原子力施設までは狙わないと考えるのは、安全保障上の確率論としては評価がやや甘すぎはしないか。追い込まれた北朝鮮が自暴自棄になっても、自他の相互破滅をはかるリスクなどまったくない。誰もそうとは断言できないだろう。しかも、北朝鮮への先制攻撃論、敵基地攻撃論は北朝鮮の核関連施設を主に標的にしていると考えられる。北朝鮮はそれを百も承知であろう。だとすれば、北朝鮮の核施設攻撃に対する報復で原子力施設の破壊を試みる行動の可能性は排除できないだろう。北朝鮮側が日本や韓国の原子力施設は破壊しても軍事的な意味が薄いからありえない、人道的配慮からそこまではしてこないだろうとのシンプルな想定には大きな疑問符がつくわけだ。

　もちろん、核使用は標的がどこであろうが許容されるものではない。ただ、ここで強調しておきたいのは、いったん核使用のタブーが崩れれば、原子力施

設への攻撃も含めた非人道的行動に関する「敷居」の低下、あるいは消失が起き、国家安全保障の面からも人間の安全保障の面からも壊滅的なレベルのリスクが高まるということである。[12]

6　電磁波パルス（EMP）攻撃によるリスク

　北朝鮮が6度目の核実験を実施した2017年9月3日、国営の朝鮮中央通信は開発した核弾頭について、電子機器をまひさせる電磁パルス（EMP）攻撃も可能な多機能弾頭と伝えた。水爆の技術的性能が更新され、「攻撃対象によって、威力を数十キロトン級から数百キロトン級まで任意に調整できる」と報じるとともに、「大きな殺傷・破壊力を発揮するだけでなく、戦略目的により、高高度の空中で爆発させ、広い地域に極めて強力なEMP攻撃まで加えられる多機能化された核弾頭だ」と強調した。北朝鮮がEMP爆弾を開発している可能性は指摘されていたが、当局が公式に認めたのは初めてのことだった。[13]

　EMP攻撃とは、高高度での核爆発などにより大気中に強力な電磁波を発生させ、情報・通信機器の機能に障害を起こす攻撃だ。軍事関連システムで機能障害が同時多発的に発生する可能性があるほか、大規模停電などで都市、経済社会機能が大きな混乱に陥る恐れが指摘されている。高高度で爆発させればEMPを発生できるので、ICBM用核弾頭の実用化に必要な大気圏再突入技術は不要であり、技術的にはICBMを保有するよりは比較的容易とされている。すでに米国、中国、ロシアがEMP攻撃能力を持つとみられている。[14]

　日本の防衛装備庁の「中期技術見積もり」（平成28年度版）も、「強力な電磁パルスは、装備品の電子機器に損傷等を及ぼし、指揮・統制機能を無力化する効果がある」と分析するとともに、「このような電磁パルス攻撃等に対応するために電子機器の重要部位を防護する技術が重要であり、所要の研究を経ることで、おおむね10年後に電磁シールド等の技術課題を解明し得る見込みである」との考えを示している。[15]北朝鮮の声明を受ける形で、菅義偉・内閣官房長官は、政府内で対策会議を行ったことを明らかにしている。[16]

　EMP攻撃に関連する最大のリスクは防衛装備庁が指摘するように、軍事組

織の「指揮・統制機能を無力化する効果」を持っている点だ。核保有国はかつて、EMP効果を確認するために高高度の核実験を実施しており、いずれも核攻撃とはみなされていない。かりに北朝鮮がEMP攻撃をしてとしても、即座に核攻撃をしたと断定するのは困難だろう。したがって、北朝鮮がEMP攻撃に打って出たからといって米国が核兵器で報復するのは極めてハードルが高いと考えられる。その意味では、EMP攻撃に対する核兵器による抑止力には大きな限界があるとみる方が妥当だ。

米軍も自衛隊もEMP対策は進めてきている。実際にどれほど軍事能力に影響が及ぶかは不可知の部分も大きいが、準備した軍事作戦が想定通りに展開できない可能性は小さくないだろう。他方で、北朝鮮によるEMP攻撃が北東アジア地域を標的にした場合、北朝鮮自身も被害地域に入る公算が大きく、それが北朝鮮の軍事能力にどの程度の影響を与えるかも予測はむずかしい。使用する側にはいつどのように使用するかを事前に知っているというアドバンテージはあるものの、自軍への被害をどこまでコントロール可能かに関してはやはり不可知の部分が小さくないだろう。そうした要因を考え合わせると、米軍、自衛隊、韓国軍、さらには北朝鮮軍が同時に多かれ少なかれ混乱状態に陥り、それが全体のリスク管理を複雑化する恐れもある。

EMP攻撃にはこうしたリスクがあるとはいえ、もちろん水爆使用がもたらす被害の方が甚大と考えられ、北朝鮮が現実にどれほどのレベルのEMP攻撃を手にしているかも推測の域を出ない。そうではあっても、ここで押さえておくべき重要なポイントは、EMP攻撃による混乱リスクを核抑止では防ぎきれない公算が大きいことである。米国の核抑止を警戒して北朝鮮がEMP攻撃能力を高めているとすれば、むしろ核抑止論は裏をかかれるような状態に陥ることになる。そのリスクは計算に入れておくべきだろう。

7　ミサイル防衛システムが地域的核軍拡をもたらすリスク

北朝鮮の核武装への対抗策として、韓国、日本でのミサイル防衛システム強化が進められている。核抑止＝懲罰的抑止だけで、核・通常弾頭を搭載した弾

道ミサイルによる攻撃を抑止できるとの想定は、信頼度に疑問が残る。その反射効果として、北朝鮮の核実験によって日本や韓国でミサイル防衛システムの強化に拍車がかかっている。背景には、拒否的抑止＝ミサイル防衛システムによって北朝鮮によるミサイル攻撃の効果を弱め、米国の懲罰的抑止の維持を図る計算がある。ただ、そもそもミサイル防衛システムの迎撃能力に不確かな面があることに加えて、拒否的抑止強化が中国、ロシアによる核軍拡と言う反作用を引き起こす要因であることも明確に認識しておく必要がある。

こうした作用（米日韓による拒否的抑止強化）・反作用（中国、ロシアによる懲罰的抑止強化＝核軍拡）について、国際政治学者であるソ・ジェジョン（徐載晶）の論考をもとに記していくことにする。ソは、韓国が米国のミサイル防衛システム・高高度防衛ミサイル（THAAD）を配備することで、ふたつの「安全保障のジレンマ」が生じるとみている。

第一は、THAADを配備した米韓が「激しい軍拡競争」にはまりこんでしまう「安全保障ジレンマ」である。THAADが防御的兵器といっても、北朝鮮にとっては攻撃能力をそがれる兵器であり、その点においては攻撃的性格を持ち合わせている。これに対抗するために北朝鮮は自軍の攻撃手段を「防御」する名目で核・ミサイル戦力の増強をはかり、これが今度は米韓の拒否的抑止強化を招いて、軍拡競争の「悪循環」に陥る危険がある。第二は、この「安全保障のジレンマ」が米韓と北朝鮮の間のものにとどまらず、周辺の米国の同盟国、対立国などにも影響を及ぼす公算が大きいことだ。具体的には、THAADが自国の核抑止能力に影響を与えると警戒する中国やロシアによる核戦力強化があげられる。さらには、韓国の視点からすると、THAADへの対応で北朝鮮が核・ミサイル能力を強化する結果、日本が安倍政権流の「積極的平和主義」を強めることも「悪循環」のひとつとなりうる。ソ・ジェジョンは第一の事例を（空間）集約的「安全保障のジレンマ」への道と呼び、第二の事例を広域的「安全保障のジレンマ」への道と名付けている。

こうした形での作用・反作用サイクルによって集約的「安全保障のジレンマ」が加速し、高次化していくと、仮に北朝鮮に対する抑止効果が一時的に高まるにしてもそれがやがては不安定化していく可能性がある。さらには広域的「安

全保障のジレンマ」が加速すれば、もともとは六者協議のパートナーである中国、ロシアとの関係にも悪影響を及ぼし、北朝鮮の核・ミサイル開発問題の外交決着を一段とむずかしくする危険さえある。こうした懸念材料は日本のミサイル防衛システムにもあてはまる。

たとえば、米国のミサイル防衛システム「イージス・アショア」（イージス艦に搭載しているミサイル迎撃システムを陸上に配備するもの）の導入計画を日本が発表すると、さっそくロシアの外務次官が懸念を表明している。[18] 拒否的抑止の強化には、核抑止を含む懲罰的抑止の足場を固め、それを通じて同盟関係、拡大抑止の信頼性維持をはかる戦略的意図があるが、こうした形での北朝鮮対策は同盟管理、拡大抑止管理がマイナス効果をもたらしかねないという問題を内包している。その点への配慮が不十分なままでの直線的な対応が続くと、広域的「安全保障のジレンマ」という別のリスクを誘発することになる。それはすなわち、北朝鮮以外の潜在的脅威が日本の安全保障に覆いかぶさってくることを意味している。

8　おわりに

以上、核抑止への過剰な期待や依存にひそむリスクについて論じてきた。北朝鮮の核・ミサイル問題での今後の対応では、こうしたリスクを常に念頭に置きながら、「対話と圧力」に関する戦略を策定し、その文脈に見合った戦術を練りあげて、実行していく必要がある。ただ、その大前提として通常戦力による戦争であっても回避のために全力を尽くすことが不可欠であることをあえて強調しておきたい。

1994年に米国の北朝鮮への軍事作戦の実行が見送られた大きな理由は、北朝鮮による報復攻撃がもたらす韓国での被害が甚大なものになるとの予測があったからだ。現在の北朝鮮に対する軍事作戦についても、想像を絶するような犠牲を予測させるような発言が相次いでいる。米国のジェームズ・マティス（James N. Mattis）国防長官は2017年6月の議会公聴会で、もし外交交渉が失敗して軍事力を行使することになった場合にはどうなるのかという問いに対し

第5章　核抑止過剰依存とそのリスク認識

て、「必要な軍事力で対応しなければならないが、非常に深刻な戦争になるだろう」と強い懸念を示した。ジョセフ・ダンフォード（Joseph F. Dunford, Jr.）統合参謀本部議長も「戦争になればわれわれが勝利することは疑いがないが、この60、70年間では見たこともない犠牲者が出る」との見解を明らかにした。[19] ケンブリッジ大学および英王立国際問題研究所（チャタムハウス）のジョン・ニルソン＝ライト（John Nilsson-Wright）博士は「究極的に言って、米国が北朝鮮に軍事的に対応するというシナリオは、日韓という米国のアジア地域における二大同盟国にとって『終末』のシナリオにほかならない。加えて、韓国に配備されている米軍2万8500人の命も危険にさらすことになる」と警鐘を鳴らしている。[20] いくら核拡散防止という大義があるにしても、多大な犠牲は許容しがたいという自制力は重要であり、重い存在である。核抑止の過剰依存を改め、通常戦力による抑止を模索しながら戦争を回避し、何らかの外交決着による危機管理に進むしかない。

　さて、戦争回避が最優先課題であるという前提のもと、具体的な政策を展開していくうえで重要なことはどのようなものか。

　第一は、オバマ政権が残したNPR2010の重要なメッセージを根底にすえることだ。NPR2010は、米国と同盟国、パートナーの死活的利益を守るために、究極的な環境下でのみ核兵器の使用を考慮するとしたうえで、「約65年間（現在では約72年間）の核不使用の記録を永久に延長することは米国にとっても他のすべての国にとっても利益となる」と記した。[21] この核不使用の軍事文化、あるいは核使用のタブーを引き続き重んじ、この路線の踏襲を基本にすえることが極めて重要だ。

　第二は、核抑止に関連する第3～7節で記したリスクを想起しながら、パウエル流プラグマティズムに基づいて、透徹した現状分析と対応を思索することだ。とりわけ、パウエル氏をはじめ米国安全保障専門家の多くが、北朝鮮の核の脅威には核兵器を使う必要はなく、強力な通常戦力で抑止力は足りるとの見方を示していることを特記しておきたい。日本や韓国といった同盟国が直視すべきなのは、北朝鮮が核・ミサイル開発の前進を懸念して、米国に核による拡大抑止の再保証を求めてきたことが、本当にそれぞれの国家安全保障にプラス

に作用しているのかという命題である。北朝鮮には米国の強力な通常戦力で抑止力は足りるとするならば、そうした要請は核抑止のリスクを高めるマイナス作用の方が大きく、国家安全保障のバランスシートは赤字になるのではないだろうか。そうした視点からの政策点検は欠かせない作業だろう。

　第三は、短期的な対応のみでなく、中長期的な視点で考察することの重要性だ。この文脈で特に大事なのが、周辺諸国との協調体制の確保である。具体的に想定される事態と、それに伴う周辺諸国との協力体制の意味は、たとえば以下のようなものが考えられる。(a)北朝鮮の核保有が固定化した状態が長引く可能性もあり、それを念頭に置いた危機管理や地域安定化対策では周辺国の協調が欠かせないこと、(b)すぐには起きないにしても、将来的に北朝鮮の政権崩壊などの急な変化を想定しておく必要があり、周辺国との事後対応策の協議は必要不可欠であること、である。北朝鮮に関して利害対立を深め、こうした事態への地域的な対応能力を劣化させることは極力避けるべきだと考える。

　こうした諸点を考慮すると──「対話と圧力」の中身を、①現在のような過剰なまでに核抑止に依存する状態にしないこと、②パウエル氏の見立てを米国と同盟国で共有できるならば、北朝鮮への核先制不使用を宣言するなどして核使用の「敷居」を高くすること、③そして圧力における軍事部門は通常戦力での対応を前提にした同盟協調へシフトしていくことが得策だろう。核兵器の役割の低減と核軍縮を進めるために、特に対北朝鮮のような場合、短期的には通常兵器による抑止に軸足を移すことを積極的に推し進めるべきだろう。こうした措置によって北朝鮮の核をめぐるリスクが消えるわけではないが、その減少を図る戦略の軸になりうると思慮される。

1） 2017年2月の日米首脳会談後の共同声明では、「揺らぐことのない日米同盟はアジア太平洋地域における平和、繁栄及び自由の礎である。核及び通常戦力の双方によるあらゆる種類の米国の軍事力を使った日本の防衛に対する米国のコミットメントは揺るぎない」との文言が盛り込まれた。共同声明全文は以下のURL（http://www.mofa.go.jp/mofaj/files/000227766.pdf）
2） 韓国内の核再配備論については以下の報道を参照。「韓国　戦術核再配備論高まる　対北朝鮮『力の均衡』」、毎日新聞2017年9月11日デジタル版（https://mainichi.jp/arti

cles/20170912/k00/00m/030/072000c）

3） 懲罰的抑止は、敵が先制攻撃した場合には耐えがたい報復を加えるとの威嚇に基づいて、敵の攻撃を断念させる抑止。核攻撃による威嚇に基づく抑止はこの範疇に入る。拒否的抑止は、敵の攻撃能力を物理的に減少させる対抗措置を準備することで、敵の攻撃を思いとどまらせる抑止。ミサイル防衛による抑止は理論的にはこちらの範疇に入る。

4） Department of Defense, "Nuclear Posture Review Report," April 2010, p. 16.（https://www.defense.gov/Portals/1/features/defenseReviews/NPR/2010_Nuclear_Posture_Review_Report.pdf）

5） 冷戦後に通常戦力の抑止論を説いたのは、ロナルド・レーガン（Ronald W. Reagan）政権までの歴代政権の核政策に様々な形で関わったポール・ニッツ（Paul H. Nitze）だった。1994年1月に掲載された米国紙ワシントンポストでの小論で、米国が長年続けてきた核抑止への依存を見直すべき時がきたとの見方を示した。その論理展開は、①米国の政治指導者が相手の武力攻撃への懲罰で核兵器を使用するとは考えにくい、②核兵器による脅しが地域的な影響力を持つ相手への抑止力にはならない、というものだった。こうした判断に基づいてニッツは、「通常弾頭を搭載した戦略兵器がやがて、核兵器よりもはるかに重要な抑止という使命を果たすようになるかも知れない」とし、抑止の手段を核兵器から高性能の通常戦力にシフトするよう提言した。

6） NHKニュース番組の特集「1994年米朝危機　元国防長官の証言」2017年4月28日、委細は以下のURL（http://www9.nhk.or.jp/nw9/digest/2017/04/0428.html）

7） 2017年7月に広島で行われたシンポジウムでの発言。内容は、以下のURL（http://digital.asahi.com/articles/DA3S13072770.html）

8） John Borrie, Tim Caughley, and Wilfred Wan, "What North Korea Means - and Doesn't-for Nuclear Deterrence," *The Diplomat*, September 15, 2017　全文は以下のURL（https://thediplomat.com/2017/09/what-north-korea-means-and-doesnt-for-nuclear-deterrence/）

9） たとえば、佐藤優は雑誌の対談で以下のように語っている。「一番問題なのは、そもそも金正恩には核抑止の理論が通用しない可能性があるということ。もし抑止の理論が効いているなら、大陸間弾道ミサイル（ICBM）なんかつくらないし、グアム島周辺海域にミサイルを何発も落とすなんて考えは持たないはずですよ。金正恩はこちらが核を持っていようとなかろうと、『死なば諸共だ』と、攻撃してきかねない」。出典は、週プレNEWS「北朝鮮に核抑止力は通用しない？　ミサイルを発射する金正恩の心理とは…」2017年9月18日。以下のURLに全文掲載（http://wpb.shueisha.co.jp/2017/09/18/91863/）

10） 前掲の"What North Korea Means - and Doesn't - for Nuclear Deterrence"を参照。

11） 韓国の原子力専門家、姜政敏の分析。概略は、The Asahi Shimbun, "Study: S. Korean nuclear disaster would hit Japan the hardest," March 30, 2017に記載。(http://www.asahi.com/ajw/articles/AJ201703300001.html)

第 1 部　「核の傘」依存低減と非核保有国の政策

12)　ジュネーブ諸条約の第 2 追加議定書の第15条は、危険な力を内蔵する工作物等保護を規定しており、対象物にはダム、堤防とともに原子力発電所を明示している。「これらの物が軍事目標である場合であっても、これらを攻撃することが危険な力の放出を引き起こし、その結果文民たる住民の間に重大な損失をもたらすときは、攻撃の対象としてはならない」と明記している。第 2 追加議定書の全文は以下の URL（http://www.mofa.go.jp/mofaj/gaiko/k_jindo/pdfs/giteisho_02.pdf）.

13)　時事通信「水爆弾頭化」誇示＝ ICBM 開発で北朝鮮−電磁パルス攻撃に初言及」2017年 9 月 3 日、内容は以下の URL（https://www.jiji.com/jc/article?k=2017090300114&g=prk）.

14)　一政祐行「ブラックアウト事態に至る電磁パルス（EMP）脅威の諸相とその展望」『防衛研究所紀要』18巻 2 号（2016年 2 月）を参照。全文は以下の URL（http://www.nids.mod.go.jp/publication/kiyo/pdf/bulletin_j18_2_1.pdf）.

15)　防衛装備庁「中期技術見積もり」（平成28年度版）、55頁。(http://www.mod.go.jp/atla/soubiseisaku/plan/mitsumori.pdf）

16)　毎日新聞「官房長官 電磁波攻撃対策を本格検討」2017年 9 月 8 日デジタル版、内容は以下の URL（https://mainichi.jp/articles/20170908/k00/00m/010/065000c）

17)　Jae-Jung Suh,"Missile Defense and the Security Dilemma: THAAD, Japan's 'Proactive Peace', and the Arms Race in Northeast Asia," *The Asia-Pacific Journal*, Volume 15 /Issue 9/ Number 5, April 27, 2017を参照。全文は以下の URL（http://apjjf.org/2017/09/Suh.html）

18)　ロイター通信「ロシア、日本の陸上型イージス導入を懸念」2017年 8 月23日デジタル版　全文は以下の URL（https://jp.reuters.com/article/northkorea-missiles-russia-japan-idJPKCN1B316Z）

19)　Jim Mattis (Secretary of Defense), Joseph F. Dunford (Chairman of the Joint Chief of Staff) の証言は以下を参照 "Testimony on the Department of Defense budget posture in review of the Defense Authorization Request for Fiscal Year 2018 and the Future Tears Defense Program," June 13, 2017. URL は、(https://www.armed-services.senate.gov/hearings/17-06-13-department-of-defense-budget-posture）

20)　ジョン・ニルソン＝ライト「トランプ政権はどう反応すべきか　北朝鮮核実験」BBC、2017年 9 月 4 日を参照。全文は以下の URL（http://www.bbc.com/japanese/features-and-analysis-41144212）

21)　"Nuclear Posture Review Report," p. 16.

第6章

北東アジア非核化への包括的アプローチの再検証と今後の対応

中村 桂子

1 はじめに

前章では北東アジアにおける核抑止への過剰依存がもたらすリスク分析を中心に、甚大な被害をもたらす戦争勃発の回避ならびに中長期的な外交政策に求められる視座が提示された。そうした中長期的な枠組みの具体案として、本章では、「北東アジア非核兵器地帯」構想を取り上げ、その現在的意義と実現に向けた今後の方途について検討する。

2 「スリー・プラス・スリー」北東アジア非核兵器地帯構想

北東アジア非核兵器地帯構想が最初に提案されてから既に20年が経つ。冷戦の終結を受け、米ジョージア工科大学のジョン・エンディコット（John E. Endicott）教授らが提案した、板門店を中心に半径2,000kmの円形を描く、非戦略核兵器に限定した限定的非核兵器地帯案を皮切りに、研究者やNGOの専門家からさまざまな範囲や内容を持つ北東アジア非核兵器地帯構想が提案されていった。

そのような構想の一つが1996年に梅林宏道が提案した「スリー・プラス・スリー（3＋3）」構想である。この構想は、日本と南北朝鮮の3カ国の「地帯内

国家」が地理的な非核兵器地帯を形成し、米国、中国、ロシアの3つの核兵器国が「周辺核兵器国」として地帯内国家に対する消極的安全保証（NSA）供与の義務を負う、という構図を描いている。2004年には、日韓のNGOや専門家らの協力の下、「スリー・プラス・スリー」案に基づく6カ国条約の形をとった「モデル条約」も作成された。モデル条約では、核兵器による攻撃だけでなく、通常兵器を含む兵器による攻撃も行わないとの義務が周辺核兵器国に課せられていることが特徴の一つである。また、一国で非核兵器地帯と同じ地位を有することを国連決議を通じて国際社会に認知させているモンゴルを地帯内国家に加えて、「フォー・プラス・スリー」とすることの利点も検討されてきた。

3　国内外における支持の高まり

　北東アジア非核兵器地帯構想については、いずれの地域国家も政府として公式の提案を行うには至っていない。しかし、同構想に対する支持は国内外で一定の広がりを見せている。前述の通り、一国非核兵器地帯地位の確立という先駆的な取り組みを実現させたモンゴルは、政府レベルで唯一、北東アジア非核兵器地帯の設立に向けた協力の意向を公式に述べている国である。同国のツァヒアギーン・エルベグドルジ（Elbegdorg Tsakhia）大統領は、2013年9月26日の国連総会ハイレベル会合で、「モンゴルは、この地に非核兵器地帯を設立することが可能か、そしてそれはいかにして達成可能となるかを検討する非公式ベースの作業を北東アジアの国々と行う準備ができている」と述べるとともに、「（北東アジア非核兵器地帯は）たとえ直ぐに可能ではなくとも、間違いなく実現可能だ」と強調した。[1] 2013年7月には、国連の「軍縮諮問委員会」が、潘基文国連事務総長（当時）に対し、北東アジア非核兵器地帯設立のために具体的行動をとることを委員会報告の中で勧告している。同委員会は、国連事務総長の諮問機関であり、軍縮問題に関して国連事務総長に直接助言を行うことを任務とするものである。報告書は次のように言う。[2]

　「…事務総長は、北東アジア非核兵器地帯の設立に向けた適切な行動を検討すべきである。とりわけ、事務総長は、地域国家間の透明性や信頼醸成を奨励する地域フォー

ラムの開催に向けて、いっそう積極的な役割を強めることができる」。

さらに、2015年の核不拡散条約（NPT）再検討会議に先立ってニューヨークで行われた「第3回非核兵器地帯条約締約国・署名国及びモンゴル会議」では、会議冒頭に発言したアンゲラ・ケイン（Angela Kane）国連軍縮問題上級代表（当時）が、「3つの潜在的な新しい地帯」の一つ目に北東アジア地域を挙げ、既存の条約の締約国・署名国が協力し、地域国家、市民社会、国際機関とともに北東アジア非核兵器地帯の可能性を追求するよう促した[3]。

加えて、北東アジア非核兵器地帯構想は、この地域の安全保障の不安定化を懸念し、持続的かつ平和的な解決の道筋を求めている日本の市民社会の中で一定の支持と共感を得ていると言ってよいだろう。たとえば、8月9日の長崎原爆に開催される原爆犠牲者慰霊平和祈念式典で長崎市長が読み上げる「長崎平和宣言」が2012年以降、毎年継続してこの構想に言及し、設置に向けた関連各国の努力を求めていることにも言及しておきたい。

4　日本政府の姿勢

日本政府は、非核兵器地帯設置の意義に対しては一般的な支持を表明している。特に中央アジア非核兵器地帯に関してはその設立までの過程において、政府として様々な具体的支援を行ったことで知られる。しかし、それが北東アジアの文脈になると、地域の不安定な安全保障環境を理由に日本政府は消極的な態度を貫いており、北朝鮮の核問題の解決が先、と繰り返している[4]。

他方、北東アジア非核兵器地帯構想に対する日本政府の認識は高まっていると言えるだろう。認知度のバロメーターとして、2002年以来、外務省が数年ごとに発効している「日本の軍縮・不拡散外交」での扱いを例に挙げてみたい。「北東アジア非核兵器地帯」という言葉は、2011年3月に発行された同文書の「第五版」[5]で初めて登場した。しかしその記述は短く、非核兵器地帯に関する「日本の立場」という説明の中で、「日本を含む北東アジア非核兵器地帯の構想について、日本としては、日本の安全及び北東アジアの安全保障環境改善のため、

第1部 「核の傘」依存低減と非核保有国の政策

まずは北朝鮮の核問題の解決に努力していくべきと考えている」との記述に留まった。しかし、2013年発行の「第六版[6]」と2016年発行の「第七版[7]」においては、北東アジア非核兵器地帯の設立が、地域の「厳しい安全保障環境を緩和するアプローチ」として内外の研究者、専門家らから提唱されてきたことに記述がおよび、「特に近年、日本、韓国及び北朝鮮が非核兵器地帯となり、これに米国、中国、ロシアが消極的安全保証を供与する『3+3』構想が一定の注目を集めている」と述べられている。

しかし、北東アジア非核兵器地帯に進むためには地域の安全保障環境がまず改善されなければならない、という政府の基本姿勢に変化はない。「第六版」「第七版」ともに、地域情勢について、①依然として安全保障上の不安定要因や緊張関係が存在している、②現実に核戦力を含む大規模な軍事力が存在している、といった点を挙げ、非核兵器地帯構想の実現に向かうための「現実的な環境は未だ整っているとは言えない」「北朝鮮の核放棄に向けた努力を優先すべき」と結論づけている。これに加えて、「第七版」では、「(北東アジアにおいては)深刻な北朝鮮の核問題に加えて、まさに域内で核兵器国が存在している」点が、これまでに設置された非核兵器地帯と根本的に異なる点であり、「難しい問題として立ちはだかっている」との一文が加えられ、実現に向かうことの困難さが強調された。

5　包括的アプローチの提案

国内外の幅広い支持がある一方で、現状において日本政府が非核兵器地帯設立の提案国になる見通しは低いと言わざるを得ない。しかしこうした行き詰まりを打破しうる新たな提案が、2011年11月、元米政府高官のモートン・H・ハルペリン（Morton H. Halperin）によって発せられた。それが、北東アジアの平和と安全に関する「包括的協定」の提案である。

ハルペリンは、クリントン政権時代に大統領特別補佐官や国務省政策企画本部長を務め、米朝協議に主導的に関与した国際政治学者である。北朝鮮核問題の行き詰まりに対する打開策として、ハルペリンは、北東アジア非核兵器地帯

を「北東アジアの平和と安全保障に関する包括的協定」の一要素として設立することを提案した。朝鮮半島の平和と安全に影響を与える諸懸案事項の同時並行的な解決を目指し、その中で北東アジア非核兵器地帯を設立していこうというアプローチである。

この包括的提案を受け、長崎大学核兵器廃絶研究センター（RECNA）は、北東アジア非核兵器地帯の実現に向けた「包括的アプローチ」を発展させる研究プロジェクトを2012年から3年にわたって行った。その成果は「提言：北東アジア非核兵器地帯設立への包括的アプローチ」としてまとめられ、2015年5月のNPT再検討会議に並行して開催された国連内ワークショップで発表された[8]。

提言の柱は、北東アジア非核化に密接に関連したいくつかの懸案の同時解決を目指す「北東アジア非核化への包括的枠組み協定」の締結である。提言では、6カ国協議を再開し、その中でこの協定に関する協議が行われることが適切であるとし、協定に含まれる内容として次の4条項を挙げた。それぞれはその性格によって宣言型、実務型の2類型に区分される。

（1）朝鮮半島の戦争状態の終結を宣言し、「枠組み協定」締約国の相互不可侵・友好・主権平等などの基本理念を規定する。国交のない国は国交正常化に取り組み、達成することを約束する。朝鮮戦争の当事者による平和協定の詳細の交渉を促す。（宣言型条項）

（2）核を含むすべての形態のエネルギーにアクセスする平等の権利を謳うとともに、平和利用担保にもコミットする。また、北東アジアの安定と朝鮮半島の平和的統一に資することを目的とする北朝鮮へのエネルギー支援の在り方などを協議し、実行するための委員会（「北東アジアにおけるエネルギー協力委員会」）を設置する。委員会のメンバーは6カ国を超えて趣旨に賛同する国や国家グループに開かれる。（宣言型条項）

（3）北東アジア非核兵器地帯を設置するための条約の全項目を規定する。非核兵器地帯条約が備えるべき内容をすべて規定した実務型の条項とする。また、条約の締約国の義務の一つに、化学兵器禁止条約の未加盟国に対する加盟義務を加える。また、締約国の宇宙条約（1967年）の下における宇宙開発の権

利を述べる。さらに、条約違反に関連した経済制裁の条項を設け、加盟国単独の制裁への制限を加える。(完結した条約としての実務型の条項)

(4) 常設の北東アジア安全保障協議会を設置する。第一義的な目的は、「包括的枠組み協定」の確実な履行に向けた協議機関とする。第二義的には、適切である場合、その他の北東アジアの安全保障上の諸問題を協議する場として機能する。将来、より包括的な安全保障協議の場となることが望ましい。非核兵器地帯の検証メカニズムをこの協議会の中に位置付けることも可能である。協議会メンバーは6カ国を創設メンバーとすると同時に、エネルギー協力委員会のメンバー国、および北東アジア安全保障の確立に協力を申し出る国や国際機関を一般メンバーとして迎える。(協議会の細部を定めた実務型の条項)

ハルペリンは共同声明など過去の合意が破られたと北朝鮮、米国、その他の当事国が感じている現状を鑑み、最終的に到達すべき協定の骨子について最初に合意を形成し、その後各論の交渉に入るというアプローチを提案していた。RECNAの「枠組み協定」提案もこの方法を採用し、より容易に合意形成に至るよう、地域国家の首脳レベルの署名によって発効する文書とすることを提案している。ただし、この場合も必要とされる特定の条項について批准手続きを経て法的拘束力を持たせるべきことを「枠組み協定」に書き込むことは可能であると考えられている。また、政権交代によってこれらの宣言が覆るという不安に対しては、権威ある専門家グループを設置し、非政府の立場から支援を行い、また検証体制を構築することによって不安を最小化することが提案されている。

6　北東アジア非核兵器地帯条約における工夫

提案の(3)で述べられた非核兵器地帯条約について、もう少し詳しく見ていきたい。北東アジア非核兵器地帯の提案が非現実的と見なされる理由として、主に挙げられるのは北朝鮮の核開発と中国の軍拡傾向を含めた地域の安全上の不安定さと国家間の信頼関係の欠如である。こうした状況を踏まえ、条約の発効システムを工夫することにより、北東アジアの関係国家間の不信を乗り越え

て非核兵器地帯を実現することを可能にできる、と提言は述べる。この点については、同様の工夫によりブラジルとアルゼンチン間の確執の存在にもかかわらずラテンアメリカ・カリブ地域に非核兵器地帯を実現させ、効果的な運用を可能にした「トラテロルコ条約」のケースが先例として挙げられる。北東アジア非核兵器地帯においては、ハルペリンが提案するように、条約の発効要件を3つの核兵器国（米国、ロシア、中国）と2つの非核兵器国（日本、韓国）による批准とし、ただし日韓には「3年あるいは5年の期間に北朝鮮が条約に参加しない場合は脱退も可、といった条件を与えるということが一つの方法である。このような工夫は日本や韓国政府の不安を解消しながら、条約の早期発効のために両国の積極的関与を促す上で効果的と考えられている。とりわけ日本にとって、条約の早期発効により中国からのNSAを確保できることが大きなメリットとなる。また、同様に関係各国に対する根強い不信と不安を抱く北朝鮮に条約加入のインセンティブを与える工夫も検討されてきた。たとえば、北朝鮮が非核兵器国として条約に加入し、その義務を遵守する限りは米国をはじめ核兵器国から法的拘束力のあるNSAを供与されることを条約に明記することが提案されている。これに関連して、ハルペリンは、北朝鮮の保有する核爆発装置や核兵器関連の工場や施設の解体については一定の時間的猶予を規定する条項を設けることで、解体の完了を待たずとも北朝鮮に対しても条約が発効し、米国による北朝鮮への安全の保証が実現するという道筋が可能であることを示している。

7　北東アジア非核兵器地帯と拡大核抑止の関係

　本書第3章で、非核兵器地帯へ加入と「核の傘」依存を「共存」させているオーストラリアの事例を挙げてその問題点を検証した。しかし本来、完成された非核兵器地帯はNSAの供与により拡大核抑止力を必要としない地域として定義されるべきであり、北東アジアにおいてもそれを前提として構想が組み立てられるべきである、と提言は述べる。しかし一方で、第4章で詳しく述べているように、核兵器国からのNSAの提供の信頼性に対する不安が払拭できな

いという問題も存在する。この点に対処するために、提言は、もし締約国に条約違反があって核攻撃や攻撃の威嚇があったときには条約は直ちに失効し、締約国は条約に拘束されない国際関係に戻ることになり、米国との同盟関係が続いていればその同盟関係に基づく行動がとられることを明記するものとなっている。ただし、不安解消を強調するあまり、非核兵器地帯においても「核の傘」の恩恵は変わらないと説明することは誤解を招きやすいと提言は警告している。

8　包括的アプローチのフォローアップ

　こうした構想を、具体的な政治外交課題として協議のテーブルにあげることを目指し、地域の有識者による専門家会合が活性化していることを指摘したい。
　前述の「包括的アプローチ」提言のフォローアップとして、2016年11月に誕生した「北東アジアの平和と安全に関するパネル」（PSNA）はそうした専門家会合の枠組みの一つである。パネルメンバーには、日本、韓国、中国、米国、ロシア、モンゴル、オーストラリア、ドイツ、英国の有識者17名が参加し、ハルペリン、マイケル・ハメル＝グリーン（オーストラリア・ビクトリア大学メルボルン校）、ムン・ジョンイン（文正仁、韓国・延世大学）、梅林宏道の4名が共同代表を務める。PSNAは活動の主目的として「地域の平和と安全の確保の一環として北東アジア非核兵器地帯を創設するために、時宜を得た政策提案と市民社会の関与を通じて、政治プロセスを促進すること」を掲げている[9]。2016年には日本で、2017年には北朝鮮政府関係者の関与を求めてモンゴルで会合を行った。後者の会合においては、朝鮮半島、ひいては北東アジア地域で核兵器が使用される危険性が故意であれ偶発的であれ現実味を増しているとの認識の下、共同代表の連名による「声明と勧告」が発表された。勧告の要旨は以下の4点である。

1．関係国は誤解を生み、計算違いによる戦争勃発に繋がりかねない行動を控え、6カ国協議の早期再開あるいは二国間協議を追求すること。
2．議論を北朝鮮の核・ミサイル問題に限定することなく、北東アジア非核兵器地帯の設置を含むより広範な範囲に広げること。

3．対話への用意があるとした米国、中国、ロシア、北朝鮮、韓国の指導者や政府高官の発言を歓迎する。そのような対話を早急に開始すること。
4．THAADミサイル防衛システムが北東アジア地域の戦略環境にもたらす影響を含め、その影響に関する詳細な検証を行うこと。

9　構想実現の可能性と意義

　上記「勧告」が述べるように、切迫した北東アジアの安全保障環境を受け、偶発的な核使用に繋がりうる脅威除去に向けた外交政策が最優先事項に位置付けられるが、その次の中期的課題として北東アジア非核兵器地帯の実現に向かうことは十分に可能であるとの見方は強い。たとえば、PSNA第2回会合において、ハルペリンは、3つのステップによる段階的措置を提案した。[10] 提案によれば、第一段階として、北朝鮮にすべての核・ミサイル実験や核分裂性物質生産の即時凍結を求め、その見返りとして米韓合同軍事演習の縮小や北朝鮮への限定的なエネルギー支援、人道支援が提供される。このステップの履行には3～6カ月程度の比較的短い期間が想定されている。第二段階として、6カ国協議が条件を付与することなく再開され、北朝鮮はIAEA（場合によっては米国の査察官も）の検証の下、すべての核物質生産施設の第一段階の解体を行う。これの見返りとして、米国、中国、南北朝鮮は北東アジア「平和レジーム」の実現に向けた「平和プロセス」を開始する。ここには朝鮮戦争の戦争状態の終結や6カ国協議における安全保障協議会の設置、そしてより長期的な北東アジアの共通の安全保障の確立に向けた諸措置の開始が含まれる。また、米国や韓国は段階的に経済制裁の解除を行う。これらの措置の検証可能な形での履行には数年程度がかかると見られている。最後に、第三段階として、法的拘束力のある北東アジア非核兵器地帯が宣言、履行される。すべての制裁の解除、大規模なエネルギー・経済支援、非核兵器地帯の一部としてのNSA供与の見返りとして、合意された時間枠に沿って北朝鮮の核廃棄が実施される。
　ハルペリンが強調するように、こうした提案は米国を含む関係国がこれまで行っていた主張や政策に合致するものであり、また北朝鮮が合意する可能性の

あるものである。何よりも、現在の硬直した状況の中で、このようなプロセスを開始すること自体が、地域の信頼醸成の一環として大きな意義を持つものとなる。ハルペリンも第三段階の実施に「10年以上」と見込んでいるように、北東アジア非核兵器地帯の実現に向けたプロセスには当然ながら相当の時間が見込まれるだろう。しかし、現存する非核兵器地帯においても、いずれかの地域国家が構想を公式に提案してから条約が発効するまでに、十数年あるいは数十年といった年月が必要であったことを思い起こしたい。6カ国協議の再開とともに、こうしたプロセスの開始を早急に協議のテーブルに載せていくことが重要となる。日本や韓国がそのイニシアティブをとることが何よりも望ましいと言える。

1) "Statement by H.E. Mr. Elbegdorg Tsakhia, President of Mongolia, at the high-level meeting of the U.N. General Assembly on Nuclear Disarmament," September 26, 2013.
2) "Work of the Advisory Board on Disarmament Matters, Report of the Secreatry-General," A/68/206, July 26, 2013.
3) Angela Kane, "Nuclear-Weapon-Free Zones: Building Blocks for a World Free of Nuclear Weapons," Third Conference of State Parties and Signatories of Treaties that Establish Nuclear-Weapon-Free Zones and Mongolia, April 24, 2015.
4) 近年の例では、岸田文雄外務大臣（当時）が、2016年4月27日の衆院外務委員会で、北東アジア非核兵器地帯に対する認識を問われ、「（北東アジアにおいては）北朝鮮の存在もあります、なかなか、関係国の意見が一致する、こういった条件にまで至っておりません。まずは、北朝鮮が核開発を放棄する、こうした方向に向けて関係国と協力していくことが先決ではないかと考えます」と答弁している。
5) 外務省軍縮不拡散・科学部『日本の軍縮・不拡散外交』（第五版）、2011年3月。
6) 外務省軍縮不拡散・科学部『日本の軍縮・不拡散外交』（第六版）、2013年3月。
7) 外務省軍縮不拡散・科学部『日本の軍縮・不拡散外交』（第七版）、2016年3月。
8) 長崎大学核兵器廃絶研究センター（RECNA）『提言：北東アジア非核兵器地帯設立への包括的アプローチ』2015年3月。
9) PSNA Mission Statement, 20 November, 2016.（http://www.recna.nagasaki-u.ac.jp/recna/psna）
10) Morton H. Halperin, "The Trump Administration's Policy on the DPRK Nuclear Program," presented at the 2nd meeting of PSNA, June 24, 2017.（http://www.recna.nagasaki-u.ac.jp/recna/bd/files/S1-1_Halperin.pdf）

第6章　北東アジア非核化への包括的アプローチの再検証と今後の対応

第1部まとめ

　核兵器をめぐって、世界は大きな転換点を迎えている。危機と好機の両方にあると言い換えることもできるだろう、北朝鮮の核・ミサイル開発の進展を背景に、北東アジアでは核使用へとエスカレートしかねない緊張状態が続いている。他方、グローバルなレベルでは、核兵器使用のもたらす非人道性に対する認識の高まりが、核兵器の使用や使用の威嚇を含む全面的な核兵器禁止を謳った国際条約の採択を実現させた。この両極の現実はともに、拡大核抑止依存の非核兵器国のジレンマを一層際立たせ、その低減に向けた政策転換の必要性にあらためて焦点をあてることに役立っている。第1部では、事例研究と理論面からの分析をもとにこの問題に迫った。

　核兵器の廃絶は、究極的には核兵器国の同意と協力なしには達成できない。しかし、それは核軍縮の問題は核兵器国が解決すべき問題であり、非核兵器国は基本的に傍観者の立場であるという意味ではない。実際にNPT第6条は核兵器国、非核兵器国を問わずにすべての締約国に誠実に核軍縮の実現へ向けて努力する義務を課している。また、核兵器の人道的側面に関する議論を主導し、核兵器禁条約交渉を成立させたのも非核兵器国である。現在の核兵器廃絶へ向かう国際的な潮流を作りだしているのも、核兵器の廃絶を強く望む非核兵器国のグループである。

　しかし、同時に自国の安全保障上の理由から、核軍縮の急速な促進に反対しているのも、核兵器保有国だけでなく、その「核の傘」に依存している非核兵器国である。現在国際社会において、核軍縮をめぐり溝が深まっているのは、核兵器を「持てる国」と「持たざる国」との間でだけではなく、「持たざる国」同士の間でも同じように立場の隔たりは大きいままなのである。もし、非核兵器国が一体となって核兵器保有国に対し核軍縮を求めるならば、その影響力は現在に比べて

はるかに大きなものになると期待できる。

　現在日本を含め、核兵器国の提供する「核の傘」に自国の安全保障を依存している国々を説得し、その方針を転換させるために必要なことは、まず何よりも本当に拡大核抑止が自国の安全保障にとって有効かつ必要なのかを詳細かつ具体的に検討することである。オーストラリアの例からもわかるように、具体的に核兵器により抑止できるような安全保障上の脅威が存在しないにもかかわらず、いわば漠然と核兵器国との同盟関係に自国の安全保障を依存し、結果としてかえって安全保障上のリスクを負う形になっているようなケースは、他にもあるかもしれない。

　また、「核の傘」は決して万能ではなく、状況によってはかえって安全保障上、大きなリスクを呼び込む可能性があることも否定できない。そのような安全保障上のメリット、デメリットを具体的かつ詳細に検討することに無しに、「核の傘」を自国の安全保障上、当面は不可欠であると言い切ることはできない。

　次に必要なことは、「核の傘」に替わる安全保障の手段を構築することである。もちろんその中には核兵器に替わる、より有効な兵器による抑止を導入するという選択肢も存在する。しかし、軍事的な手段による抑止戦略の場合、少なくとも現時点では結局最も大きな破壊力を持つ核兵器による抑止へと回帰してしまうリスクは高いであろう。そこで非軍事的な手段による安全保障として考えられたのが、消極的安全保証（NSA）や非核兵器地帯である。これらは、核兵器国と非核兵器国の間で、核兵器を「使わない」・「使わせない」という約束を制度化しようとするものである。言い換えれば、核兵器を法的に「使えない」という状況に置くことにより、非核兵器国の安全を保証する仕組みとなっている。

　このような制度は、非核保有国の核不拡散義務と組み合わせることにより、核兵器国側にとっても安全保障上大きな利益のある協定となっている。もちろん「法的な拘束力を持つ」とはいっても、核兵器

保有国が、どのような方法で「核兵器を使わない」という保証を信頼できる形で提供できるか等、解決しなければならない問題も残っている。しかし、核兵器を「使えない」状況を確実に積み重ね、拡大してゆくことは、核兵器の軍事的な役割を縮小してゆくことであり、その意味ではNSAや非核兵器地帯の拡大は、同時に核軍縮へ貢献するものでもある。その観点からも現在緊張関係が続き、核軍拡競争が懸念される北東アジアに非核兵器地帯を設置するという構想は、世界的にも極めて重要な提案であると言わなければならない。

第 2 部
北東アジアにおける信頼醸成
──「トラック 2」活用の可能性──

第2部イントロダクション

　北東アジアの非核化をめぐる行程は決して容易なものではない。中国、ロシア、北朝鮮、そしてアメリカという4つの核保有国がひしめき合うという極めて複雑な国際政治環境を有する北東アジアにおける核軍縮の必要性については、これまで幾度となく訴えられてきたものの、それが実現する目処はまるでない。北朝鮮は国際社会からの厳しい目にさらされながらも2017年9月3日に6度目の核実験を敢行した。中国は依然として軍事力の強化を進めており、その規模と行程は依然不透明である。一時は核軍縮に向けて肯定的な姿勢を見せてきたアメリカとロシアは、アメリカのバラク・オバマ（Barak H. Obama）大統領時に両国間で合意した新戦略兵器削減条約（New START）発効後、その関係は膠着しており、ロシアはともすれば強硬な外交政策に姿勢を転じかねない。北東アジアの核をめぐる情勢はかつてないほど緊張感に包まれているといっても過言ではないだろう。

　他方で、核のない世界を実現するためには、この地域における核軍縮の促進は急務かつ不可欠である。それにもかかわらず、北東アジアにおける核軍縮問題に関する政府間対話のチャンネルは限られており、たとえば東南アジアのように安全保障問題を実質的に検討するための継続的に根づいた多国間協議の場がほぼ存在しない。かつては北朝鮮の核問題を協議した6カ国協議が存在したが、それも北朝鮮の核開発が加速化する過程で凍結したままである。加えて、北東アジアは多国間協議よりも二国間対話を重視してきた歴史も見逃せない。

　政府間対話が膠着する中で、では、民間を中心とした努力はどの程度効力を発揮できるのだろうか。必ずしも北東アジアに限定するわけではないが、北東アジアにおいても、核軍縮・不拡散や安全保障について、民間もしくは政府の関与の下での非公式、あるいは関係者が個人の資格で参画してきた協議には、1998年～1999年に日本の主導で進められた東京フォーラム[1]、国際戦略研究所（IISS）が2002年からシンガポールで開催している「シャングリラ・ダイアローグ」（The Asia Security Summit）[2]、あるいは「核不拡散・核軍縮のためのアジア太平洋リーダーシップ・ネットワーク」（APLN）[3]など、知名度と評価が高いものが存在する。その中から、ここでは具体的に、韓国の主導のもと東アジアに特化した枠組みの構築を試みている「北東アジア平和協力構想」（NAPCI）、冷戦期に米ソ間での協議に大きく貢献したと言われているパグウォッシュ会議、およびその比較対象として、東南アジアにおける安全保障問題の前進に貢献してきたアジア太平洋地域を包括するトラック2枠組みの実例を検討することにより、北東アジアにおける非核化を目指す中で、非政府主体の役割、特にトラック2が果たしうる役割について考察を進めることにしたい。

1）　http://www.mofa.go.jp/mofaj/gaiko/kaku/india_paki/tokyo_forum.html（2017年10月20日閲覧）
2）　https://www.iiss.org/en/events/shangri-la-dialogue （2017年10月20日閲覧）
3）　http://apln.anu.edu.au/ （2017年10月20日閲覧）

第 7 章

「トラック2」の定義と北東アジアの特徴

広瀬　訓
向　和歌奈

1　研究の目的

　昨今の国際関係に関する研究の中において、しばしば「トラック2」という用語が用いられている。「トラック2」とは、一般的には政府間での公式な交渉ではなく、非公式もしくは非政府レベルでの国際的な交渉を指すと理解されている。しかし、「トラック2」という用語自体は学問的な定義が存在しているわけではなく、また、具体的に何が「トラック2」に該当するのか、国際的に共有された基準があるわけではない。「トラック1」が国家間での公式の外交交渉を意味することには議論の余地はないが、「トラック1」に該当しない交渉がすべて「トラック2」と分類されるわけではない。
　従来「トラック2」とは、政府間対話や交渉ではない民間による対話や政策提言、部分的な政策への影響力行使を中心に論じられてきた。冷戦期からもたびたび民間による対話や政策提言はみられたものの、特に冷戦後においては、民間と政府との間に建設的なバランスを見出すとともに、新秩序の模索の一助となることを重要な使命としてきた。ピーター・ジョーンズ（Peter Jones）はトラック2について、それを「非公式の対話」であり、それは往々にして「対立する二つのグループ間」の対話を中立的な「第三者」が推し進める形式を指し、そこには政府にチャンネルを持つ個人も参加をしており、新たな課題に対

して立場の違いを超えたところで解決策を見出す、あるいは新たな方策についての議論を行うと定義づけている[3]。

　机上の論を政策の現場に反映させていくひとつの重要な方法としてトラック2が重宝されるのは、そこに政府関係者が少なからず参加する際に、表向きには公式な立場を離れた形で知的議論や知的交流に参加をすることを、当事者自らが強く認識して望んでいることである。政府間の交渉を行う場ではなく、あくまでも学術的な観点にたった議論が主目的であるため、政府関係者たちは譲歩や取引を考慮せずとも、自らの考えを、政府の立場を代表することなく述べることが可能となる。ただし、公的立場にある参加者は大概の場合は自ら担う公的立場から完全に離れることはできずに、公式な見解を土台にして意見を述べる場合が大半である。中には一歩踏み込んで、政府の立場を越えて、時には政府の方針とは異なるような見解を述べる個人もいるが、その際は匿名性を主張する、もしくはその会議自体に参加している痕跡を一切出さないなど、細心の注意を払うこととなる[4]。

　現実には、最初から「トラック2」として設定される会合も存在しているが[5]、それらが本当にトラック2なのか、「自称」トラック2なのか、当事者の認識と外部からの評価が一致しないこともありうる。さらに言えば、同じ協議に参加している参加者の間でも、「トラック2」という意識で参加している人間と、まったくそういう意識を持たずに参加している人間が混在している場合もある[6]。このように「トラック2」そのものが曖昧な概念であり、果たして厳密に学術的な研究対象となりうるのかという本質的な疑問もないわけではない[7]。

　先行研究を検討してみても、「トラック2」を学術的な研究の対象として検討すべきなのか、それとも実務的に有効なトラック2運営のための、いわばマニュアル的な内容をまとめようとするものなのか、その段階で方向性が定まらないという問題に直面している[8]。ここでもこの点を避けることは困難である。したがって、この第2部では、厳密に学術的な論証を行うというよりも、従来「トラック2」とみなされてきたいくつかの事例を検討することにより、その中から北東アジアにおける信頼醸成の促進に応用が可能であると考えられる要素を抽出するという作業に論点を絞ることとする。別の言い方をすれば、「ト

ラック2」そのものを深く分析することよりも、「トラック2」というアプローチが、北東アジアの平和と安全の向上に取って果たして有効なツールとなりうるのか、また、「トラック2」を成功させるためには、どのような要因が重要と思われるのかという観点から論考を進めたい。

2　研究対象

　すでに述べたように「トラック2」に関し、学術的にも実務的にも明確な定義があるわけではない。やや漠然とではあるが、「トラック2」に何が含まれ、何が含まれないのかを考えるならば、しばしば「トラック1.5」とも呼ばれる、政府代表の間で持たれる非公式あるいは予備的な協議については、それが民間からの参加を伴う場合や、非政府レベルでの協議と並行で実施される場合は分析の対象として含めるものの、それ以外の場合は基本的に「トラック2」には含めないことにしたい。もう一つ、「トラック2」は最終的にその成果を各国の政策に何らかの形で反映し、学術的な視点からの提言として取り入れられることを目的としての接触、協議であるという限定も付け加えておきたい。それが具体的な条約や国際協定の締結を目的とするような極めて明確なものであれ、あるいは具体的な交渉の開始や信頼醸成措置の構築のようなやや中間的な段階のものであれ、そこには一定の「ゴール」が存在し、そこから「トラック2」の進展、成果を評価できるということが、学術的にも実務的にも重要であると考えるからである。

　ではこのようなトラック2に求められる効果はなにか。最終的な目的を各国の政策に対する影響力を行使し、政府間では膠着しかねない問題について何らかの突破口を提供する、あるいは学術的な視点からの提言として取り入れられることを目的とするならば、その方法としては、各々のトラック2において練られた個別的提言が実際に政策に取り入れられる方法と、政策立案の背景としてのコンセンサスの構築などの方法が考えられる。また、政府関係者が議論の場に個人の立場として参加することで、公的な立場を代表していなくとも、その個人の考えに対する影響力を行使することも可能となる。この点はことのほ

か重要な観点といえよう。公私の立場を越え、一個人として特定の問題にどう取り組むかは、政策決定過程において重要な要素となるばかりか、そのメンタリティのもたらす効果は決して小さなものではない。どこに目的を設定するのかによって、その方法も異なるであろうし、またその成果の有無の判断も異なってくる。トラック2という枠組みが万人に共通する明確な定義を持っていない実情に鑑みて、その使用方法に限界があるといえる一方で、可能性についても未知数という見方もできよう。

3　アプローチ

　先行研究でも指摘されていることであるが、「トラック2」の研究というよりは、その前段階の調査において、事例が極めて限定されるという問題が発生する。「トラック2」はその性格上、一般的には非公開、非公式である場合が少なくない。そして、しばしば当事者以外にはその内容や成果はおろか、その存在すら不明である場合も珍しくない。当然のことながら、公式の議事録や報告書が作成されるのはむしろ例外と言ってもよいであろう。したがって研究の対象となる「トラック2」は、研究の当事者が何らかの関わりを持っている「トラック2」もしくは関連する情報がすでに公開されている一部の常設的なトラック2のチャンネルに限定せざるを得ないという制約がある。そのため、この研究では「トラック2」そのものの特徴や概念に関しての一般化の議論は極力避けるように努めたい。

　また、一般的に入手可能なトラック2に関する情報や報告については、それが一定の成果を挙げたことを報告する傾向が強いことにも留意しなければならない。トラック2はその性格上、思うような成果があがらず、いわば失敗に終わった場合、わざわざその失敗を公にする意味が無い場合がほとんどであろう。民間レベルで接触を図ったが、はかばかしい進展がなかっただけならば、当事者がその事実を公表しなければ、おそらくそれはほとんどの人間には気づかれないまま終了するであろうし、当事者にしてみれば、自分たちの失敗を宣伝する意味などどこにもない。その結果、一般的に情報の入手が容易なトラック2

第7章 「トラック2」の定義と北東アジアの特徴

の報告には成功例が多くなってしまうことが容易に想像できる。したがってそれらをまとめて分析する際には、その点に留意する必要がある。別の言い方をするならば、現時点では「トラック2」の研究を進める際に、成功例と失敗例を比較し、分析するという手法が採り難く、その意味でも「トラック2」そのものに対する研究を深めることは困難だと言わなければならない。

したがって、本研究においては、いくつかの事例を通して、効果的なトラック2に共通すると思われる要因を探り、それが果たして北東アジアにおけるトラック2の推進において成立するのか、また、そのような状況を作り出すためには、何が必要なのかという方向で検討を行った。

そこでは、トラック2の検討だけではなく、必要な範囲で国家間の交渉を取り巻く北東アジアの地域的な特徴についても検討を加える必要があることも当然であり、まず前提として、北東アジアを取り巻く国際環境について概観しておきたい。

北東アジアの国際情勢、特に安全保障に関する情勢は複雑で厳しいものがある。そのうえ現在もむしろ情勢は緊張を増していると言わなければならない。言うまでもなくその最大の原因は北朝鮮による核兵器開発であるが、地域全体の国際的な緊張はそれだけに止まらない。北東アジアには、アメリカ、中国、ロシアという核兵器国が密接に関わっており、特に現在アメリカと中国との間は中国の核戦力の増強と南シナ海の領有権問題等をめぐり、緊張が高まっている。また、アメリカが推進しているミサイル防衛に日本と韓国が加わることについて、軍事バランスを崩す可能性があるとして、中国とロシアが反発している。これらの核兵器国間での摩擦が地域の情勢にとってもネガティブな要因となっている。

さらに歴史認識や領土問題をめぐり、日本、中国、韓国間での摩擦が生じていることも地域情勢をさらに複雑にしている。特に日本と韓国はアメリカの同盟国として安全保障上は連携する関係にありながら、実際には歴史認識と領土問題、慰安婦問題等をめぐり、関係が悪化している。同様に従来友好関係にあったと考えられてきた中国と北朝鮮との間も現在は状況が芳しくなく、むしろロシアが北朝鮮に接近する姿勢を見せるなど、情勢は極めて流動的である。

もう一つ北東アジアにおいて特徴的なことは、地域に常設的な協議枠組み、特に安全保障に関するチャンネルが存在しないことである。ヨーロッパには欧州安全保障協力機構（OSCE）、東南アジアには東南アジア諸国連合（ASEAN）、アフリカにはアフリカ連合（AU）のような地域的な安全保障と信頼醸成のための常設的なメカニズムが存在しているのに対し、北東アジアにはまだそのような常設的な組織が成立していない。したがって、北朝鮮問題を協議するための場も必要に応じて関係国間で協議の場を臨時に設定するという対応になっており、それゆえに、6カ国協議が行き詰まると、関係国が継続的に協議する場が実質的に存在しないという状況に陥ってしまった。換言するならば、北東アジアには地域的なトラック1の枠組みが存在しないということであり、それがトラック2を検討する際にどのような影響をもたらすのか、他の地域とは違った条件として考慮する必要があると言わなければならない。もちろんトラック1が不在であるからこそ、地域的な信頼醸成措置としてトラック2の果たすべき役割は他の地域に比べてより重要であるという仮説も成り立つであろうが、果たしてそのような兆候が見られるのかどうかについても検討してみたい。

1） 相航一「ポスト比中仲裁判断：仲裁判断後の各国の動き　トラック2の視点から」国際法学会2017年度研究大会、2017年9月4日。
2） Peter Jones, "Track Two Diplomacy: in Theory and Practice"（Stanford: Stanford University Press, 2015), pp. 7-9.
3） Ibid., p.24.
4） Ibid., pp. 136-137.
5） 第8章「北東アジア平和協力構想（NAPCI）の可能性と今後」参照。
6） 筆者（広瀬）がしばしば参加している日中韓の国連研究者を中心としたEast Asian Seminar on the UN Systemは2001年から毎年開催されており、研究者だけでなく、政府関係者や外交官も参加し、地域の安全保障を主なテーマに議論を行っているが、しばしば参加者の間でも、これが純粋に学術研究のための会合なのか、それともトラック2なのか、意見の相違がある。
7） Jones op. cit., p. 172.
8） Ibid., pp. 2-3.

第8章

北東アジア平和協力構想（NAPCI）の可能性と今後の展望

孫　賢鎮

1　背　景

　北東アジア地域は政治、歴史、地理いずれの面においても極めて複雑な地域である。尖閣列島をめぐる中国と日本の対立、南シナ海を内海化しようとする中国とフィリピン、ベトナムなど周辺国家との紛争が米国と中国との対決構図に発展している状況である。特に、北朝鮮の核開発問題は、朝鮮半島だけではなく、国際社会にとって深刻な問題である。核実験を阻止しようとする国際社会の努力にもかかわらず、北朝鮮は2017年9月3日、6回目の核実験を断行した。現在、北朝鮮の核兵器とミサイル開発は完成段階に入ったとみられる。北朝鮮の核能力は確実に発展しており、北東アジアをはじめ国際社会によって現実的な脅威となっている。

　今まで、北東アジア地域における国際関係は二国間関係として発展してきた。そのため地域共同体が構想されることが多いものの、現実的には共同体の実現が難しい。具体的な地域協力関係の組織化の事例として挙げることが可能なのは、北朝鮮の核問題に対処するために6者協議のみである。しかし、北朝鮮は過去10年間に6回の核実験を行い、様々なミサイルを発射するなど現在6者協議は機能していない。

　朝鮮半島の非核化は北東アジアの非核化に繋がる。本当に、北朝鮮が核保有

計画を放棄すれば、米国やその他の国も北朝鮮に対して経済援助と安全保障の約束を確実に履行することになる。そうなれば、北朝鮮の核問題の最終解決ができ、朝鮮半島の非核化の局面が次第に実現され、北東アジア地域の安全協力も楽観的な新たな局面を迎えることとなる[1]。しかし、北朝鮮はすでに「核保有国」として宣言し、核開発の最終段階まで到達したとみられる[2]。

このような背景で韓国が主導的な立場で提案したのが北東アジア平和協力構想（NAPCI）である。北東アジア地域国家間の緊張と葛藤の原因は相互信頼不足から生まれるとみられる。NAPCI は、このような構造的困難を乗り越えて諸国間の信頼が積み重ねれば決して不可能ではない構想になろう。

2　NAPCI の概念および基本原則

NAPCI は、韓国が主導する北東アジア地域安保機構構想である。地域内主要国間の信頼を基に、北東アジアにおける持続可能な平和と安定を創出するための構想である。NAPCI の推進による域内国家間の信頼構築は、北朝鮮の核問題解決や朝鮮半島の統一過程における友好的環境を築く上でも有用である[3]。信頼は国家間協力のための資産かつ公共のインフラであり、持続可能な真の平和を築く上での不可欠な要件である。

信頼外交は朝鮮半島信頼プロセス[4]と NAPCI、さらにユーラシア協力拡大から構成される。信頼外交を朝鮮半島に適用したものが朝鮮半島信頼プロセスであり、北東アジアに適用したものが NAPCI、ユーラシア大陸レベルにまで拡大して適用したものがユーラシア協力拡大構想である。NAPCI の推進を通じ、域内国家が非伝統的安全保障問題から対話と協力の慣習を蓄積して信頼を高め、漸進的に伝統的安全保障問題へと協力範囲の拡大を図る。NAPCI の具体的なビジョンは、(a)アジア・パラドックスの克服[5]、(b)北東アジアの共同平和と繁栄[6]、(c)東アジア内の自由主義国際秩序の拡散[7]、(d)アジア共同体のビジョン創出[8]などを提示している[9]。

2014年10月28日、同構想に基づく各国政府の関係者による多国間の非公式会議が韓国・ソウルで開催された。まだ同構想による会議の創設が公式に合意さ

れていない状況で、政府代表の参加を容易にし、促進するため、「ツートラック」方式が積極的に活用された。すなわち、関係国の実務家や専門家による国際会議として「東北亜平和協力フォーラム」を開催し、そこに出席した政府関係者による非公式の会合を開くという方式である。政府間の協議を進めるための枠組みといえよう。この「ツートラック」方式は現在まで続けられており、北東アジア平和協力構想を推進する基本的な仕組みとなっている[10]。

現在、NAPCIは、国家間での公式の外交交渉を意味する「トラック1」ではなく、だからといって、純粋な民間による対話や政策提言、部分的な政策への影響力を中心に論じられる「トラック2」ともいえない。NAPCIは、各国の政府関係者や国際機関、民間団体および学界の専門家などが参加し、多様なレベルの対話と協力を模索する「トラック1.5」に近い性格であるといえる。

NAPCIの基本原則は漸進的・段階的な協力を目指すことである。すなわち、参加可能な国から、そして協力しやすい分野から取り組みを始め、参加国が合意するペースに合わせて対話と協力を模索することである。参加国に協力のメリットを理解してもらい、解決が難しい問題に関してもおのずと多国間協力を模索するよう誘導する。

同構想は日中韓の3国協力、6者協議、ASEAN地域フォーラム（ASEAN ARF）、東アジアサミット（EAS）など従来の多国間協力メカニズムと協力的補完関係を模索することで、相乗効果を生み出す点が重要である。そのためには、北東アジアのすべての国が希望する議題を自由に議論できるよう努力をしなければならない。また、地域間のパートナーシップを拡大するため、東南アジア、ヨーロッパなど他の地域協力機構とも問題ごとに相互連帯を強化する必要がある。NAPCIは域内の全ての国が共同の設計者（co-architect）として、当事者意識を持って参加できるような構造である。

特定の2国家間関係を浮上・強化されることにより引き起こされる安全保障上の不安や懸念を解除し、同時に2国家間関係の維持・管理により発生する費用や負担を軽減するために、NAPCIを積極的に活用することを図っている。

3　NAPCIの目標

　NAPCIは、地域内の対立と葛藤の構図を対話と協力の秩序に転換しようとする未来志向的な取り組みである。すなわち、各国が協力を続けていく漸進的な過程を通じて、北東アジア各国における認識の変化を誘導し、多国間安全保障協力に対するコンセンサス形成がその目的である。既存の協力体制と競合し、あるいはこれを排除するものではなく、これまでの協力体制全般の活性化を模索し、相互補完的な役割を目指すものである。特に、域内の脅威要因の多国間枠組みによる管理で持続可能な平和の模索、北朝鮮の国際的枠組みへの誘導による各問題解決への寄与などがNAPCIの主要な目標としてあげられている。

　NAPCIは既存の秩序や規範を強要するのではなく、時代のニーズに合った、かつ安定的で希望に満ちた未来を保証するための新たなアイデンティティーや、より望ましい状況（desirable state）を作り上げるための文化的アプローチを追求している。そして、国家と市民社会、官と民の協力、超国家的政策ネットワークの活性化による協力安全保障の認識共同体創出を目指している。

　NAPCIにおいては「トラック1」、「トラック2」だけではなく、「トラック1.5」レベルの多層的（multi-layered）協力が推進される。すなわち、域内国家間の政府および民間レベルにおける多層的協力を推進することで相互のシナジー効果を図るものである。

　具体的には、民間協力を通じて、各国政府の意志の集結を促すボトムアップ（bottom-up）式アプローチと、政府間の対話を通じて結集された意志を、機能的の協力に反映させるトップダウン（top-down）式アプローチを並行して実施することである。まず、比較的協力しやすい非政治的・非伝統的安全保障分野からスタートし、関係各国の関心事である「信頼醸成措置（confidence-building measures）」を含めた伝統的安全保障分野へと協力を拡大することである[11]。そして、定期的な協議を通じて地域内において脅威となる原因を共通の議題として提示し、多国間の枠組みの中で安定的に管理することで危機と対立を未然に防ぐことを目指している[12]。NAPCIを成功させるためには、中長期の段階別の

推進目標を設定し、これを実現することによって多国間プロセスが定着することができる基盤を構築することが重要である。

4　NAPCI 参加国

NAPCI への参加国は、朝鮮半島の南北と米国、日本、中国、ロシア、モンゴルを公式参加国とし、欧州および東南アジア諸国のような域外国家の参加と協力の可能性も開いているという点で、「開かれた地域協力（inclusive open regional cooperation）」の性格を指向している。さらに、国連、ヨーロッパ連合（EU）、全欧安全保障協力機構（OSCE）、北大西洋条約機構（NATO）など国際機構・地域の平和構築において重要な役割を果たしてきた8つの地域協力機構をオブザーバーとして積極的に位置づけていることも目を引く。これも国家間の対立が先鋭化しやすい北東アジアにおいて、地域枠組みの実現可能性を高めるための補助装置といえよう。[13]

北朝鮮の参加については、最近の北朝鮮の動きを見ると、域内における多国間協力に参加することは、期待しにくい。しかし、同構想を通じて引き続き関係諸国による協力の慣行を構築すると共に、北朝鮮の態度が変化したとき、参加を誘導できる基盤を作っているのである。このように、NAPCI は"開かれた地域協力"を目指し、参加を希望するあらゆる国家に門戸を開放している。現在、唯一北朝鮮が参加している地域多国間協力体制が ARF（ASEAN Region Forum）である。ARF は、北朝鮮が外部と隔離されているより多国間体制に誘導する関与（engage）を通じて、北朝鮮を変化させることができると判断したのである。

NAPCI はそれ自体が完結したものではなく、構成と機能、目標において北東アジア周辺国家と協力し、望ましい未来をともに創造していくという姿勢を貫いている。すなわち、構成員とアジェンダを制限することなく、開放性を維持している。既存の地域協力体制を排除、あるいは代替するのではなく、それらと協調・協力的関係を維持することを目的としている。特定の国家が先導、独占するのではなく、ともに築き上げる責任と利益を共有する"運営方式の開

放性(co-stakeholdership)"を目指している。

5　NAPCIの主要議題

NAPCIの議題は、北東アジア地域の共通の脅威となる非伝統的安全保障分野の議題、軟性安全保障(ソフトセキュリティ)イシューに関する議題を重点的に行う。また、協力の必要性が高まる緊急の議題や協力においては、政治的コストが低く、実行可能性が高い議題を優先的に考慮することとする。

NAPCIにおいて議論される主要な議題としては、環境、気候問題、原子力安全、防災、エネルギー安全保障、保健、薬物、サイバーテロなど超国家的(transnational crime)分野における協力を続けることである。これらの議題を中心に相互協力を通じて域内のメンバーの間に存在する不信と疑惑の壁を超えて相互信頼を築き、協力の範囲を拡大するものである。これにより、国家間の多層的(multi-level)、多元的(multi-dimension)次元で信頼の形成、相互協力、そして、新しい地域のアイデンティティーを確立し、最終的には北東アジア地域で持続可能な平和と安定の枠組みを作ることを目標にしている。

同構想は協力過程で参加国が関心を有する議題を集約し、これに対してコンセンサスが得られた場合、伝統安全保障問題、硬性安全保障(ハードセキュリティ)に関わるイシュー、つまり政治・軍事的安全保障問題へと協力議題を拡張する事とする。このように、NAPCIの議題は単なる機能主義的な協力を超えて、国家間の安全保障協議のレベルに発展させようとする発想に基づく戦略的なものだとされている。

6　NAPCIの成果

NAPCIは、これまで主要国および国際機関を対象に現地説明会などを行い、29カ国、8つの地域協力機構の支持を確保した。米韓首脳会談をはじめとする多数の首脳会談で、同機構への支持が相次いで表明された。特に、2015年11月、日中韓首脳会談で「北東アジアの平和と協力のための共同宣言」が発表され、

同機構に大きな動力を与えた。

　同会談の参加国らは、北東アジア平和協力構想が北東アジア地域における協力を促進し、信頼を構築することに貢献できるという点で認識を共有すると共に、地域内の多国間協議と協力に積極的に参加するという意志を再確認した。そして、原子力安全、防災・災害、エネルギー、保健、サイバー、環境など分野で様々な成果を挙げている。

(1) 原子力安全

　北朝鮮の核問題だけに限らず、原子力の安全と安全保障という地球的・地域的レベルでの協力を模索し、究極的にはエネルギー協力まで協力の範囲を拡大した。原子力分野に関してはすでに2008年から日中韓上級規制者会合（TRM）が設けられているが、2013年、TRMに米国、ロシア、モンゴル、原子力関連国際機関などが加わる「北東アジア原子力安全シンポジウム（TRM＋）を設け、2014年東京とソウルで2回にわたり「TRM＋」を開催した。2015年10月、ソウルで再び3回目の「TRM＋」を国際フォーラムとして開催し、「北東アジア原子力安全協議体」推進についてコンセンサスを得た。同年11月の日中韓首脳会談では、原子力安全協力分野における3国間協議を続けていくことで合意するなど地域枠組みとしての定例化を図っている。

(2) 防　災

　世界的な気候変動により、北東アジアを含む東アジア地域での自然災害・災難の発生頻度および規模が増加している点を考慮し、災害・災難予防および事後処理に関する協力を模索した。合わせて災難遭遇者の捜索や救難に関する協力を多国間化・体系化・制度化する方案を模索し、主要産業施設や社会間接資本の安全に関する協力もまた模索している。

　2013年から始まった日中韓3国防災机上演習（Table Top Exercise）が毎年行われている。2015年3月に開かれた「第3回国連防災世界会議」の関連行事として、北東アジアの国々が災害防止分野における協力について話し合う会議を開催し、防災分野における協力の必要性についてコンセンサスを設けた。同年

4月には、米国、ロシア、モンゴルが第3回訓練を参観し、防災防止分野における北東アジア諸国の協力拡大が進められている。

(3) エネルギー安全保障

「北東アジアエネルギー安全保障フォーラム」は、2013年に初開催されて以来、定例会議になりつつある。2015年12月に開催された第3回フォーラムでは、「持続可能なエネルギー、エネルギーの相互連携、そして域内エネルギー協力」をテーマに韓国、日本、中国、米国、ロシア、モンゴルの政府・産業界・学界の専門家らが参加し、活発な議論を行った。その他にオイルハブ(石油取引の拠点)、ガストレーディングハブシンポジウムなど、各エネルギー分野における様々な協力に向けた議論を続けてきた。

(4) 保　　健

域内国家における伝染病予防・撲滅、水質汚染問題、乳幼児の健康などに関する問題を中心に議論を行った。

世界保健安全保障アジェンダ(GHSA)に向けたハイレベル会議が2015年9月、韓国で開かれた。その際、行われた日米韓中保健安全保障協力懇談会で、保健分野における域内協力の必要性が強調された。また、日中韓は毎年「日中韓3国保健大臣会合」、「日中韓感染病フォーラム」などを開催することで、保健分野における経験や知識を共有し、共同対応を議論してきた。

(5) サイバー分野

2014年10月に新たに発足した「日中韓サイバー協議」が2015年10月にも開催され、サイバースペース分野における地域協力の基盤がより一層強固なものになったと評価される。また、同年4月にオランダ・ハーグで開かれた「世界サイバースペース総会」で米国、日本、ロシアとのサイバー分野における協力の必要性について関係国の関心を呼び起こした。

(6) 環　　境

　産業化や砂漠化により日増しに深刻化する黄砂、微小粒子状物質などによる大気汚染の問題を含む、海洋汚染問題などを中心にした議論が行われた。

　2014年9月に開かれた「北東アジア地域環境協力プログラム（NEASPEC）第19回高級実務者会合（SOM19）」を通じて、越境性大気汚染に対する共同の解決策を模索できるということで一致した。また、2015年5月に開催された「第17回日中韓の環境大臣会合」では、大気汚染、生物多様性、気候変動に関する課題を網羅した「環境協力に係る日中韓3カ国共同行動計画」が採択された。

(7) 薬　　物

　「国際薬物取締会議（IDED）」と「国際協力薬物対策情報担当官会議（ADLOMICO）」などの際に、北東アジア諸国間の会合が推進された。特に、2015年9月に開催された「第25回 ADLOMICO」では、北東アジア平和協力構想に関する特別セッションが設けられ、同構想と既存の薬物犯罪に対する協力体制の連携によってもたらされる前向きな効果を得られた。

7　NAPCI の今後の展望

　NAPCI は、2014年から官民が共に参加する「北東アジア平和協力フォーラム」をソウルで開催し、各分野における具体的な協力案について議論し、協力を促す場を設けている。2015年10月28日にソウルで開かれた会議では、政府代表のレベルが格上げされたが、2016年10月6日、米国ワシントンで開かれた会議には中国とロシアは民間の参加者を送り、政府間会合には代表を派遣しなかった。その理由としては、韓国政府による THAAD（終末高高度防衛ミサイル）の配備への反発とされるが、政府間会合の今後の行方に大きな影を落とすことになった[14]。

　そして、NAPCI は、具体的な実践戦略とコンテンツが不足しているとの理由で政府間の協議体には発展していないという指摘を受けている。政府レベルにおいては一定水準の制度化の成果を引き出すような支援が行われねばなら

ず、民間レベルにおいては域内の民間行為者を中心に、様々なネットワークを形成し、これらのネットワークが域内の平和協力の文化を増進するという相補的な構造の構築が必要である。特に、民間ネットワークは機能別協力分野における国内外の研究機関を通じて協力分野を官から民へと拡大することにより、多国間協力の自生力と持続可能性の確保に寄与するため、持続的に推進すべきである。今後、軟性安全保障分野での協力は民間主導、政府は方向提示および支援の形で役割分担していくことが望ましい。また、ソウル事務局（headquater）を中心にした、国家別 functional branch の開設（例えば、米国・日本—災難・災害、中国—環境、日本—原子力安全、ロシア—エネルギー、韓国—保健、モンゴル—砂漠化など）が必要である。[15]

　NAPCI は、政府間協議および機能別協力を充実させることで、より具体的かつ実現可能な政策が導き出されるよう努力しなければならない。また、機能別に行われている民間レベルの協力を積極的に支援し、関係国の政府と民間が一緒に協力の枠組みを作っていく必要がある。[16]

　NAPCI を通じて信頼を培養し、これを基に市場経済、多国間主義、協議と合意、包括的安全保障を追求する"自由主義国際秩序（liberal international order）"を強固にし、これを拡散させることが NAPCI の課題である。自由主義国際秩序という構図を通じて、地域安全保障秩序に対する異論を解消し、相互不信および懸念を減少させることを目指していくことである。特に、現在の膠着状態に陥っている6者協議の再開のための国家間の信頼回復は必ず必要である。6者協議が再開され、北朝鮮の核問題の議論が活性化される場合には、NAPCI のプロセスも安定的に持続すると予想される。

　今後、NAPCI が持続可能な協力メカニズムとして定着するためには、一定レベルの制度化が必要である。主要国の共通理解と関心議題を中心に対話や協力の実践を通じて漸進的な制度化の推進が必要である。具体的には政府間の協議会を発展し、ビジョン声明（Vision Statement）、手続規則（Rules of Procedure）、協力分野別の行動計画（Action Plan）などの文書を採択し、多国間安全保障協力の制度化の基盤作りが必要である。

第 8 章　北東アジア平和協力構想（NAPCI）の可能性と今後の展望

1) 宇野重昭・小林博編『北東アジア地域協力の可能性』国際書院、2009年、31頁。
2) 北朝鮮は2012年 4 月13日に最高人民会議で実施した憲法の修正で自らを「核保有国」と新たに明記した。
3) 北東アジア平和協力構想チーム著『北東アジア平和協力構想』ソウル、ORUEM、2015年、11頁。
4) 「朝鮮半島信頼プロセス」は、南北間の信頼形成、「小さい統一から大きい統一へ」などを具体的な内容とし、南北関係、すなわち対北朝鮮政策の基本的な枠組みである。
5) アジア・パラドックスの克服とは、NAPCI の核心的ビジョンであり、これにより、域内の平和と繁栄、安定の基盤を築くものである。
6) 北東アジアの共同平和と繁栄は、NAPCI の漸進により、北東アジアレベルの地域協力・協議のプロセスが形成されれば、アジア太平洋地域全体レベルにおいても協力強化の効果が期待できるということである。
7) 東アジア内の自由主義国際秩序の拡散とは現実主義的国家利益に傾倒した競争と角逐の地域秩序を止揚し、自由主義的ノン・ゼロサム（non-zero sum）、ウィン・ウィン（win-win）の国際秩序創出を目指すことである。
8) アジア共同体のビジョン創出は、地域国家間の協力的共同安全保障を目指し、安定的かつ繁栄した新たなアジア（New Asia）という地域アイデンティティーの確立を目指し、これにより地域共同体のビジョン創出を図ることである。
9) 前掲書、16-17頁。
10) 李鍾元「韓国朴槿恵政権の北東アジア平和協力構想（NAPCI）：韓国のミドルパワー論と地域主義外交の文脈を中心に」『アジア太平洋討究』No.28（March 2017）、19頁。
11) 外交部政策総括担当官室『NAPCI 北東アジア平和協力構想』（2016年 4 月） 4 - 5 頁。
12) 韓国外交部『東北亜多者協力白書（2013. 2～2017. 4）』2017年、43-44頁。
13) 李、前掲論文、16頁。
14) 李、前掲論文、19頁。
15) 韓国外交部、前掲書、51頁。
16) JEJU Forum for Peace & Prosperity, *South Korea's Multilateral Diplomacy*, 2017, pp. 39-40.

第9章

パグウォッシュ会議の成果と北東アジアへの期待

広瀬　訓

1　背　景

　パグウォッシュ会議は、正式名称をPugwash Conferences on Science and World Affairsと言い、1955年に発表された「ラッセル・アインシュタイン宣言」を契機として、科学と世界平和、とりわけ核兵器を含む大量破壊兵器と戦争の廃絶を目指して、趣旨に賛同する各国の科学者の間での意見交換の場として1957年に設立され、それ以降400回を超える各種の国際会議を世界各地で開催している。本来は科学者自身が科学の社会的な責任について討議するという目的で設立されたものであったが、実際には科学者に限らず、平和と大量破壊兵器に関わる政治家、外交官、国際機関関係者等も参加し、多角的に平和について議論する場として活動を続けている。

　組織としては、会長は元国連事務次長のセルヒオ・ドゥアルテ（Sergio Duarte）大使（ブラジル）が就任したばかりであるが、前会長のジャヤンタ・ダナパラ（Jayantha Dhanapala）大使（スリランカ）も元国連事務次長であり、「科学者」よりは「平和」に重点が置かれつつあるとの印象を受ける[1]。会長の下には評議会と常設の事務局が置かれており、会議の運営に当たっている。同時に事務局長は場合によっては具体的な紛争の当事者間での対話を仲介するなどの活動も行っている。また、世界各地には地域レベルでの会議および国内組織が設置さ

第9章　パグウォッシュ会議の成果と北東アジアへの期待

れている場合も多く、それぞれ会の趣旨に沿った活動を行っている場合も多い。[2)]

　具体的な活動内容としては、現在原則として2年ごとに開催される世界規模でのPugwash Conference on Science and World Affairs の他に、地域あるいはテーマごとの様々な国際ワークショップおよび国別のグループでの活動などを行っている。特に大量破壊兵器関連の会議および中東や南アジア（アフガニスタン）のように紛争を抱えている地域に関しては、継続的に会議や対話の場を設けている場合も多く、実際に紛争当事者間での対話を仲介する等の試みも行っている。パグウォッシュ会議はその名称から、定期的に会議を開催しているという印象が強く、それは事実でもあるが、会議を開催しているだけではなく、会議を通して様々なレベルで当事者、関係者の間での協議や対話を促し、具体的な問題の解決を模索しているというべきである。その意味では、典型的な「トラック2」の一つと言っても良いであろう。

2　功　　績

　パグウォッシュ会議は、1995年にノーベル平和賞を授与されている。同様の民間での国際的な組織が受賞した例としては、国際赤十字関係を除けば、1999年の「国境なき医師団」、1997年の「地雷禁止国際キャンペーン」、1985年の「核戦争防止国際医師会議」、1977年の「アムネスティ・インターナショナル」などがある。この中で、「国境なき医師団」、「地雷禁止国際キャンペーン」および「アムネスティ・インターナショナル」の活動と受賞理由はわかりやすいであろう。また、核戦争防止国際医師会議は医学の立場から核兵器の使用によって発生するであろう甚大な被害について研究とその成果の発表を通して核戦争の危険性と防止を訴えてきた国際的な組織である。それらの中において、パグウォッシュ会議の活動は一般にはわかりにくいという印象を受ける。ノーベル賞の選考委員会が理由として挙げたのは、

　"During the Cold War, the Pugwash movement served as a channel of communication between the communist Eastern block and the Western democracies. Participants played important parts behind the scenes in bringing about nuclear test ban and non-proliferation treaties."

であった。(https://www.nobelprize.org/nobel_prizes/peace/laureates/1995/pugwash-facts.html)

　これからわかるのは、やはりパグウォッシュ会議が、特に冷戦期間中、東西の間で非公式チャンネルとして効果的に機能していたということになろう。まさしく「トラック２」の一つの典型と言えるだろう。パグウォッシュ会議は、西側諸国の科学者が主導する形で始められたものであるが、ソ連からの参加者を得て、ソ連科学アカデミーや政府に対しても参加者を通して大きな影響を与え、科学的な観点から、地下核実験の検証問題等においては、実質的に政策の変更をもたらしたとされている[3]。また、政府だけでなく、化学兵器や生物兵器の問題に関しては、世界保健機関（WHO）と密接に協力したように[4]、分野によっては国際機関とも連携し、活動を続けてきている[5]。

　最近の例で言えば、2013年にトルコのイスタンブールで開催された第60回 Pugwash Conference on Science and World Affairs では、対イスラム国（ISIL）政策をめぐって関係が緊張していたイランの外務大臣とトルコの外務大臣が共に参加し、会議の参加者として率直な意見交換を行ったと公表されている。同様の試みが様々な紛争や対立に関して繰り返されてきたことに対するノーベル賞の授与だったのである。

　パグウォッシュ会議は本来国際的な科学者の会議であり、当然様々な報告書や声明、宣言などを繰り返し発表しているが、やはりその本質は国際的な対話と意見交換の機会の提供と促進であり、それが高く評価されてのノーベル平和賞の受賞であったと言える。しかし、やや残念なことにノーベル賞の受賞理由にもあるように、トラック２として behind the scenes に徹してきたパグウォッシュ会議の活動の詳細を把握することは容易ではない。また、会議は原則としてチャタムハウス・ルールで運営されるので、参加していたとしても具体的な内容について公表することには大きな制約がある。そのため、どうしても分析や評価が表面的、抽象的にならざるを得ない側面があり、これはトラック２の調査において避けることのできない部分である。

第 9 章　パグウォッシュ会議の成果と北東アジアへの期待

3　特　　徴

　パグウォッシュ会議が持つ大きな特徴の一つは、その国際性と規模、そして継続性であろう。パグウォッシュ会議設立のきっかけとなったラッセル・アインシュタイン宣言は二人の高名な研究者によるアピールであったが、それに賛同する人々を招待する形で第1回の会議が開催されたのはカナダの小さな町であるパグウォッシュであり、そこは現在記念館として保存されている。しかし、パグウォッシュ会議の本部がカナダに存在しているわけではなく、国際赤十字関係がスイス、「国境なき医師団」がフランスを本拠地としているのに比べ、パグウォッシュ会議は特定の国、地域との結びつきはむしろ薄く、全世界的に活動を展開している[6]。その結果として、特定の国家や民族等に関する利害関係が存在せず、中立公平なチャンネルとして機能することが可能であると言える。ただし、このことは逆の視点から評価すれば、いずれかの国家からのサポートを常に期待できるわけではなく、トラック2からトラック1への移行に関し、その都度関係国のとの間でアドホックなメカニズムを構築していかなければならないことを意味している。また、資金的にもパグウォッシュ会議はいずれかの国家に依存しているわけではない。結果として複雑な情勢の下でも、対立する勢力のいずれにも偏ることのない運営が可能になっていると言える。しかし、同時に常に財政的な制約が伴うリスクも避けられないが、この場合、トラック2としての活動を推進するうえで、特定の国家に依存しないという方法はプラスに作用しているように見える[7]。

　パグウォッシュ会議の規模については、会議、特に中心である Pugwash Conference on Science and World Affairs の参加者が取り立てて多いわけではない。しかし、参加者の国籍や顔ぶれは極めて多彩である。また、常設の事務局の活動や評議会の活動、Pugwash Conference on Science and World Affairs 以外の様々な活動を含めると、年間でかなりの回数の様々な会議を開催し、また協議や対話の場を設けている。そして特徴的なのは、世界規模での信頼醸成や緊張緩和、大量破壊兵器やエネルギー等のテーマを取り上げているだけでな

く、中東やアフガニスタン等の具体的な紛争に関しても対話の構築を進めている。これは、パグウォッシュ会議が世界規模での枠組みを構築しているのと同時に、その下で具体的ないわばサブテーマとして様々な分野や具体的な地域の問題にも取り組んでいるという構造であり、理論的には、紛争の背景となっている国際的な情勢の問題と地域的な紛争そのものの両方に対して、「パグウォッシュ」という一つの組織を通して同時に対話チャンネルを提供することが可能なメカニズムになっているということである。このような枠組みが、地域的な問題を解決するうえでも効果的であろうことは言うまでもない。

　また、参加者の数だけでなく、参加者の社会的な立場や地位を検討すると、各国の政策立案に密接に関係している人々の参加が多いのも特徴である。言うまでもなくパグウォッシュ会議への参加は個人の資格であり、それぞれの国家を代表して参加しているわけではなく、また、参加者はパグウォッシュ会議側が選び、招聘する形になっており、各国が代表を送り出しているわけではない。しかし、特に冷戦期のパグウォッシュ会議は、「公式には非公式協議とされている」のではなく、「非公式に開催される公式協議」と呼ばれるほどその参加者と協議されている実質的な内容が各国間の外交交渉と密接に結び付くケースが見られた。[8]

　パグウォッシュ会議のもう一つの大きな特徴は、その継続性にある。パグウォッシュ会議はすでに創設から60年にわたりその活動を継続してきており、ノーベル平和賞の受賞とも併せて、国際的にも大きな信頼を勝ち得ていると言っても良いであろう。また、現在に至るまでの参加者を見ても、多数のノーベル賞受賞者や各国の首脳が参加しており、その意味でもパグウォッシュ会議の活動は国際社会においても一定の評価を得ているということができる。パグウォッシュ会議のように、特定の国家のサポートもしくは当事国からの暗黙の支持を前提としないトラック2の場合、その活動が立脚するのはトラック2自体の持つ国際的な信用である。この場合、国際的な信用というのは、トラック2に参加しているメンバーが持つ信用や影響力と、プロセスそのものが持つ信用から成り立っている。パグウォッシュ会議の場合、その両方に関し、現在までに十分な蓄積を持っていると言っても差し支えないであろう。もちろんこれまでの実績が今後の活動を保証するわけではないが、パグウォッシュ会議が現

社会学／社会一般／社会保障・社会福祉

生活困窮者支援で社会を変える
五石敬路・岩間伸之・西岡正次・有田 朗 編　2400円

住みよい地域社会をめざして自立支援制度の本質に迫り、支援を通じて「孤立と分断」を打開するアイデアを提起する。

レイチェル・カーソンに学ぶ現代環境論
嘉田由紀子・新川達郎・村上紗央里 編　2600円

●アクティブ・ラーニングによる環境教育の試み　各人の感性に立脚した問題検討を可能にする教育とは。カーソンの思想に学ぶ。

入門・社会統計学
●2ステップで基礎から[R]で学ぶ
杉野 勇 著　2800円

人口論入門　●歴史から未来へ
杉田菜穂 著　2100円

都市の包容力　[URP先端的都市研究シリーズ9]
●セーフティネットシティを構想する
水内俊雄・福本 拓 編　800円

社会福祉の歴史
●地域と世界から読み解く
田中和男・石井洗二・倉持史朗 編　2400円

生活分析から政策形成へ
●地域調査の設計と分析・活用
河合克義・長谷川博康 著　3300円

社会福祉研究のこころざし
大友信勝 監修／權 順浩・船本淑恵・鵜沼憲晴 編　4000円

生活保護の社会学
●自立・世帯・扶養　牧野清子 著　4600円

〈自立支援〉の社会保障を問う
●生活保護・最低賃金・ワーキングプア
桜井啓太 著　5400円

障害とは何か　●戦力ならざる者の戦争と福祉
藤井 渉 著　4500円

法律文化社出版案内
2018年版

改訂版

法学部入門〔第2版〕　吉永一行 編　2100円

新・いのちの法と倫理〔改訂版〕
葛生栄二郎・河見 誠・伊佐智子 著　2600円

テキストブック憲法〔第2版〕
澤野義一・小林直三 編　2200円

クローズアップ憲法〔第3版〕
小沢隆一 編　2500円

ベーシックテキスト憲法〔第3版〕
君塚正臣 編　2600円

新・エッセンス憲法　安藤高行 編　2500円

歴史から読み解く日本国憲法〔第2版〕
倉持孝司 編　2600円

憲法〔第三版〕　加藤一彦 著　3400円

憲法とそれぞれの人権〔第3版〕
現代憲法教育研究会 編　2600円

人権入門〔第3版〕
横藤田誠・中坂恵美子 著　2100円

つかむ・つかえる行政法〔第2版〕
吉田利宏 著　2600円

行政法の基本〔第6版〕
北村和生・佐伯彰洋・佐藤英世・高橋明男 著　2700円

都市法概説〔第3版〕　安本典夫 著　3800円

ハイブリッド民法5 家族法〔第2版補訂〕
半田吉信・鹿野菜穂子・佐藤啓子・青竹美佳 著　3200円

18歳からはじめる民法〔第3版〕
潮見佳男・中田邦博・松岡久和 編　2200円

司法福祉〔第2版〕　3000円
加藤幸雄・前田忠弘 監修／藤原正範・古川隆司 編

国際ビジネスのための英米法入門
植田 淳 著　2900円

年金保険法〔第4版〕　堀 勝洋 著　7400円

はじめての政治学〔第2版〕
佐藤史郎・上野友也・松村博行 著　1900円

新版 国際関係論へのファーストステップ
中村 都 編著　2500円

入門・社会調査法〔第3版〕
轟 亮・杉野 勇 編　2500円

生涯学習入門〔改訂版〕
今西幸蔵 著　2500円

■報道の自由・知る権利の危機!? 国連に懸念を示される日本の現況

なぜ表現の自由か
阪口正二郎・毛利 透・愛敬浩二 編　A5判／262頁／3000円

●理論的視座と現況への問い　「表現の自由」の保障の意義とあり方を、規制へのたゆまぬ警戒が必要との問題意識に基づき、憲法学の成果を踏まえて論究。「忘れられる権利」など表現の自由と関わる新課題も考察。

法律文化社　〒603-8053 京都市北区上賀茂岩ヶ垣内町71　℡075(791)7131　℻075(721)8400
URL:http://www.hou-bun.com/　●本体価格(税抜)

法 律

セクシュアリティと法　2500円
谷口洋幸・綾部六郎・池田弘乃 編

●身体・社会・言説との交錯　性的な欲望や性的マイノリティと社会制度との関係を考える。本領域の法学研究の基本書。

インターネットの自由と不自由
庄司克宏 編　　2900円

●ルールの視点から読み解く　プライバシーや個人データを保護するための限界設定とは。日米欧の比較を通じて考える。

18歳からはじめる情報法
米丸恒治 編〈18歳から〉シリーズ　2300円

合格水準 教職のための憲法
志田陽子 編著　　2500円

民法入門　2000円
生田敏康・畑中久彌・道山治延・蓑輪靖博・柳 景子 著

犯罪学リテラシー
岡本英生・松原英世・岡邊 健 著　2600円

面会交流支援の方法と課題
●別居・離婚後の親子へのサポートを目指して
二宮周平 編　3200円

実践 知的財産法
●制度と戦略入門　木棚照一 編　4000円

会社法のファイナンスとM&A
畠田公明 著　3300円

会社事業承継の実務と理論
●会社法・相続法・租税法・労働法・信託法の交錯
山下眞弘 編　3000円

医療法律相談室
●医療現場の悩みに答える
川西 譲・川西絵理 著　2500円

実務 知的財産権と独禁法・海外競争法
●技術標準化・パテントプールと知財ライセンスを中心として
滝川敏明 著　2800円

差別表現の法的規制
●排除社会へのプレリュードとしてのヘイト・スピーチ
金 尚均 著　5000円

ヘイト・スピーチ規制の憲法学的考察
●表現の自由のジレンマ
桧垣伸次 著　4800円

多元的行政の憲法理論
●ドイツにおける行政の民主的正当化論
高橋雅人 著　6000円

自治制度の抜本的改革
●分権改革の成果を踏まえて
阿部昌樹・田中孝男・嶋田暁文 編　6500円

学校事故の責任法理Ⅱ
奥野久雄 著　6500円

性暴力の罪の行為と類型
●フェミニズムと刑法　森川恭剛 著　4800円

高齢犯罪者の権利保障と社会復帰
安田恵美 著　5300円

政治／平和学・平和研究

市民社会論
坂本治也 編　　3200円

●理論と実証の最前線　①分析視角の重要性、②理論・学説の展開、③日本の現状、④今後の課題の4点をふまえた概説書。

社会資本（ソーシャル・キャピタル）の政治学
河田潤一 著　　4000円

●民主主義を編む　社会資本醸成のカギと民主主義の活性化条件を、アメリカにおける草の根の政治的実践の考察から探る。

核のない世界への提言
ハロルド・ファイブソン ほか 著［RECNA叢書］
鈴木達治郎 監訳／冨塚 明 訳　3500円

●核物質から見た核軍縮　核物質の専門家が市民に向け核物質の本質・問題を明らかにし、実現可能な核廃絶方法を提言。

国際政治学
清水 聡 著　　2500円

●主権国家体制とヨーロッパ政治外交　ヨーロッパの国家間関係の展開に焦点をあてながら、国際政治のしくみをまとめた入門書。

資料で学ぶ日本政治外交史　2400円
武田知己・鈴木宏尚・池田慎太郎・佐道明広 著

日本のネット選挙
●黎明期から18歳選挙権時代まで
岡本哲和 著　4000円

市民立法の研究
勝田美穂 著［岐阜経済大学研究叢書18］　4300円

ドイツ統一から探るヨーロッパのゆくえ
天理大学EU研究会 編　2600円

ポピュリズムのグローバル化を問う
●揺らぐ民主主義のゆくえ　4800円
中谷義和・川村仁子・高橋 進・松下 洌 編
［立命館大学人文科学研究所研究叢書第21輯］

21世紀の東アジアと歴史問題
●思索と対話のための政治史論
田中 仁 編　3000円

アメリカの大学におけるソ連研究の編制過程
藤岡真樹 著　4000円

原爆投下をめぐるアメリカ政治
●開発から使用までの内政・外交分析
山田康博 著　4300円

ドイツの平和主義と平和運動
●ヴァイマル共和国期から1980年代まで
竹本真希子 著　5300円

米州の貿易・開発と地域統合
●新自由主義とポスト新自由主義を巡る相克
所 康弘 著　3000円

日本の「いま」から「未来」を考える

■脅かされる自由と平和
本当は怖い自民党改憲草案
伊地知紀子・新ヶ江章友 著　2000円
現行の自民党草案が描く社会像の危うさを表現・思想・信仰などの7つのテーマによるシミュレーションで検証。

■忍び寄る監視社会
「共謀罪」を問う
法の解釈・運用をめぐる問題点
松宮孝明 著　　926円
刑法学者による警鐘の書。共謀罪規定の逐条解説を収録。中止未遂との関係など刑事法に関わる問題点にも鋭く切り込む。

■連鎖する貧困
「子どもの貧困」を問いなおす
家族・ジェンダーの視点から
松本伊智朗 編　3300円
家族という仕組みを相対化し、同時に歴史的に女性が負ってきた社会的不利を考察、論究する。

在までに培ってきた国際的な信用度の高さは、トラック2として非常に重要な要素である。

4　北東アジア

　パグウォッシュ会議は、現在までのところ、少なくとも明らかになった範囲では、北東アジアにおいて顕著な活動や貢献をしたとは言い難いであろう。パグウォッシュ会議の中に東アジアグループが設置されたのは2015年と最近のことであり、東アジアに限って言えば、まだトラック2として十分な活動を行っているとは言えない。

　しかし、現在東アジアで最大の問題である北朝鮮による核開発については、北朝鮮の代表もパグウォッシュ会議には参加していたこともあり、またパグウォッシュ会議の代表は定期的に北朝鮮を訪問しており、対話のチャンネルとしての一定の枠組みはできているという評価も可能である。北東アジアの場合、北朝鮮との対話チャンネルを構築すること自体に大きな困難を伴う場合が多いことを考えると、これは大きな利点である。特にパグウォッシュ会議が関係国のいずれの政府とも一定の距離を保ち、いずれの利害も反映する立場にないということは、多くの国との間で緊張を抱え、国連安保理から制裁を受けている北朝鮮にとって、接触しやすい立場にあると言えるだろう。また、すでに触れたように、パグウォッシュ会議は世界規模でのトラック2と地域レベルでのトラック2を同時並行で展開するというアプローチを継続しており、これは複雑な北東アジアの国際情勢に対応するには極めて適していると言える。このような観点から、今後北東アジアにおいて、パグウォッシュ会議がトラック2として信頼醸成に貢献できる余地はかなり大きいのではないかと考えられる。

　今後パグウォッシュ会議が北東アジアでトラック2としての役割を拡大し、具体的な成果につなげるために必要なのは、どのようにしてトラック2の進展をトラック1に反映させるかということである。現段階ではまだトラック2としての具体的な成果も明らかになっておらず、トラック1へどのようにつなげるかという問題は表面化していないと推測される。しかし、北東アジアには地

域的な安全保障のための常設的なメカニズムが存在しないため、そのような国際的な組織と協調するという方法は不可能である。そのため、実際には当事国、特に6カ国協議の参加国の政府に対し、パグウォッシュ会議およびそれぞれの国のパグウォッシュのグループあるいはメンバーが同時に個別に接触するという方法をとることになるだろう。むしろ、そのような各国政府に対するチャンネルをどのように構築してゆくのかがより重要な課題となるような事態も十分に考えられる。その際にはパグウォッシュ会議の持つ国際的な知名度と信用が一定の効果を持つことは期待できるだろうが、当然それだけで十分ではないことも予想される。特に北朝鮮の核開発が進んだ段階で、北東アジアの非核化という困難な課題に関し関係国の合意を得ることは容易ではない。そのためには、各国間の対話を促進するだけでなく、パグウォッシュ会議の本来の目的である各国の「科学者」の持つ専門的な知見をフルに活用し、説得力のある選択肢を各国に提示する必要もあると言わなければならない。

1) Mike Moore, "Forty Years of Pugwash," *Bulletin of the Atomic Scientists* 53, no. 7 (November/December 1997), p. 43.
2) Ibid.
3) Eugene Rabinowitch, "After Pugwash: The Soviet Reaction," *Bulletin of the Atomic Scientists* 13 (November 1957), p. 314.
    Vinogradov, A. P. "Prospects for the Pugwash Movement," *Bulletin of the Atomic Scientists* 15 (November 1959), pp. 376–377.
4) Eugene Rabinowitch, "About Pugwash," *Bulletin of the Atomic Scientists* 21, no. 4 (April 1965), p.10.
5) Kaplan, Martin. "Retrospective: The Efforts of WHO and Pugwash to Eliminate Chemical and Biological Weapons-A Memoir," *Bulletin of the World Health Organization* 77, no. 2 (1999), p. 150.
6) Rabinowitch, op. cit., p. 10.
7) Peter Jones, "Track Two Diplomacy: in Theory and Practice" (Stanford: Stanford University Press, 2015), pp. 129–130.
8) Eugene Rabinowitch, "Pugwash-Coswa: International Conversations," *Bulletin of the Atomic Scientists* 19, no. 6 (June 1963) p. 10.

第10章

東南アジアにおけるトラック2の役割と限界

向　和歌奈

1　東南アジアにおけるトラック2とは

　本章では、北東アジアにおける非核化を目指す中で、非政府主体の役割、特にトラック2が果たしうる役割について検討をするための土台として、東南アジアの事例に焦点をあてて検討を進めていくこととする。中でもとりわけ、アジア太平洋安全保障協力会議（CSCAP）に注目し、トラック1と呼ばれる東南アジア連合地域フォーラム（ARF）との関係性やCSCAPの役割などを概観し、それが北東アジアにどのような示唆をもたらすのかをまとめることとする。

　東南アジアにおけるトラック2は、政策を主張したり形成したりする作業を、政府関係者に代替する役割を担ってきたといえる。トラック2という枠組みを通して地道に「積み木」方式で問題解決を目指す方法をとることで、政府レベル、すなわちトラック1レベルでの政策が協力的かつ円滑に進められてきたとも考えられている。トラック2は水面下での協議、あるいは非公式の協議と銘打って行うことができるため、本来ならば政府レベルでの話し合いでは硬直しがちな議題であっても、各国政府が糞をかぶった状態で、すなわち他の研究機関等を代替アクターとして協議を行い、情勢を探ることを可能としているからだ。また、地域内での協力姿勢が常態化する流れが醸成される同時に、個人アクター間のネットワークが構築されることで、末端での信頼醸成が進むとも考

えられる。東南アジアのように個人間のつながりや信頼関係が政府間関係に大きく影響するような地域においては、個人レベルでのネットワーク作りは政策を遂行する上では欠かせない要因であり、それゆえにトラック2が果たせる役割は決して小さなものではない。[2]

東南アジアにおけるトラック2の活用が数多く提唱され「成功してきた」と考えられる最大の要因には、東南アジア連合（ASEAN）の存在が挙げられるだろう。ASEANは1967年8月5日にインドネシア、マレーシア、フィリピン、シンガポール、タイの5か国によるASEAN設立宣言（通称バンコク宣言）の採択をきっかけとして、域内における経済成長、社会・文化的発展の促進、地域における政治・経済的安定の確保、そして域内諸国問題に関する協力を目的に発足した。ASEANというトラック1レベルにおいて地域的な意識を共有する集合体が存在することは、そこを土台としてトラック2という枠組みを形成することを可能とするばかりか、トラック2を通して生み出される政策提言や人的ネットワークなどを政府レベルに吸収しやすい基本的な環境があるといえるだろう。

東南アジアにおけるトラック2の先駆けは経済分野における太平洋経済協力会議（PECC）といわれており、これをひとつの指標としてさまざまな試みが行われてきたと考えられている。[3] PECCとは、太平洋地域における協力関係を推進するために発足した産官学によって構成された国際組織であり、アジア太平洋経済協力（APEC）の公式オブザーバーとして同会議に参加するなど、APECと強く連携している。[4] PECCはAPECという政府レベルでの枠組みに先行する形で編成され、APECが設立されてからもこれと並行して自由な意見交換や議論の場としての民間レベルの枠組みとして相互連携を模索してきた。他方、後にみるARFとCSCAPの関係に鑑みた場合、まずARFという政府レベルでの枠組みが先行して、それを後追いする形で民間組織のCSCAPが設置された点が少し異なる。だが、PECCが各タスクフォース等の研究成果をAPECに提供している点や、PECCが組織としての独立性を保持している点などに鑑みても、PECCとAPECの連携性や関係性がARFとCSCAPのそれの見本となっていることは明らかであろう。

第10章　東南アジアにおけるトラック2の役割と限界

　PECCへとつながったとされる太平洋共同セミナーが開催されるのに大きく貢献したのは、当時日本の外務大臣を務めていた大来佐武郎とオーストラリア国立大学学長のジョン・クロフォード（John Crowford）だった[5]。クロフォードは大学学長という立場から政府とは一定の距離を置いた学者としての立場を最大限に活用することが可能であったように、両者は両国の首長に対して経済政策について直接進言を行える立場にあり、アジア太平洋地域における経済的協力体制の構築に前向きの立場をとっていた。当時のオーストラリアの首相であったジョン・フレイザー（John Malcolm Fraser）が訪日時に大平首相と会談を行ったのも彼らの助言に基づいてのことであったが、その席上で学者を中心に運営されるような非政府セミナーの開催の重要性について双方が認識を一にし、オーストラリア政府よりオーストラリア国立大学に対してセミナー開催の要請がなされた[6]。

　このように、アジア太平洋地域に限らず一般的には、国際的な事案に関わるような物事が動く際には、政府による要請によって民間が動くという、いわゆる「トップ・ダウン」形式の構造が主といえるだろう。東南アジア地域でも、トップ・ダウン形式は当然ながら存在する一方で、それだけではなく、「セミトップ・ダウン」、「ボトム間の連携」、そして「ボトム・アップ」という循環構造を形成していると考えられ、またそのための努力がなされてきていること、そしてそれがうまく機能してきたことがわかる。以下、詳しく概観する。

2　セミトップ・ダウンとボトム・アップの試み

　安全保障分野において、特に国家間で衝突があるようなテーマをめぐって何かしらの枠組み形成を行うこと自体極めて困難な作業であると考えられる。ましてや、枠組み形成からその効果を実際に発揮することは至難の業である。そのような中で、アジア太平洋地域における安全保障の問題を体系的に取り扱うトラック2としてのCSCAPは、冷戦終結後の国際政治おいて画期的な取り組みとして大きな期待を寄せられた。

　このトラック2という枠組みが東南アジアにおいて一定の役割と効果を発揮

することを可能としてきた大きな要因のひとつに ARF の存在があるといっても過言ではないことは先に述べたとおりだが、この ARF の設立において大きな役割を担ったのが ASEAN 国際問題研究所連合（ASEAN-ISIS）であった。

　ASEAN-ISIS は ASEAN に加盟する各政府所轄の研究所の集合体である。それゆえに、民間シンクタンクである一方で、それぞれの所轄政府と太いつながりを持っており、政府レベルと民間レベルでの強い連携が各国内で見られたことが特徴として挙げられる[7]。当初は各研究機関間での協力関係はほとんど見られなかったものの、ASEAN がひとつの地域として国際的に認識され始めたことと並行して1984年頃から各研究機関も相互提携の動きを見せ始め、1988年の ASEAN-ISIS 設立の憲章への署名を経て正式に発足した[8]。カンボジア平和協力研究所（CICP）、インドネシア戦略国際問題研究所（CSIS［インドネシア］）、ラオス外交問題研究所（IFA）、マレーシア戦略国際問題研究所（ISIS［マレーシア］）、フィリピン戦略開発問題研究所（ISDS）、シンガポール国際問題研究所（SIIA）、タイ戦略国際問題研究所（ISIS［タイ］）、ベトナム国際関係研究所（IIR）[9]が協同して、ASEAN 各国の外相との協議を行うなどしてきた結果として、ARF の設立に一役買ったという実績を持つ[10]。つまり、ASEAN-ISIS は ARF と太いパイプを持ち、それゆえにその最大の課題と使命は地域組織としての ASEAN の意思決定過程への政策のインプットであるともいえるだろう。

　ASEAN 諸国は概して内向的な性格を持つ。だが内向きで閉鎖的な地域であっても、国際政治の流れに飲み込まれ影響されることは何ら不思議なことではない。冷戦期終盤、国際情勢の目まぐるしい変化や経済発展にともない、東南アジア地域もその例外ではなかった。そこで、民間研究機関による研究や調査、あるいは政策勧告に対する需要が高まり、1980年代に入ると各国で国際関係や安全保障問題を取り扱う専門の研究機関の設置が相次ぐと同時に[11]、この潮流のひとつとしてアジア太平洋地域における制度作りへの動きが加速していった。

　他方で、ASEAN 諸国は太平洋協力という枠組みの中で ASEAN の結束が弱まる可能性を懸念しており、地域的な制度形成という政策的な方向性が果たして自分たちの利益に適うものであるのか否か見極める必要があった[12]。この

ASEAN諸国の躊躇いに対して相次いで立ち上げられた各国のシンクタンクが一役買うことになる。CSIS［インドネシア］は所内に太平洋協力に関する研究グループを設置し、多くの有識者らが協力促進のための中心的な役割を担った。[13] 彼らは、ASEAN諸国による太平洋協力が肯定的に捉えられ、またPECCが政府間機関に終始するのではなく、非政府間協議のメカニズムが構築できたならば、ASEANにとっても有益なものとなると指摘した。[14]

1991年に開催されたASEAN拡大外相会議の全体会議の場において、当時日本の外務大臣であった中山太郎はこの拡大外相会議のもとに高級事務レベルによる協議の場を設けることを提案した。当時外務省情報調査局長であった佐藤行雄は、この中山提案を国際会議の場で論文発表という形式を用いてASEAN-ISISに対して打診した。[15] 各国間において相互の信頼を醸成するための対話の必要性が強調され、このためにASEAN拡大外相会合を活用することによってASEANの役割や機能を重視することもできるとの観点に対して、ASEAN諸国は受け入れやすさを感じたという。[16] ASEAN-ISISは中山・佐藤提案を受け、佐藤論文が発表された会合のあとに報告書を公表して、その中でASEAN諸国間の相互理解の増進、信頼感の醸成が必要であるとの認識の共有などの政治的前提条件を整えることが求められる点を指摘した。この提案はASEAN外相会議の場で議論され、多国間安全保障対話が地域の平和と安全保障問題を議論する枠組みとしては適切であるとの合意が得られ、1994年のARFの設立として実を結んだ。

ARFはアジア太平洋地域の多国間安全保障協議体としてもっとも重要な体制であり、加盟国間の信頼醸成強化に大きく貢献してきた。[17] 従来東アジアは、歴史、政治体制、人種、宗教、国民性などが多彩に存在してきたがゆえに、多国間安全保障体制の達成は現実不可能であると考えられてきた。またこの地域には基本的にはアメリカとの二国間関係を土台とした安全保障体制しか存在しておらず、極めて閉鎖的かつ硬直的な安全保障政策しか見込めない地域の特徴があるといえるだろう。それゆえに、ARFは地域内の多国間協議を行うことで積極的な対話を各国間に促すこと、それが従来育まれてきた二国間関係の強化と改善に寄与すること、多国間協議に一度関与することで地域間協議への関

与をボイコットすることが難しい環境が構築され、結果として多少の不満を抱えていたとしても参加の継続が見られ地域協力が促されることなど、東アジアの安全保障問題を話す舞台としては画期的かつ意義が大きい枠組みとして期待されてきた。[18]

CSCAPはこのようなトラック1レベルでの枠組みが先に目指され醸成されてきた基礎があったからこそ、それを土台として、そして協力の在り方を模索するという指標のもとでの形成が可能となったのである。

3　ボトム間での組織論形成への挑戦：CSCAPの設立

1984年、当時高麗大学アジア研究センター所長であった韓昇洲（Han Sung-Joo）や1985年当時フィリピン大学教授のカロリーナ・ヘルナンデス（Carolina G. Hernandez）を中心に、それぞれソウルとマニラにおいて開催された東アジア安全保障会合では、安全保障分野でのトラック2協議プロセスの設置が話し合われた。1987年にマレーシア戦略国際問題研究所が会合を主催した際、会合の名称が「アジア太平洋ラウンドテーブル」に変更された。ラウンドテーブルはマレーシア政府からの財政的な支援を受けており、政府の方針や意見を強く反映するものとなり、多国間協議の場というよりもマレーシア色が強い会合に変化していったという。[19]

その後1991年からはASEAN-ISISが会合を主催し、ASEAN-ISISの他、日本国際問題研究所、ソウル国際フォーラム、パシフィック・フォーラムCSISが研究機関として参加し、2年間のプロジェクトとしての「アジア太平洋安全保障協力」（SCAP）会合を通じて、地域内における安全保障分野での協力の方策や信頼醸成についての議論が交わされた。1992年11月にソウルで開催された第3回会合で、制度化されたトラック2協議プロセスとしてのCSCAPの設置が検討され、1993年6月にISIS［マレーシア］が主催した第7回アジア太平洋ラウンドテーブルで設立が合意され、翌年より本格的に活動が開始された。[20] モデルとなったのは前述のPECCなど経済分野でのトラック2の枠組みとプロセスであり、設立当初10か国であったメンバー国は現時点ではアジア太平洋地

域の主要国を網羅する広がりを見せている[21]。

　CSCAPは非政府機関である必要がある一方で、政府関係者の個人の資格による参加が必要不可欠である点、太平洋貿易開発会議（PAFTAD）[22]やPECCの経験を最大限に活用している点、そしてASEAN-ISISを手本として組織化を目指してきた点が特徴といえるだろう。

4　ボトム・アップへの再回帰：CSCAPからARFへの還元

　トラック１としてのARFとトラック２の枠組みとしてのCSCAPが強く連動しながら相互連携の方法を模索しつつ存在してきたことはすでに指摘したとおりである。換言するならば、ARFプロセスはアジア太平洋地域の包括的な安全保障概念を検討することに留意しており、このプロセスを支持し補完することがCSCAPを動かす原動力となった[23]。CSCAPの功績を考えた際、特に「信頼および安全保障醸成措置ワーキンググループ」（CSBMワーキンググループ）はARFとCSCAPをより強く結びつける役割を担ったと考えられる。CSBMワーキンググループでは主に二つのプロジェクト、すなわち核不拡散と原子力エネルギーについて話し合ったプロジェクト（PACATOMプロジェクト）と予防外交について取り扱ったプロジェクトが中心的に展開された。特に後者はその後ARFに議題が持ち上げられて活発に議論が行われたことから、CSCAPとARFが緊密に連携をとりながら構想を練っていたことがうかがえる。なお予防外交という概念と政策はCSCAPが東南アジアの安全保障問題において影響を及ぼしたもっとも有名な事例としてしばしば取り上げられてきたことは指摘するまでもない。

　他方のPACATOMプロジェクトはその後、「アジア太平洋における大量破壊兵器拡散対抗に関するスタディーグループ」に形式を変更して広く核不拡散問題や大量破壊兵器の拡散問題について議論が行われるようになった。WMDワーキンググループは2005年より継続的に開催されてきており、通常は約２年で一区切りとなるワーキンググループ制度においてさまざまな支援団体より財政的援助もあり、異例の継続性をみせた。2008年に開催された会合では「北東

アジアにおける平和と安全保障に関する憲章」をまとめ上げ、6カ国協議の北東アジアにおける平和と安全保障メカニズムワーキンググループ座長に手渡された[24]。

WMDスタディーグループの大きな特徴のひとつに、会合がARF不拡散・軍縮会期間会合の前日（および前々日）に開催されることである。2009年に初めてARF不拡散・軍縮会期間会合が開催された時からほぼ恒例化しており、利点は大きく2点挙げられる。ひとつはWMDワーキンググループに政府関係者が個人の資格で複数参加することによって、政府レベルで問題となっている議題について研究者が認識し、それに対する見解を共有できる点である。そしていまひとつは、WMDワーキンググループで話し合われた点が「議長レポート」という形式をもってARF不拡散・軍縮会期間会合の場で発表され、諸論点が政策決定者に共有・認識される機会が設けられている点である。

このように、CSCAPのARFに対する最大の貢献は、トラック1の会議（ARFや関連会合）と同時期にトラック2会合を設けることで、トラック1に参加予定の関係者が参加できる機会を作ること、そしてこのような機会を提供することを定期的に試みていること[25]、そして地域で検討すべき議題を民間の研究者や専門家の知見を活用した上で精査して、それを政策的な助言とともに提言としてトラック1レベルの会合や会議に還元することといえよう。

5　CSCAPの特異性、可能性、そして限界

CSCAPがARFの決定過程に対して一定の働きかけを行っていることは、トラック2として重要な使命を果たしていることの証左ともいえよう。CSCAPは当初からARFの活動を支援する使命を強く認識しており、ARFから正当な支援組織として認知されることを求めていた[26]。それゆえに、ARFが実質上形骸化しているとの指摘の中で、トラック1としてのARFの限界に対する突破口となりうるとの見方もある[27]。

CSCAPは1993年に設立され憲章が採択されて以来、1996年頃までは組織としての制度化に注力してきた。CSCAPの組織運営は、議長の輪番制、個別テー

マを扱う作業部会を中心に活動が行われていること、定期的な総会が開催されていること、産官学から幅広い人材を集めた国内の委員会が設けられていること（ただし、日本でいうならば日本国際問題研究所が国内委員会の立場を担っているものの、実態は極めて形骸化しており、国内における意欲的な活動はさほど見られない）、政府関係者による積極的な参加の斡旋、政府間組織との綿密な連携、対話の慣行づくりと制度化、相互に関心のある分野での機能的協力、コンセンサス決定、信頼醸成の重要性など、ASEAN や PECC の組織論を強く反映しているといえる[28]。その後、1990年代後半にかけては ARF との関係性の模索と体系化を目指す期間であり、そして2000年代に入ってからは CSCAP と ARF 間のさらなる連携強化が目指された[29]。

　1994年6月に初めて開催された運営委員会において、信頼安全保障醸成措置、協調的総合的安全保障の概念、海洋協力、北太平洋の4つの分野を検証するためのワーキンググループが設置された。1996年12月にはスタディーグループとして越境犯罪に関する検証グループ（1997年にワーキンググループに格上げされた）が設置された。これらのワーキンググループは各々メモランダムを作成し、ARF や各国政府で検討するための政策提言や方策などの材料を提供した。中でもとりわけ、予防外交の概念は CSCAP のワーキンググループから生まれたものであり、それが ARF に取り上げられた点は前述のとおりである。

　また、北太平洋ワーキンググループは重政が指摘するように、東アジア特有の国際関係の複雑性を是正するための措置を補助する役割を担おうとしたといえる[30]。ひとつは多国間安全保障対話のメカニズムを補填する役割であり、いまひとつはアジアの中でも北東部と東南部の安全保障問題に関する地理的および認識的な乖離を埋めるための橋渡しの場として役割である。このワーキンググループは他のワーキンググループとは異なりメモランダムを公表していない一方で、北朝鮮や中国を含む関係国すべての参加が実現したことで、東アジアの国際関係に関与する当事者をすべて網羅し、信頼醸成の重要なステップを突破しているともいえるだろう。また、同ワーキンググループが開催されていた期間は国際政治上、特に朝鮮半島をめぐり、2000年の南北共同宣言、2003年の北朝鮮による核不拡散条約（NPT）脱退、アメリカによるならず者国家政策の強

硬など、緊迫した情勢が進んでいたため、外交チャンネルが限られる中で大きな意味を持つものとなった。

2004年にはワーキンググループの改編が行われ、その後、目まぐるしく変化する国際情勢と地域情勢に鑑みて、最長で2年間という時限付きでさまざまなテーマについて検討を重ねるスタディーグループが運営委員会の承認のもと次々と設置されてきた。[31]

6　北東アジアにおけるトラック2の可能性

本来ならばトラック1チャンネルにおいて重要かつ実質的な内容を包含する「高等政治」とはみなされるべき安全保障に関する諸対話であっても、トラック2の枠組みの中ではそれほど価値の高いものとして扱われず、対話を行うこと自体を目的として、その中身や実質的な内容の考察を欠いたものも少なくない。[32]

たとえば東南アジア非核地帯構想は1971年のASEAN臨時外相会議において「東南アジア平和・自由・中立地帯」（ZOPFAN）の考えが提唱されて以来、その考えと連動する形でASEAN諸国内において検討が重ねられた。[33]だが、実際にはベトナム戦争など冷戦期の国際政治が直に東南アジアにもたらす影響力を無視しえず、ZOPFANを目指すことが非核と結びつくことを理解していたにもかかわらず、実際に政策を推し進めることは実質上不可能な状況にあった。東南アジアにおいては、大国の影響力を極力排除することが根本的にあり、それが非核兵器地帯構想につながるという自然な流れがあったと考えられるだろう。[34]それはトラック1（すなわちトップ間）での共通認識が存在したからこそ進んだ構想でもあった。

他方で、北東アジアに目を向けると、非核兵器地帯を作るという共通認識自体がトラック1レベルでは存在しない。それどころか、安全保障政策に関しては、それぞれの国家がそれぞれの政策を重視するあまり、北東アジアにおける多国間交渉の場はほとんど成功を見てこなかったといっても過言ではないだろう。東アジア諸国が安全保障について協同していくこと自体に積極的な関心を

寄せているのかという点に鑑みた場合も、経済分野における地域内での協力体制の模索・構築よりも、安全保障分野における協力体制の模索のほうが格段に敷居は高いといわざるを得ない。現実主義に基づいた国家間関係が主流である北東アジアにおいては、たとえば欧州安全保障協力機構（OSCE）の安全保障についての包括的な認識と経験を踏襲することに、特に政府関係者が消極的な姿勢を示してきたことは、さほど驚くことではないだろう。

　また、物理的にすでに核兵器を保有する大国が存在する点で、北東アジアと東南アジアとでは大きく状況が異なる。北朝鮮が核兵器を保有することは暗黙の事実であり、それに対応するため日本や韓国はアメリカの核抑止に頼る政策を重視した国家安全保障政策を遂行してきた。このような国際政治の状況に鑑みた場合、北東アジアに非核兵器地帯を作るというオプションは非常に難しいといわざるを得ない。

　では本当にトップ・ダウンの可能性はないのだろうか。たとえば、「賢人会議」と呼ばれる形式のトラック2の活用は、どの程度妥当性があるといえるのだろうか。賢人会議（EPG）はいわゆる政府の委託による民間知的交流のことを指す。1979年に当時総理大臣であった大平正芳とアメリカのジミー・カーター大統領が「日米経済関係グループ」を設置し、8つのタスクフォースによる共同研究を経て、1981年に報告書をまとめた。その後、日米、日中、日韓、日独、日仏など、二国間の協力・協調を基本としてさまざまな賢人会議が設置され、それぞれの国家間関係が抱える懸案事項について、有識者を中心とした分析に基づき、長期的な視点を提供することで、政府の政策決定過程への影響はもちろんのことながら、国民の間でも意識を高め国内的なコンセンサスを作ることが期待され、またその機能を果たすと考えられた。

　だが、これにも問題はある。一方的にある数か国が集まって問題に対しての提言を行ったところで、対象となる国家も含めた形での安全保障環境の改善を求めるのであれば、それは押し付けにしかならず、したがって、押し付けるほうは一定の政策を遂行するためのヒントを得るかもしれないが、それを押し付けられた側は当然ながらこれに反対する姿勢を強めるだろう。そうなると、地域内での問題解決にどの程度効果的なのかという点については疑問を呈さざる

を得ない。

　東南アジアにおけるトラック2の成功例はセミトップ・ダウンないしボトム間での調整からボトム・アップ(還元)式に上手に移行した点である。もっとも、どれほどトラック2が実際の政策決定に影響を及ぼしてきたかを実証することが難しい点は付記しておく必要があるだろう。トラック2から生まれた助言が各政府の政策決定過程に少なからず入り込んだ可能性はあるが、最終的に政策を動かすのは各政府であるため、より現実的に考えたならば、トラック2よりもASEANの影響力（すなわちトップ間交渉）の方が大きいと考えざるを得ないだろう。

　菊池の分析によると、アジア太平洋における地域協力を進める際に不可欠となった「ASEAN文化」を反映した組織論、規範、そして原則はPECCの活動を通じて一定の段階まで醸成されていったという。[38] このうち、地域共通の問題の所在を確認する作業を通して、プロセスとしての地域協力、すなわち対話の慣習化と信頼醸成プロセスを醸成していくことが求められる。そしてそのためのプラットフォームを作ることも同時に求められる。

　東南アジアでいうと、ASEAN-ISISが積極的にその土台作りを行い、民間レベル（ASEAN-ISIS）での基礎作り（ただしセミトップ・ダウン式）、そこからARFの枠組みを構築する流れの醸成（ボトム・アップ式）、そしてARFと平行してアジア太平洋全体の問題を取り扱う、より広範な民間ネットワークとしてのCSCAPの設置（ボトム間での調整）、そして再びARFへの政策提言（ボトム・アップ式）という循環を結果的に作り出すことに成功した。

　翻って北東アジアの問題を考えた際、そもそも関係諸国間での共通認識が醸成されていないため、個別にトラック2が存在していたとしてもあまり効力がない可能性は否めない。この点をどのように打破していくのかが今後の大きな課題のひとつとなっていくだろう。また、トラック2活動の一般的な評価軸を菊池が挙げる「アイディア」「ネットワーク」「リーダーシップ」とするならば、[39] 北東アジアではいずれもが欠けている、もしくは共通認識に乏しいと考えられる。これをどう打破していくのか。課題は決して小さくない。

1) Herman Joseph S. Kraft, "The Autonomy Dilemma of Track 2 Diplomacy in Southeast Asia (2000)," in Desmond Ball and Kwa Chong Guan eds., *Assessing Track 2 Diplomacy in the Asia-Pacific Region*. Singapore: S. Rajaratnam School of International Studies, 2010, p. 165.
2) Ibid., p. 166.
3) 重政公一「アジア太平洋安全保障協力会議1994-2003年：3つのタイプからみたトラック2の実践」『大妻女子大学比較文化学部紀要』11巻（2010年）、30頁。
4) 外務省ウェブサイト「太平洋経済協力会議概要」（http://www.mofa.go.jp/mofaj/gaiko/pecc/gaiyo.html）（2017年9月10日閲覧）
5) Andrew Elek, "The Birth of PECC: The Canberra Seminar," in Andrew Elek ed., *The Evolution of PECC: The First 25 Years*. PECC International Secretariat, 2005, pp. 14-30.（https://www.pecc.org/resources/regional-cooperation/1849-the-evolution-of-pecc-the-first-25-years/file）
6) Ibid.
7) 星野俊也「アジア太平洋地域安全保障の展開：ARFとCSCAPを中心として」『国際問題』494号（2001年5月）、39頁。
8) 菊池努「ASEANの『トラック2』プロセス：戦略国際問題研究所連合（ASEAN-ISIS）の活動を中心に」『海外事情』51巻3号（2003年3月）、19-21頁。
9) なお、2008年にベトナム外交アカデミーに再編成されている。
10) Kraft, op.cit., pp. 165-166.
11) 菊池、前掲論文、19-21頁。
12) 同上、21-22頁。
13) たとえば、ユスフ・ワナンディ（Jusuf Wanandi）、ナロンチャイ・アクラサネー（Narongchai Akrasanee）、ハディ・スサストロ（Hadi Soesastro）らが挙げられよう。
14) 菊池、前掲論文、22頁。
15) 同上、24頁、Tamotsu Fukuda, "Japan's Evolving Interests in Multilateral Security Cooperation in the Asia-Pacific: A Two-Dimensional Approach," Working/Technical Paper, Australia Research Publications（2002）（https://digitalcollections.anu.edu.au/bitstream/1885/39965/3/Japan_evolving_interest.pdf）（2016年7月28日閲覧）
16) 同上、24-25頁。
17) 西原正「アジア太平洋における安全保障の枠組みと日本」『国際問題』480号（2000年3月）、42頁。
18) 西原正「アジア・太平洋地域と多国間安全保障揚力の枠組み：ASEAN地域フォーラムを中心に」『国際問題』415号（1994年10月）、68-69頁。
19) 菊池、前掲論文、27-28頁。
20) 添谷芳秀「トラック2：知的交流が支える国際秩序」『外交フォーラム』6巻3号（1993年3月）、45頁。
21) なお設立当初メンバーは、インドネシア、マレーシア、シンガポール、タイ、フィ

リピン、日本、韓国、米国、カナダ、豪州の計10か国の研究所であった。CSCAP憲章上、各研究所が各国を代表して国内委員会を形成することになっている。その後、ニュージーランド（1994年6月）、ロシア（1994年12月）、北朝鮮（1994年12月）、モンゴル（1996年6月）、ベトナム（1996年12月）、中国（1996年12月）、EU（1998年12月）が正式に加盟し、2000年6月にはインド（ただし1994年12月より準メンバー）、パプア・ニューギニア、カンボジア、そしてその後はミャンマー（2016年6月）が新たに加盟を果たす。台湾は、専門家の個人の資格による作業部会へのオブザーバー参加が認められている。詳しくは以下を参照。(https://www2.jiia.or.jp/cscap/index.php#cscap3)

22) 1965年に一橋大学教授の小島清が提唱した「太平洋自由貿易地域構想」をもとにして1968年に「太平洋貿易開発会議」（PAFTAD）が日本、アメリカ、およびオーストラリアの経済学者を中心に発足した。たとえば以下を参照。山澤一平「太平洋協力からAPEC2010まで：小島清教授の先導的研究の発展を辿って」『国際経済』2011巻62号（2011年）、67-75頁。
23) 重松、前掲論文、30頁。
24) Ball, ibid., p. 35.
25) Kraft, op.cit., p. 176.
26) 菊池、前掲論文、30頁。
27) 添谷、前掲論文、45頁。
28) 菊池、前掲論文、31頁。
29) Ball, op.cit., p. 11.
30) 重政、前掲論文、38-40頁。
31) 同上、36-38頁。
32) 重松、前掲論文、32頁。
33) 東南アジア非核兵器地帯（および構想）については、たとえば以下を参照。山地秀樹「東南アジア非核兵器地帯条約の背景と意義：ASEANによる広域安全保障の追求」『外務省調査月報』3号（2001年）。
34) 「第140回国会参議院国際問題に関する調査会会議録第六号」1997年4月21日、13頁。元防衛大臣で当時野村総合研究所主任研究員であった森本敏氏の発言を参照。
35) 「第123回国会衆議院予算委員会第二分科会議録第二号」1992年3月12日、44-45頁。この点は国会予算委員会内で外務省の予算審議に係る質疑応答において江田五月氏に答える形で当時の外務大臣であった渡邊美智雄氏の回答にもあった。
36) 山本正「下田会議から『トラック2』まで 体験的知的交流論」『外交フォーラム』97号（1996年9月）、15-16頁。
37) 同上、15-17頁。
38) 菊池、前掲論文、22頁。
39) 菊池努「外交政策の形成と政策研究機関 ASEAN戦略国際問題研究所連合（ISIS）と政策ネットワーク」『国際問題』575号（2008年10月）、33-34頁。
40) 同上、42-43頁。

第10章　東南アジアにおけるトラック２の役割と限界

第２部まとめ

　トラック２が民間レベルでの知的交流という形式を通した認識の共有と収斂を行う場なのであれば、それを梃にトラック１レベルにおける信頼醸成の深化と地域的な秩序の安定を目指すことは可能なのだろうか。山本は知的交流の促進に際して６つの視点の重要性を指摘する[1]。第１に知的内容の充実を図ること、第２に実務家の参加が必要であること、第３に知的交流に際して価値観を共有して議論を行うこと、第４に継続性、第５に民間の主体性の尊重、そして第６に知的交流推進の体制の強化である。このような観点から考察すれば、冷戦時代にパグウォッシュ会議が東西両陣営の間での信頼醸成の促進に一定の貢献が可能であった理由を理解することはさほど難しいことではない。他方で同時に、トラック２がどれほど論理的に正しい提言をしたとしても、実際に政策を行うのはトラック１チャンネルにいるアクター、つまり各国政府であり、政府レベルのアクターに対する影響力をいかに行使できるかがカギとなる。また、たとえばある特定の国家のトラック１レベルに影響を及ぼせたとしても、それが他の国家の政府レベルに対する影響力につながるとは一概にはいえず、たとえば核問題や北東アジアの非核化といった、地域レベルあるいは国際レベルでの協働が不可欠となる事案については、トラック２の影響力にもどうしても限界が生じることも理解する必要があるだろう。

　国内や国際的な意識を向上させること、それがひいては政府レベルでの意識改革につながること、規範の形成や情勢につながることはゼロではない。その意味で粘り強く働きかけることは必要になるだろう。だが、北東アジアには東南アジアにみられたような地域レベルの政府間のつながりが希薄である。まずは政府レベルで横のつながり、北東アジアという地域としての認識の向上、そのための信頼の醸成が必要となってくる。政府としては抜本的な提言を投げかけられるよりも、

現実的に実行が可能な範囲、いわゆる「薄皮一枚一枚剥いでいくが如く」での提言が重要視かつ注視されている。そのような観点からはNAPCIのようにソフトセキュリティをまずは優先課題として設定し、地域で共有可能な現実的な課題からアジェンダを始めるというアプローチは合理的であるといえるだろう。しかし、NAPCIにしてもまだ北朝鮮の参加は得られていないうえに、将来的な展望も必ずしも明確ではない部分も多い。核廃絶という壮大な計画は人類が共有する最終的な目的かもしれないが、そこに到達するまでの道のりは先の見えないものであり、そのためにはさまざまな壁を一つずつ乗り越えていく必要がある。実際、政府関係者にとってみても、信頼醸成について、各国が相互に安全保障をどのように見ているのか、すなわち「安全保障認識」について比べ合うということ自体が信頼感の醸成に資するとの見方を持っていた。

　東南アジアにおけるトラック2の仕組みのうち、ボトム・アップの動きとしていくつかの例は存在するものの、基本的には民間が完全に独立した形で何かしらの対話の枠組みを形成し、それが政府レベルにあがっていくパターンはほとんど見受けられない。ただし、CSCAPに参加した有識者や研究者がそれぞれ積極的に提言を発信するシステムも構築されており（たとえばニューズレター形式で随時配信する「Pac-Net」）、これらはCSCAP関連会議に参加したことのある者に配信されるため、数多くの人が目にする。この点に鑑みても、CSCAPが一定程度の知的貢献を行っているともいえるだろう。また、CSCAP関連の会議には政府関係者も個人の資格で参加できるような会議日程が組まれていることに鑑みても、官学間の連携を重視している点は評価に値するだろう。パグウォッシュ会議の事例で言えば、プロセスの当初から意図的に政府や国際機関において公的な地位にある人物を個人の資格として招聘し、それに成功することによって、政策形成過程へ影響を与える可能性を担保していた。したがって、トラック2が政策を動かす可能性について考察する際、そもそもの問題としてトラック

2を進めるためのプラットフォームが必要である点、そしてそのための作業が決して容易なものではない点を見逃すことができないだろう。加えて、北東アジアの問題を考えた際、そもそも関係諸国間での共通認識が醸成されていないため、個別にトラック2が存在していたとしても、現時点ではあまり効力がない点も軽視できない。

　では土台として何が必要となってくるのだろうか。まず共通の課題設定が必要不可欠だろう。次にトラック1レベルでの強い枠組みの存在も必要となり、その参加国は関係国すべて、いわゆるフルハウスでなければ最終的には意味を持たない。他方で、フルハウスを実現するためにさまざまな政策を講じることに労をかけすぎると、実質的な話し合いにすら到達できないというジレンマも生じ得る。特に北東アジアにおいては、そもそも国家間の利害関係が複雑であるうえに安全保障に関しては、共通課題を設定すること、そしてそれに対してすべての国家が賛同することがきわめて難しい状況にある。また、これまで見られてきたトラック2に関するさまざまな議論においても、トラック1レベルでの枠組みがあってこそ初めてトラック2が効力を発揮できると考えられてきたことに一理あることを認めたうえでなお、トラック1レベルの確固たる連携がある場合はトラック2の必要性が下がる可能性も否めない。北東アジアにおいてどのようなトラック2の形が望ましいのか、あるいは求められているのか、そして共通課題として何から始められるのかについての議論を活発化させることがまずは急務といえよう。そしてその段階において、政策提言に民間の専門家を関わらせる仕組みをより密に練るのと同時に、政策提言を的確に行える政策研究所の設置と国際的な専門家のネットワークの構築を通して、提言の内容の充実していく必要があるだろう。

　北東アジアにおけるトラック2の枠組みが効力を発揮する日は、北東アジアが一歩平和な地域に近づいたことを意味するとも考えられる。決して楽な道のりではない。だが達成不可能なものでもない。そのためにも、まずはトラック1レベルでの基本的な信頼醸成を進める

ためのプロセスを構築することが焦眉の問題といえよう。

1） 山本正「下田会議から『トラック2』まで体験的知的交流論」『外交フォーラム』97号（1996年9月）、15-16頁。

第3部
非核化の検証と北東アジアの課題

第3部イントロダクション

　第3章は、非核化を実施するうえで重要な「検証」に焦点をあてる。核兵器を廃絶するためには、核軍縮段階での検証が不可欠であり、また核兵器が廃絶された後も、関連施設や核物質が軍事転用されないよう検証する必要がある。本来平和利用とされている施設や核物質も引き続きその軍事転用を防ぐ措置（保障措置）が必要である。そのためには、検証のための制度的課題とともに、技術的課題についても検討することが必要だ。本章では、「非核化プロセス」に不可欠な検証制度の在り方とその技術的課題について検討したうえで、北東アジアにおける非核化プロセスの検証の可能性について検討する。

　まず、「核軍縮における検証」について、過去の実績と課題を振り返る。核不拡散については、「保障措置」という検証の仕組みが確立しているが、核軍縮についてはいまだかつて法的拘束力をもった検証の仕組みがない。そこで、米・ソ連間での核軍縮・軍備管理における検証の歴史とその実態を振り返り、さらには他の大量破壊兵器や、非核兵器地帯における検証の仕組みなどを検討し、今後の課題について整理する。

　次に、核軍縮における先進技術の応用事例研究として衛星監視技術の応用、また地域における相互検証措置の事例研究として、アルゼンチン・ブラジル核物質計量管理機関（ABACC）の教訓と北東アジアへの適用、の2つを扱う。衛星監視技術については、リモートセンシング技術の最新動向を踏まえ、すでに核軍縮・不拡散分野においても、かなりの実績をあげている点を紹介する。ただし、こう言った先進技術を国際的な枠組みや制度として導入する場合の課題についても分析している。最後に北東アジアの非核化プロセスにおける衛星監視技術の適用可能性とその課題について分析している。ABACCの事例研究では、その歴史、政治環境、制度などを分析して、その成功の要因を分析し、北東アジア地域への適応可能性について検討する。

　最後に、北東アジア非核兵器地帯が設立された場合の「検証措置」の可能性について検討を加える。ここでは、特に北東アジアにおける特殊な要因として、北朝鮮の非核化プロセスが課題となるため、その非核化プロセスの検証可能性について検討している。その分析は、おそらく将来核兵器禁止条約における核兵器国の非核化プロセスの検証にも役立つものと思われる。具体的には、先に条約に参加したあとで、非核化していく可能性について検討している。また、北東アジアのもう一つの特殊性として、原子力平和利用、とくに核燃料サイクルにかかわる地域の信頼醸成についても検討を加えている。ABACCを参考にして地域検証措置制度や、多国間管理など、核燃料サイクルをめぐる懸念減少にむけての制度的可能性について検討する。

第11章

核軍縮における検証の現状と課題

鈴木達治郎
堀尾　健太

1　はじめに

　核軍縮は、当事国や周辺国、ひいては国際社会に対して、安全保障上の影響の大きいプロセスであることから、合意やコミットメントの履行の信頼性・確実性が極めて重要であり、そのため何らかの形で「検証」を行うことが不可欠である。

　そもそも「検証」の目的は何か。完璧な検証などありえない、という現実を踏まえたうえで、「検証」の最も重要な目的は「違反を抑止すること」（ゴールドブラット（Goldblat）[1]）であるが、ジョン・カールソン（John Carlson）は次の3つが「検証」の重要な機能であるとしている。[2]

1）検知されることのリスクが違反を抑止し、条約に規定された活動規範を強化する。
2）申告施設の活動を制限することにより、検証は違反者にとっての障壁を高くする。
3）さらに重要な点として、検証は違反者（違反活動）を客観的に認定するメカニズムを提供し、制裁を科す必要があるときの重要な根拠となる。

　特に3）で記されている点は、条約違反の判断が政治的・主観的に偏らないための重要な視点であり、多国間条約の時に特に重要となると思われる。また、「検証措置は完璧でないため、違反を完全に防ぐことはできない」という主張

に対し、ゴールドブラットは「そのリスクが社会にとって十分低くなるような検証措置を構築することでその問題は解決できる。重要なのは、違反そのものの事実ではなく、違反が現実にどのような効果をもたらすかである」と述べている。これまでの軍縮・不拡散にかかわる検証措置もこの現実的アプローチで形成されている。

また、カールソンによると、多国間枠組みでの検証措置には、大きく2つのアプローチがあるとしている。第1に、包括的な条約の中に、検証措置の詳細を書き込むアプローチ。これが後述する化学兵器禁止条約の場合である。第2が、条約には遵守の義務だけを書き込み、詳細な検証措置については、別途拘束力のある協定や合意で規定する。これがNPTにおける保障措置の仕組みとなる。

2　核軍縮の検証をめぐる歴史的経緯と展望

核不拡散については、国際原子力機関（IAEA）による「保障措置」という検証の仕組みが確立しているが、核軍縮については、未だかつて、法的拘束力をもった検証の仕組みがない。しかも、過去に現実に核軍縮が実現したのは、米ソ・米露間の二国間核軍縮のみである。ここでは、この米・ソ連（ロシア）間の核軍縮における、「検証」措置について、簡単にまとめるとともに、核軍縮の検証手法の確立に向けたこれまでの取り組みについて紹介する。

(1) 米ソ・米ロの核軍縮と検証

そもそも、米・ソ連間での核軍縮（nuclear disarmament）、当初は核軍備管理（arms control）において、検証はその進展を阻む大きな障壁であった。1960〜70年代の戦略核兵器制限条約（SALT）においては、拘束力を持った検証の仕組みはなく、情報交換程度で終わっていた。これが本格的な検証措置へと動き始めたのは、80年代に入って中距離核戦力（INF）全廃条約や戦略核兵器削減条約（START）を交渉する段階になってからであった。それまでは、主に相互に行動を監視する「自国の検証技術手段（NTM）」と呼ばれる監視手段で検証

するしかなかった。これは、相手国の領域外から、衛星監視やレーダー装置等を使った技術的措置であった（詳細は次節参照）。しかしこれでは不十分であると判断して、INF条約交渉時点で「検証措置」の導入に踏み込んだ。

「信ぜよ、されど確認せよ」(Trust but verify)は、もともとロシアのことわざで、INF条約調印式のときにレーガン米大統領が引用して有名になった。検証措置の重要性を訴えた言葉として今やよく知られている。では、INF条約ではどのような検証措置が組み入れられたのだろうか。まず、条約で禁止されている弾道ミサイルの新たな配備が検出できるよう、相手国に情報を開示することを義務付けた。その情報の中には、既存のミサイルの移動や解体情報も含まれた。さらに重要な措置として、「現地での検証査察（onsite inspection）」を認めたことである。これにより、初めてNTMで収集した情報を確認する手段をお互いに持つことになった。

この経験に基づき、続いてSTARTの時にも相互検証措置を導入することとなった。基本はINF条約の時と同様であるが、その内容は以下のようにかなり拡充された。①条約に関連した核兵器についての相互情報交換の拡充、②現地査察の拡充（現状確認、廃棄された部品や閉鎖された施設、疑わしい施設、無告知査察等）、③関連施設・装備の移動・解体に関する情報提出の義務、④関連情報に暗号コードを付与しないこと、⑤データ解釈に必要な情報。これらの「検証措置」により、相手側の戦略核兵器の全貌をほぼ把握することができ、その変化や移動、廃棄等についての正確な情報を確認することができるようになった。

2002年に締結されたモスクワ条約（アメリカ合衆国とロシア連邦との間の戦略的攻撃能力の削減に関する条約：SORT）では、検証措置についての規定は含まれないことになった。モスクワ条約は相互に配備する戦略核弾頭数を2012年までに1700～2200発に減少する条約であったが、核弾頭やその運搬手段についての廃棄義務はなかった。当時のブッシュ米大統領は既存の検証措置があるので、これ以上の検証措置は不要である、として条約に含めることにはならなかった。

次にオバマ政権時に締結された新戦略核兵器削減条約（new START）では、逆に検証措置の簡素化が図られている。START時に確立した相互の検証措置

がかなりの実績を上げてきたことが大きいが、米・ロ関係の変化も背景にあることはまちがいない。

(2) 核軍縮の検証手法の確立に向けた取り組み

しかし、これまでに紹介した事例は、あくまでも米ロ二国間の検証措置であり、国際社会にとってはその確認はできないため、今後の核軍縮の進展にとっては、米ロ以外の第三者が参加した検証措置、そして多国間の核軍縮の検証措置を確立していくことが重要となる。

90年代後半には、米ロとIAEAの間で、「三者間イニシアティブ（Trilateral Initiative）」と呼ばれる、解体核兵器から回収される核物質の検証措置が試みられた。1996から2002年まで6年間の試行期間を終えて、結局採用されないままに終わったが、これは、米・ロに加え、IAEAが参加して、核物質が再び軍事利用されないよう検証する、という考え方であった。この試みを通じて、IAEAがこの検証措置を行う技術的能力やその権限については全く異存がなかったものの、いくつかの障害点が指摘された。中でも問題になったのは、軍事的に機微な情報にIAEAがアクセスしないで、核物質の査察を実施できるか、という技術的問題であったが、専門家グループは「容器に入れた形での検証により克服可能」との技術的解決策を出していた[7]。それでも、この検証措置が最終的に実施されなかった理由として、このイニシアティブに深く関与した専門家は次の5つの理由を挙げている。①新政権（ブッシュ）が関心をなくした、②プルトニウム処分法をめぐり米ロで意見が一致しなかった、③その結果、プルトニウムを扱う技術や方法が対称性に欠けた、④相互に機密情報にアクセスされるのを嫌がった、⑤本格的な制度の検討ではなく、「フィージビリティスタディ」の域を超えることはなかった[8]。しかし、このイニシアティブには、IAEAのみならず、英国や非核保有国の日本やイタリアも参加していたことは、今後の核軍縮における検証措置を検討するうえで、大きな経験になったということができる。

また、多国間の枠組みでの核軍縮の検証措置は現時点で存在しないが、その確立に向けた取り組みもいくつか見受けられる。

まず、「英国・ノルウェーによるイニシアティブ（UK-NI）」があげられる。2007年に開始したこの２国間協力は、非核保有国であるノルウェーが参加した初めての「核軍縮検証メカニズム」の取り組みであった点が重要である。この取り組みの成果は、2015年のNPT再検討会議に報告書を提出し、その中で「（核軍縮の検証措置において）核兵器国と非核兵器国が協力することについて、技術的制度的障壁は存在しないと強く確信している」と述べた。その後、この２国間イニシアティブの焦点は、兵器級プルトニウムを取り扱う際に、機微な情報が非核兵器国に伝達されないよう「情報障壁」を技術的に実証することであり、既に研究室レベルでは達成できたとされている[9]。

次に紹介するのが、米国国務省が、米国NGO核脅威イニシアティブ（NTI）とともに2014年12月に立ち上げた「核軍縮の検証に関する国際パートナーシップ」（IPNDV）である[10]。IPNDVには27か国とEUが参画し、「監視・検証の目的」「現地査察」「技術的課題と解決策」の３つの作業部会を設置して、核軍縮の検証における様々な課題について、核兵器国と非核兵器国が協働して議論を深めている。

また、2016年の国連総会決議（A/RES/71/67）では、国連事務総長に対し、実践的で効果的な核軍縮の検証手法の開発について、加盟国の見解を取りまとめて総会に対して報告することを求めている[11]。またこの報告に基づいて、2018〜2019年にかけて核軍縮の検証に関する政府専門家グループの会合が開催される見通しであり、さらに検討が深まることが期待される。

3 核兵器の禁止と検証

核軍縮の検証よりも少し広い概念になるが、核兵器の禁止あるいは不存在に関する検証がある。具体的には、核兵器禁止条約にかかる検証制度、そして非核兵器地帯における検証制度である。

(1) 核兵器禁止条約と検証

2017年７月に制定された核兵器禁止条約は全20条からなるが、検証措置に関

わる条文は、第3条「保障措置」と第4条「核兵器の完全な廃絶」である。第3条は、締約国に対して「少なくとも本条約が発効する時点と同等のIAEA保障措置を維持すること」「包括的保障措置（INFCIRC/153型）を締結していない国は速やかに締結すること」を求めている。また、第4条「核兵器の完全な廃絶」においては、第1項において2017年7月7日以降に核兵器を保有している国に対して、条約の発効までに核兵器および関連施設等を廃棄すること、発効後にも核兵器を保有する国に対しては第1回締約国会合で設定される期限までに廃棄を完了することを求めている。この廃棄の検証については、締約国によって指定される「権威ある国際機関」（competent international authority）と協力することのみが規定されている一方で、保障措置については、「申告された核物質等の転用防止」と「未申告の核物質等の不在」の双方を保証するもの、つまり包括的保障措置および追加議定書の締結を求めている。

したがって、本条約は、核兵器の廃絶を目指す意欲的かつ歴史的な条約であるものの、それに向けた道筋において不可欠な検証については、条約自体では十分に規定がなされていない。核兵器国およびその同盟国で唯一条約交渉に参加したオランダは、条約案の採決において反対票を投じたが、反対理由の1つとして「不適切な検証規定を含む」ことを挙げている。また保障措置についても、核兵器の廃絶の対象となる国には、未申告活動の検知を可能とするIAEA保障措置（追加議定書に相当）までを求めているのに対し、その他の締約国に対しては包括的保障措置のみを求めており、条約の締約国の間で異なるレベルの義務が課されており、望ましい状態とは言えない。

(2) 非核兵器地帯における検証制度

1970年に発効した核不拡散条約（NPT）第7条では、「この条約のいかなる規定も、国の集団がそれらの国の領域に全く核兵器の存在しないことを確保するため地域的な条約を締結する権利に対し、影響を及ぼすものではない」と規定している。また1975年に採択された国連総会決議3472は、非核兵器地帯について「国連総会によって認められ、任意の国の集団が、その主権を自由に行使し、条約に基づいて設置した地帯」であり、「地域の協会設定の手続きを含め、

第11章 核軍縮における検証の現状と課題

その地帯を対象とする核兵器の完全な不存在に関する規定」を定め、「義務の遵守を保証するために、検証および管理の国際的なシステムが創設される」ものだと定義している。[14]

現在、5つの非核兵器地帯条約が発効しており、中南米[15]、南太平洋[16]、東南アジア[17]、アフリカ[18]、中央アジア[19]に非核兵器地帯が存在する。またモンゴルは、国連総会決議により1国での非核の地位を宣言し、国際的に認められている[20]。この他、4つの条約(宇宙条約、南極条約、海底核禁条約、月協定)においても、条約対象範囲を非核化することを定めている。

国連総会決議3472で言及されているように、「検証」は非核兵器地帯を構成する重要な要素であるが、既存の非核兵器地帯における検証制度は、①IAEA保障措置、②報告・情報交換、③査察、④協議・紛争解決、の4つの要素から構成される。既存の非核兵器地帯条約における検証制度の特徴について、運用を担う組織面も含めて下表にまとめた。

		トラテロルコ (中南米)	ラロトンガ (南太平洋)	バンコク (東南アジア)	ペリンダバ (アフリカ)	セメイ (中央アジア)
検証措置	IAEA保障措置	・IAEAとの保障措置協定の締結を求めるが、タイプは言及無し	・包括的保障措置	・包括的保障措置	・包括的保障措置	・包括的保障措置 ・追加議定書
	報告・情報交換	・半年ごとの報告 ・IAEAに提出した報告等を共有 ・事務局長の要請による特別報告	・重大な事案が発生した際に報告 ・南太平洋フォーラムに年次報告	・重大な事案が発生した際に報告	・年次報告 ・重大な事案が発生した際にも報告	・年次会合 ・特別会合
	査察等	・特別査察の規定はあるが、実施者はIAEA	・特別査察(査察員は協議委員会が任命)	・事実調査ミッション	・IAEAに査察を要請	・規定なし

147

	協議・紛争解決	・国際司法裁判所へ付託（紛争当事国の事前同意が必要）	・協議委員会 ・苦情申立て手続	・説明要請 ・改善措置（会合の招集を含む）	・苦情申立て手続 ・特別会合	・締約国間の交渉等を通じて解決
組織等		・ラテンアメリカ核兵器禁止機関（OPANAL） ・総会、理事会及び事務局から構成	・新たな組織の設置はない ・南太平洋経済協力機構が実質的な事務局機能を果たす	・東南アジア非核兵器地帯委員会 ・下部機関として執行委員会を設置	・アフリカ原子力委員会の設置	・なし ・締約国の会合のみ

　非核兵器地帯に参加している国は全てNPT上の非核兵器国であることから、NPT第2条で定められている非核兵器国の不拡散義務、および同第3条で定められているIAEA保障措置の受入義務は、非核兵器地帯の検証の重要なベースとなっている。各非核兵器地帯条約において言及されている保障措置協定のタイプとしては、包括的保障措置（INFCIRC/153型[21]）が原則であるが、最も新しい中央アジア非核兵器地帯条約では追加議定書（INFCIRC/540型[22]）の締結も求めている。

　また、非核兵器地帯独自の検証制度の基本は、締約国からの報告・情報共有にあるが、特に重大な事案（疑義）が生じた場合には、条約の下での査察等の実施、あるいは協議や紛争解決の仕組みが備えられている。査察については、条約の下で自主的に行うもの（南太平洋、東南アジア）と、IAEAに委託するもの（ラテンアメリカ、アフリカ）がある。協議や紛争解決については、締約国間の交渉がベースとなることは共通しているが、手続き等の詳細に違いはある。

　なお、検証制度の運用には、何らかの形で事務局機能が必要であるが、新たな組織を設置（ラテンアメリカ、アフリカ）、政府間の会議体を設置（東南アジア、中央アジア）、既存の機構を活用（南太平洋）など多様である。これは関係国の政治的志向に加えて、事務局に期待される作業量等の実務的な考慮も含まれていると考えられる。

4 大量破壊兵器の軍縮に関わる他の検証制度

(1) 包括的核実験禁止条約（CTBT）

　1996年9月に国連総会にて採択された包括的核実験禁止条約（CTBT）は、大気圏内や水中、地下等での核実験を禁止する条約である。2017年10月時点で183カ国が署名（うち166カ国が批准）しているものの、発効要件国44カ国のうち8カ国が批准していないことから未発効であるが、本条約の大きな特徴の1つとして、非常に頑強な検証制度を有していることが挙げられる。

　CTBTの検証制度は、①国際監視制度（IMS）、②協議および説明、③現地査察（OSI）、④信頼醸成措置（CBM）の4つからなるが、それぞれの概要は下表の通りである。

国際監視制度（IMS）	321カ所の観測所（地震波、水中音波、微気圧振動、放射性核種の4種類）と16の分析所から構成され、核実験の実施を監視する。
協議および説明（C&C）	核実験の疑惑が生じた場合、直接ないし執行理事会を経由して、当該国に対して説明を求めることが出来、当該国は一定時間内に回答しなければならない。
現地査察（OSI）	核実験の疑惑が生じた場合、締約国は現地査察の実施を要請することが出来、51の理事国のうち30以上の賛成が得られれば、現地査察が実施される。
信頼醸成措置（CBM）	核実験と誤認しないため、自主的な措置として、TNT300トン相当以上の爆発事象について通報する。

　このうち、IMSを除く3つの制度については、条約発効後にしか適用されないが、IMSについては包括的核実験禁止条約機関（CTBTO）準備委員会の暫定技術事務局（PTS）の下で暫定運用されており、現時点で約85％の施設が稼働している。近年では核実験を継続的に実施しているのは北朝鮮のみであるが、2006年以降の計6回の核実験については、毎回IMSで得られたデータや分析結果を公表している。[23]

(2) 化学兵器禁止条約と検証制度

　核兵器以外の大量破壊兵器（WMD）——化学兵器および生物兵器——については、全面的な禁止条約が成立しているが、このうち、兵器の解体・廃棄について検証制度を有しているのは化学兵器禁止条約（CWC）である。[24] CWCでは、締約国に対し、原則として条約批准後10年以内に化学兵器を全廃することを求めているが、条約の遵守・履行を確保するために、包括的で実効性のある検証制度を備えており、また、検証制度を含む条約の運用機関として、化学兵器禁止機関（OPCW）が設置されている。

　CWCの検証制度は、条約本文に加えて、3つの議定書から構成され、これらの議定書は、「実施と検証」、「条約の対象とする化学物質」、および「機密情報の防護」について詳細に定めている。このうち、実施と検証に関する議定書は、検証議定書（Verification Annex）と呼ばれ、「化学兵器の廃棄」や「化学兵器製造工場の廃棄」等に関する検証手続きについて、200頁以上にわたって非常に詳細に規定している。

　化学兵器の廃棄に関する検証は、保有している化学兵器の量や所在地等に関する、締約国の申告が基本となり、このような申告は条約批准後30日以内になされる必要がある（条約第3条）。この申告では、同時に、締約国が保有している全ての化学兵器に関して、全般的な廃棄計画（general plan for destruction）を示す必要があり、これには廃棄のスケジュールの概要、廃棄に必要となる施設や要員、安全等の基準、費用見積もりなどが含まれる。また、個々の化学兵器の廃棄の方法は締約国が検討・決定することになっており、詳細な廃棄計画は、1年の廃棄期間（annual destruction period）ごとに提出される。

　一方で、査察計画については、締約国（被査察国）から提出された情報に基づいてOPCWの技術事務局が立案し、最終的には執行理事会での承認が必要となるが、その過程では被査察国とも協議を行うこととなっている。

(3) 核兵器用核分裂性物質生産禁止条約（FMCT）

　FMCTとは、核兵器（核爆発装置）への利用を目的とした核分裂性物質（高濃縮ウランとプルトニウム）の生産を禁止する条約であり、「カットオフ条約」

とも呼ばれる。FMCT は未だに正式な政府間交渉が始められていないが、これまでに条約の草案や禁止項目等については、政府や専門家の間で議論が進められている。その中で、検証について分析を行ったものとしては、2008年、2009年に発表された International Panel on Fissile Material（IPFM）の報告書[25][26]、また2016年に IPFM のメンバーである Podvig が発表した国連軍縮研究所（UNIDIR）の報告書[27]が参考となる。

　これらで指摘されている FMCT に必要な検証措置としては、次の3点が不可欠と考えられている。1）生産施設の検証、2）下流（最終利用まで）において申告された核物質の検証、3）未申告施設・生産の検出。

　生産施設の検証では、対象となる核物質の定義、その核物質を生産する施設の定義がまず大事となる。研究用施設（小規模な施設）は除外されるが、対象となる施設はすべて申告される必要がある。ここで重要とされるのが、核兵器国で過去軍事用核物質を生産していた施設である。条約では、これら施設は閉鎖・解体・廃止措置とされるのが望ましいが、残される場合は民生用への転換が必要である。既に廃棄されている施設も申告の対象とするのかも検討すべき事項であろう。施設の検証は、おそらく NPT の下で実施されている IAEA の保障措置がモデルになると期待される。

　次に核物質の転用防止についてである。生産施設と同様、基本は IAEA の保障措置がモデルとなるが、FMCT では「生産」が禁止されているだけで、在庫については対象外であること、また「生産」には「取得（他者からの移転を含む）」も含まれること、さらに「許容される用途」として、「原子力潜水艦用原子炉の燃料」も含まれることが異なる。原潜用燃料については、保障措置の対象とならないため、生産後に保障措置の対象から外されるケースもでてくることに注意する必要がある。

　最後に、未申告施設・生産であるが、ここでは申告施設における未申告生産と未申告施設における生産との2つが考えられる。前者は IAEA の保障措置で検出可能であるが、後者は特別の検証措置が必要だ。おそらく参考になるのは、追加議定書に基づく未申告施設の検出措置であろうが、NPT でも追加議定書は義務にはなっていない。

1) Jozef Goldblat, "How to Deter Violations of Disarmament and Non-proliferation Agreements," in Assessing Compliance with Arms Control treaties, *Report of the International Group on Global Security-IGGS*, September 2007, pp. 54-62.
2) John Carlson, Experience and Challenges in WMD Treaty Verification: A Comparative View, Australian Safeguards and Non-Proliferation Office, Background Papers on Nuclear Verification Issues, 30 January 2009.
3) Goldblat, op. cit.
4) Amy Wolf, "Monitoring and Verification in Arms Control," Congressional Research Service, December 23, 2011, R41201. (https://fas.org/sgp/crs/nuke/R41201.pdf)
5) Ibid.
6) Ibid.
7) Loura Rockwood, "The Trilateral Initiative: The Legal and Financial Issues," October 17, 2014. (https://www.iaea.org/safeguards/symposium/2014/home/eproceedings/sg2014-papers/000275.pdf)
8) Tom Shea, "Trilateral Initiative: IAEA Verification of Classified Forms of Weapon-Origin Fissile Material Declared as Excess to the Defense Requirements of the Russian Federation and the United States," IAEA Safeguards Symposium, October 2014. (https://www.iaea.org/safeguards/symposium/2014/home/eproceedings/sg2014-slides/000334.pdf)
9) The United Kingdom-Norway Initiative: Further research into the verification of nuclear warhead dismantlement: Working paper submitted by the Kingdom of Norway and the United Kingdom of Great Britain and Northern Ireland, document NPT/CONF.2015/WP.31, 22 April 2015.
10) U.S. Department of States, "International Partnership for Nuclear Disarmament Verification (IPNDV)" (https://www.state.gov/t/avc/ipndv/)
11) これまでに27か国と欧州連合から意見が寄せられている。(https://www.unog.ch/80256EE600585943/(httpPages)/794372F61323EA8EC12580ED0053B8D5?OpenDocument)
12) Treaty on the Prohibition of Nuclear Weapons.
13) Permanent Representations of the Netherlands, "Explanation of vote of the Netherlands on text of Nuclear Ban Treaty," 7 July 2017. (https://www.permanentrepresentations.nl/latest/news/2017/07/07/explanation-of-vote-of-ambassador-lise-gregoire-on-the-draft-text-of-the-nuclear-ban-treaty)
14) United Nations, Comprehensive study of the question of nuclear-weapon-free zones in all aspects, General Assembly Resolution 3472, 1975.
15) Treaty for the Prohibition of Nuclear Weapons in Latin America and the Caribbean（トラテロルコ条約）
16) South Pacific Nuclear Free Zone Treaty（ラロトンガ条約）

17) Treaty on the Southeast Asia Nuclear Weapon-Free Zone（バンコク条約）
18) African Nuclear-Weapon-Free Zone Treaty（ペリンダバ条約）
19) Treaty on a Nuclear-Weapon-Free Zone in Central Asia.
20) United Nations, "Mongolia's international security and nuclear weapon free status", General Assembly Resolution 55/33S, 2000.
21) International Atomic Energy Agency, "The Structure and Content of Agreements Between the Agency and States Required in Connection with the Treaty on the Non-Proliferation of Nuclear Weapons," INFCIRC/153, 1972.
22) International Atomic Energy Agency, "Model Protocol Additional to the Agreement (s) Between State (s) and the International Atomic Energy Agency for the Application of Safeguards," INFCIRC/540, 1997.
23) 例えば2017年9月の核実験に関するデータやステートメント等は以下から参照できる。(https://www.ctbto.org/the-treaty/developments-after-1996/2017-sept-dprk/)
24) 生物兵器禁止条約は検証制度を備えていない。
25) International Panel on Fissile Materials (IPFM), Global Fissile Material Report 2008: Scope and Verification of a Fissile Material (Cutoff) Treaty, October 2008. (http://ipfmlibrary.org/gfmr08.pdf)
26) Draft for Discussion Prepared by the IPFM, CD/1878, 15 December 2009. (http://fissilematerials.org/library/G1060052.pdf)
27) Pavel Podvig, Fissile Material (Cut-off) Treaty: Elements of the Emerging Consensus, UNIDIR, 2016. (http://www.unidir.org/files/publications/pdfs/fissile-material-cut-off-treaty-elements-of-the-emerging-consensus-en-650.pdf)

第12章

衛星監視技術の利用可能性

永井雄一郎
全　炳徳
広瀬　訓
榎本　浩司

1　リモートセンシング衛星技術の動向

　人工衛星を用いて地球観測を行うリモートセンシング衛星技術は、決して新しい技術ではない。その歴史は古く、米国では第二次世界大戦の直後から先駆的な検討が開始されていた。1950年代に入ると、米ソ対立を背景とし、軍事安全保障面での情報収集を目的として偵察衛星の研究開発が本格化した[1]。1960年代に入ると米ソ両国によって偵察衛星の運用が始まり、冷戦時代の「長い平和」を支える要因の一つとして両国に認識されるようになった[2]。
　1970年代に入ると、リモートセンシング衛星は軍事安全保障の分野以外でも大きく発展するようになった。1972年、米国はランドサット（LANDSAT）と呼ばれるリモートセンシング衛星を打ち上げた[3]。ランドサットは、米国家航空宇宙局（NASA）が開発した非軍事リモートセンシング衛星であった。その名の通り、地球の陸域観測を目的とし、農業、資源管理（森林や鉱物）、地質調査、地図作成、環境監視など様々な用途での幅広い利用が期待された[4]。また1986年には、フランスがスポット（SPOT）と呼ばれるリモートセンシング衛星を打ち上げた。空間分解能は高精度なものではなかったものの、軍事安全保障分野以外でもリモートセンシング衛星が利用できるようになったことは画期的な出来事であった。

より重要なことは、これらランドサットやスポットの衛星データが商業的に利用可能となったことである。1985年には、ランドサットの商業運用と衛星データの販売を行う EOSAT 社が設立された[5]。フランスでも SPOTImage 社が設立され、スポットの衛星データの商業配布が開始された。独自の衛星技術を保有しない国家や国際機関であっても、必要なコストを払えばリモートセンシング衛星の画像情報を利用できるようになったのである。ランドサットやスポットは、こうした商業利用可能なリモートセンシング衛星の先駆けであった。

　21世紀に入ると、リモートセンシング衛星の分野では、いくつかの点で大きな変化が現れるようになった。第一に、商業利用が可能なリモートセンシング衛星の世界的な発展と高分解能化が見られるようになった。今日では、世界各国が高性能なリモートセンシング衛星を運用するようになっており、その空間分解能も大きく改善している。例えば、フランスは2011年と2012年に Pléiades と呼ばれる2機の高性能光学リモートセンシング衛星を打ち上げた。これは、フランス国立宇宙研究センター（CNES）と国防省による軍民両用のいわゆるデュアルユース衛星であり、その空間分解能は50cm であるとも言われている。国防当局によって軍事安全保障面でも利用されるほど高性能なリモートセンシング衛星である一方、その衛星データは欧州宇宙企業の最大手 Airbus Defense and Space 社を通じて商業的に利用することも可能である[6]。米国においては、民間企業が運用する商業リモートセンシング衛星によって高分解能の衛星データが提供されるようになっている。なかでも、DigitalGlobe 社が運用する WorldView-3 や WorldView-4 は、31cm もの空間分解能を実現しており、商業利用が可能な衛星データとしては世界最高レベルを誇っている。

　第二に、光学センサーによるリモートセンシング衛星だけではなく、今日では合成開口レーダー（SAR）を用いたリモートセンシング衛星のデータ利用も可能となっている。高度な解析技術を必要とするものの、光学センサーによるリモートセンシング衛星とは異なり、全天候型で雲の影響を受けず、また夜間であっても衛星データを取得できることが大きな利点である。例えば、ドイツの TerraSAR-X や TanDEM-X が有名である。これらの衛星は、ドイツ航空宇宙センター（DLR）と EADS Astrium 社（現在の Airbus Defense and Space 社）

による官民連携プロジェクトとして開発されたリモートセンシング衛星であり、それぞれ2007年と2010年に打ち上げられた。イタリアでも2007年から2010年にかけて COSMO-SkyMed と呼ばれる SAR を搭載した4機のリモートセンシング衛星が打ち上げられた。同様に、カナダも RADARSAT-2 と呼ばれる衛星を運用している。いずれも空間分解能1m程度の衛星データを取得することができる。また、コペルニクス計画という EU が主導する地球観測プログラムでも Sentinel-1 という SAR を搭載したリモートセンシング衛星が運用されている。また近年では、干渉SAR（InSAR）と呼ばれる技術が注目されている。InSAR は、観測対象となる地点を同じ SAR によるリモートセンシング衛星を使って観測することによって、地形の変動量など時間的な変化を可視化するという技術であり、一般的には地震や火山活動などによる地殻変動の状況を調べるために利用されている。後述するように、潜在的には、このような InSAR 技術を応用することで核実験による地形の変化を分析することも可能であると考えられる。

　第三の変化は、小型・超小型衛星の発展である。特に、Cubesat と呼ばれる超小型衛星の打ち上げは近年急増している。高性能なリモートセンシング衛星と比べると空間分解能は限られるものの、その最大の利点は時間分解能の劇的な向上であろう。多数の衛星でコンステレーションを組むことによって、従来では考えられなかったような高い頻度での観測を実現できるようになっているのである。製造コストや打ち上げコストが従来の大型衛星と比べてはるかに安いという点も大きな魅力である。それゆえ、近年では多くのベンチャー企業が超小型衛星を用いた地球観測サービスを始めるようになっている。なかでも有名なのは、サンフランシスコに拠点をおく米国のベンチャー企業 Planet Labs 社であろう。2010年に設立された Planet Labs 社は、Dove と呼ばれる超小型衛星を用いた地球観測サービスを提供している。現在（2017年9月時点）、同社は約180機もの Dove 衛星を地球軌道上で運用している。空間分解能は3-5m程度と決して高いものではないが、多数の衛星によるコンステレーションによって地球全体のデータを毎日取得できるようになるという利点がある。さらに同社は、Google の傘下でリモートセンシング衛星による地球観測サービス

を提供していたTerraBella社を買収したことにより、現在ではSkysatと呼ばれる7機の小型衛星も保有し、そのデータ販売も行うようになっている。[7] Skysatは、商業リモートセンシング衛星としては世界初となるビデオ撮影機能を搭載しており、1.1mという高い空間分解能で一回あたり90秒ほどの動画記録が可能であるという特徴を持っている。近年では、こうした小型・超小型衛星によるビジネスを始めるベンチャー企業が各国で現れ始めており、その利用可能性も大きく広がっている。

2 軍縮・不拡散分野における衛星技術の活用例：現状と課題

(1) 検証技術としてのリモートセンシング衛星

　軍縮・軍備管理あるいは核不拡散の分野における検証手段としてのリモートセンシング衛星の技術的有用性は論を俟たない。人工衛星は、直接現地に立ち入ることなく情報を取得できるという大きな利点がある。通常はアクセスできないような地域であったとしても、人工衛星であれば宇宙空間から情報を収集することができるのである。また広いカバレッジを持ち、特定のエリアの定期的な観測も可能であるという利点もある。[8] こうした人工衛星が持つ特有の利点は、原子力関連施設や核実験場の監視などにも有用性を持つ。たとえば、核関連活動が秘密裏に行われていたり、フェンスや防空レーダーのような手段で保護されていたとしても、リモートセンシング衛星のデータを分析することで、ある程度の状況を把握することが可能なのである。[9]

　既に述べたように、冷戦時代に米ソ両国が軍備管理協定における独自の検証技術として偵察衛星を運用・利用してきたことは、今日ではよく知られている。例えば、1970年代初頭の戦略兵器制限交渉（SALT）においても検証手段としてのリモートセンシング衛星は不可欠なものであった。軍備管理協定の遵守を検証する独自の手段を持っているということは、こうした交渉と合意を促進した大きな要因の一つであった。[10] それゆえ、1972年のSALT I暫定協定ではお互いに自国の検証技術手段（NTM）を妨害しないことが両国間で合意されていたのである。[11] 1978年10月に米国のジミー・カーター（James E. Carter）大統領

が明らかにしたように、偵察衛星は軍備管理の分野において国際問題を安定化させる重要な要素であった。[12]

しかしながら、言うまでもなく、米ソが独自に保有・運用する偵察衛星は極秘の計画であり、その衛星データも機密扱いの情報であった。米国政府は、1978年まで人工衛星による偵察の事実を公式には認めていなかった。米国の偵察衛星計画を支えてきた国家偵察局（NRO）は、冷戦時代にはその存在自体が機密扱いの組織であった。[13] したがって、その技術的有用性にもかかわらず、米ソ両国が保有・運用する偵察衛星の技術や情報が軍縮・軍備管理あるいは核不拡散体制を支える検証手段として国際的に広く共有されることはなかった。[14]

1970年代から80年代にかけて、米国のランドサットやフランスのスポットによる衛星データの商業利用が可能になったことは、こうした国際的な軍縮・不拡散体制の分野にも潜在的な利用可能性をもたらすものであった。軍事偵察衛星と比べると空間分解能には限界はあったものの、それまで限られた国家にしかアクセスできなかった衛星データを誰でも利用できるようになったことは大きな変化であった。早くも先駆的な研究は、こうした商業利用可能なリモートセンシング衛星の軍縮・不拡散分野における利用可能性を指摘していた。当時のランドサットやスポットの衛星データは10-30m程度の空間分解能であったものの、特定の原子力関連施設の位置や規模を評価したり、既知の核実験場の状況や地下核実験によって生じた地表面の変化を確認したりすることが可能であると考えられた。[15] 1986年4月に発生したチェルノブイリ原子力発電所事故の際にも、ランドサットやスポットの衛星データは、現場の状況を把握・評価するうえで一定程度の利用可能性を示唆していた。[16] こうした新たな利用可能性は、例えば国際原子力機関（IAEA）の保障措置を支えるうえでも価値のある貢献ができるものと期待された。[17]

(2) IAEAにおける活用事例

事実、こうした商業的に利用可能なリモートセンシング衛星のデータは、IAEAにおいても注目されていた。1990年代に入ると、イラクによる秘密裏の核開発計画の発覚などを受け、IAEAは保障措置の強化に向けた検討を開始し

た。検討の結果、既存の協定の下で実行可能な施策と新たな法的枠組みが必要な対策に整理された[18]。例えば、未申告の施設への立ち入りを認める補完的アクセスなどは新たな法的枠組みが必要であるとされ、追加議定書として整備された。一方、オープンソース情報の分析などは既存の協定のもとでも実行可能であると考えられ、その一つとしてリモートセンシング衛星による画像情報の利用可能性が期待された。

　当時、米国では民間企業によって、高い空間分解能を持つ商業リモートセンシング衛星の打ち上げが計画されていた。事実、1990年代の終わりから2000年代の初めにかけて、IKONOSやQuickBirdといった空間分解能1m以下の性能を持つ商業リモートセンシング衛星が登場した。こうした高分解能の商業リモートセンシング衛星は、国際的な核不拡散体制や軍備管理・軍縮のための検証ツールとして新たな利用可能性を期待させるものであった[19]。

　このような状況を背景に、IAEAでは早くも1990年代の終わりから保障措置における商業リモートセンシング衛星の利用可能性について本格的な検討を開始していた[20]。1999年に米国のSpaceImaging社によってIKONOSが実際に打ち上げられると、IAEAでも衛星データの活用を進めるようになった[21]。2000年には商業リモートセンシング衛星の画像解析を行うための予算を計上するようになり、2004年には通常予算化するようになった[22]。また2001年には、リモートセンシング衛星のデータ解析を行う独自の能力を確保するため、組織内に衛星画像解析ユニット（Satellite Imagery Analysis Unit）を設置した[23]。以来、IAEAは保障措置における衛星データの活用を積極的に進めるようになった。現在、商業衛星画像は、IAEAにとって「特に価値のあるオープンソース情報」と位置づけられており、保障措置における検証能力の強化や効率化を図るうえで重要な役割を担うようになっている[24]。特に、各国によって申告された情報の正確性と完全性の検証、査察計画の立案支援、核燃料サイクル関連施設の監視、また潜在的には未申告の活動の発見や特定といった目的で、今日では日常的に衛星画像が利用されるようになっている[25]。こうした衛星画像の活用によって、査察官による現地調査が必要な場所の選定を具体的な情報に基づいて行うことが可能となる。また反対に、現地査察の必要性を軽減させることによって、人材

や財源といったリソースの活用を最適化し、保障措置の効率化に貢献することもできる。加えて、こうした衛星データの解析により、違反の疑いのある核関連活動を発見できる可能性を高めることも期待できるのである。[26]

例えば、イランにおいては、再処理関連活動（テヘラン研究炉やRI製造施設など）、重水関連活動（IR-40や重水製造施設）、ウラン濃縮施設（Qom）など様々な施設・活動に対して衛星画像解析が行われた。とりわけ、パルチン軍事施設における活動については商業リモートセンシング衛星のデータを活用して重点的な観測が行われた。また、こうした施設・活動の定期的・定点的な観測だけでなく、加盟国から提供された情報とのクロスチェックとしても商業衛星画像が利用された。[27] 2009年4月以来、現地での査察が実施できていない北朝鮮に対しては、リモートセンシング衛星の画像解析によって寧辺の核関連施設などの動向を把握している。[28] 北朝鮮の事例は、直接現地に踏み入ることなく情報を収集できる衛星技術の利点をよく示している。現地での物理的な査察活動ができない状況下においても、IAEAは商業衛星画像を活用することによって北朝鮮の核計画の進展について最新の動向を分析することが可能となっているのである。また、商業衛星画像の活用は、同国での査察活動が再開された場合に備え、その実施計画を準備したり、更新したりするうえでも有用と捉えられている。[29] また2011年5月、IAEAはイスラエルが2007年に空爆したシリアの施設は未申告の原子炉であった可能性が高いとする報告書を発表した。[30] この時にも、IAEAは衛星画像を用いて過去の建設活動の確認や、対象施設の構造や形状などの把握を行った。またこの事例では、ある特定の期間について、高分解能の商業リモートセンシング衛星画像が入手できなかったことから、加盟国によって提供された衛星画像も合わせて利用していた。[31]

(3) 包括的核実験禁止条約（CTBT）の事例

同様に、こうした商業リモートセンシング衛星は、CTBTの検証制度にも潜在的有用性をもたらすものであった。[32] 何より、1996年に採択されたCTBTでは、既にその条文において「各締約国は、適当な場合には、この条約の効率的かつ費用効果的な検証を強化する特別な措置を発展させることを視野に入

れ、検証体制の改善ならびに電磁波監視や衛星監視のような追加的な監視技術による検証能力の検討にあたって機構及び他の締約国と協力することを約束する」と謳っており、当初からリモートセンシング衛星の利用可能性に注目していた。

　CTBTでは、交渉の過程から条約違反を監視するための検証制度の整備が大きな前提となっていた。条約上の義務に密かに違反した国が摘発されずに見逃されるようなことがあれば、条約上の義務を遵守している国が大きな安全保障上の不利益を被ることにもなりかねないという認識が各国の間で共有されていたからである。検証制度の正確性と信頼性は、CTBTの存在意義そのものにも密接に関わる問題であった。

　CTBTの検証技術を検討するにあたっては、大きく三つの方法が考えられた。国際監視制度（IMS）、各国のNTM、そして現地査察である。なかでも、条約の履行状況を日常的に監視するIMSは、CTBTにおける検証制度の中心を担うものと考えられ、条約交渉の際も多くの時間と労力が費やされた。特に、1963年の部分的核実験禁止条約（PTBT）で禁止対象外となった地下核実験の監視体制を整備することは大きな課題であった。最終的には、地震波、放射性核種、微気圧振動、そして水中音波の４つを観測する監視システムがIMSとして決定された。

　しかしながら、衛星監視技術の利用については、条約交渉中にも検討が行われたものの、その精度、信頼性、および費用対効果の観点でIMSとしての採用が見送られ[33]、将来における追加的な監視技術としての利用可能性が条文において言及されるにとどまった。当時、リモートセンシング衛星によって中立・公平な立場から地球全体を広く監視することで違法な核実験を早期に発見することには途上国を中心に大きな期待もあった。しかし、1990年代に利用可能であった衛星データの精度や範囲には限界もあった。また、実際に人工衛星の保有・運用にかかる費用を熟知している先進国は、その実現可能性や費用対効果の観点から疑問を感じていた。ただ、当時はリモートセンシング衛星の技術にも一定の発展が見られたことから、その将来における利用可能性についてまでは否定できず、引き続き検討を行うことで合意がなされ、その旨が条文に明記

されたのである。

 この条文が作成されてから20年以上が経過した現在、CTBT は未だ発効要件を満たすことができず未発効のままである。一方で、先述の通り、この間にリモートセンシング衛星の分野では目覚ましい発展が見られた。今日では、空間分解能 1 m 以下の性能を誇る高分解能リモートセンシング衛星が数多く運用されるようになっており、利用可能な衛星データの精度は著しく向上している。加えて、SAR を含め、多様なセンサーによって衛星データを取得することも可能になっている。InSAR 技術を用いることで、地下核実験による地形の変化を観測することもできるようになっている。CTBT の交渉が行われた1990年代には見られなかったようなリモートセンシング衛星技術が、今日では利用できるようになっているのである。[34]

 当然ながら、CTBT においても、こうしたリモートセンシング衛星の目覚ましい発展を踏まえ、その利用可能性について検討を行っている。例えば、CTBTO が主催する科学技術会議（Science and Technology Conference）においてもリモートセンシング衛星を活用した監視技術についての報告が行われている。

 しかしながら、現在のところ、リモートセンシング衛星による監視技術をCTBT における IMS の一つとして新たに採用するという動きは見られない。これには、二つの大きな理由がある。一つは、やはり費用の問題と技術的な制約である。リモートセンシング衛星の技術はこの20年間で飛躍的な発展を遂げたとはいえ、IMS の一部として独自の人工衛星を保有・運用するには多額のコストが必要になる。また、詳細な観測データを得るためには、一つの人工衛星でカバーできる範囲は必然的に小さくなる。逆に広範囲のデータを取得しようとすれば、データの精度を一定程度犠牲にしなければならない。世界全体を一定の精度で隈なく常時監視するという目的で人工衛星を保有・運用するのは、現時点では費用の面でも技術的にも現実的ではない。

 第二に、CTBT の制度上の問題もある。リモートセンシング衛星による監視技術を IMS の一部として新たに追加採用するためには、条約そのものの改正が必要となる。しかし、CTBT は未だ正式に発効さえしておらず、条約の

改正手続きを行うことは困難である。こうした制度上の観点からも、現時点でリモートセンシング衛星による監視技術を IMS に組み込むことは難しい。[35]

　このような状況から、現在では IMS としてではなく、むしろ現地査察の際にリモートセンシング衛星のデータを活用するという方法が検討されている。現地査察に関するマニュアルは、CTBT の技術事務局の判断で改訂することができる。実際に現行のマニュアルにおいても、現地査察の際に全地球測位衛星システム（GPS）の位置情報を利用するなど、人工衛星の活用について言及されている。例えば、地震波など IMS によって検知された特定の関心エリアに対象を絞って観測することによって、状況分析をより高度化し、現地査察の必要性を判断する材料として利用することが考えられるだろう。IMS によって検知された出来事の前後の状況を衛星データで確認することで、現場の動きを時系列で把握することも可能であると考えられる。

(4) リモートセンシング衛星の利用可能性と課題

　このような IAEA や CTBT の事例は、軍縮・不拡散の分野における検証手段としてリモートセンシング衛星を利用するうえでの新たな可能性と課題を浮き彫りにしている。まず指摘できるのは、リモートセンシング衛星による監視技術は目覚ましく発展しており、軍縮・不拡散の分野における利用可能性も大きく広がっているということである。近年では、高分解能のリモートセンシング衛星が各国によって運用されるようになっており、空間分解能 1 m 以下の衛星データも商業的に利用可能になっている。既に IAEA では保障措置を支える重要なツールとして、これら高分解能の商業衛星画像が利用されるようになっている。

　また、リモートセンシング衛星の技術にも多様化が見られる。例えば、SAR による衛星データも今日では利用できるようになっている。加えて、近年では小型・超小型衛星の発展も注目されており、従来では考えられなかったような高い頻度での観測とデータの取得が期待されている。こうした多種多様なリモートセンシング衛星の発展は、軍縮・不拡散の分野においても新たな利用可能性をもたらしている。

一方で、実際にその利用を進めるうえではいくつかの課題もある。例えば、小型・超小型衛星は、多数の衛星によってコンステレーション（人工衛星群）を組むことで非常に高い頻度での観測を可能にする一方、その空間分解能には依然として限界もあり、現状では詳細な観測は難しい。ウィーン軍縮不拡散センター（VCDNP）が実施した調査によれば、空間分解能90cm の小型衛星では、原子力関連施設の周辺で活動する車両の種類を特定したり、個々の小さな機材などを識別したりすることは難しかった。これらの詳細な分析には、より高分解能の衛星データと組み合わせて分析することが有効であった。一方、光学センサーによってデータを取得するリモートセンシング衛星は雲の影響を受けやすい。加えて、夜間での利用は難しいなど、データを取得できる時間も限られる。全天候型で昼夜の時間を問わずにデータを取得できるSAR 衛星のデータは、光学衛星のデータを補完するうえでも有効であろう。例えば、上記のVCDNPによる調査は、2015年の夏の期間中、雲に覆われることの多かった北朝鮮の核実験場では光学センサーによる衛星データの取得が難しかったことを示している。この調査は、将来SAR による衛星データの利用が進むにつれて、このような問題は軽減されるだろうと指摘している[36]。また将来的には、熱赤外線センサーやハイパー・スペクトルセンサーによる衛星データと組み合わせた分析の有効性も検討できるだろう。事実、IAEAもこうした多種多様なリモートセンシング衛星の活用を如何に取り入れていくかということを今後の課題として認識している[37]。重要なことは、それぞれの利点と欠点を踏まえ、様々な衛星のデータを組み合わせて利用していくことであろう。

また、こうしたリモートセンシング衛星を監視技術として活用するためには、一定の専門性を有する人材が必要になる。IAEAでは、こうした技術を保障措置の中で活用するために必要となる専門家を新たに採用する必要があった。IAEAの衛星画像解析ユニットには、2016年３月時点で16名が在籍しており、うち８名が衛星画像解析、５名が地理空間情報システム、３名が核燃料サイクルの専門家である[38]。このように、単に衛星データの解析を専門とする人材だけでなく、地理空間情報や軍縮・不拡散分野の専門家など様々な分野の人材がいなければ、こうした技術の有効活用は難しいだろう。現在、IAEAでは光学セ

ンサーによる衛星データの利用が中心ではあるが、今後SARによる衛星データなどを活用していく際には、より高度な専門性や解析技術を有する人材の育成や確保が課題となる。

　加えて、コストの問題も考慮する必要がある。特に国際機関においては、予算にも制約があることから、人材の確保も含め、漸進的に体制を整備せざるを得ない。IAEAにおいては、リモートセンシング衛星の画像解析に係る財源が通常予算化するまでに数年を要している。また、IAEAは独自に人工衛星を保有・運用しているわけではない。商業的に利用可能なリモートセンシング衛星のデータを購入している他、加盟国からの情報提供も受けているという状況である。同様に、CTBTの事例も検証制度の一部として独自の人工衛星を保有・運用することは費用対効果の観点から現実的ではないということを示唆している。

　また、リモートセンシング衛星の利用可能性が広がっているとはいえ、決して衛星データの解析のみに頼って軍縮・不拡散の検証が可能になるというわけではない。むしろ、リモートセンシング衛星の画像解析のみで判断できることは限られていると言えるだろう。他のソースから得られる情報ともうまく組み合わせて分析を行うことで、検証の精度向上あるいは効率化を図ることが現実的かつ有効な活用手法になると考えられる。

　そして、最も大きな課題は、こうしたリモートセンシング衛星による監視技術を検証制度の中に如何に組み入れるかという法的基盤の整備に関する問題である。IAEAやCTBTのように、既存の検証制度の中に新たな技術や手段を導入する際、最初に考慮しなければならないのは法的枠組みである。IAEAの保障措置の場合には、同機関が入手可能な公開情報の一つとしてリモートセンシング衛星のデータを位置付けている。そのため、その活用にあたっては新たな法的枠組みの整備は必要とせず、既存の包括的保障措置協定のもとで実施可能と整理された。一方、CTBTの事例が示すように、新たな技術や手段の活用が既存の条約のなかで読み込めない場合には、新たな法的枠組みを整備する必要が生まれる。特に、軍縮・不拡散の分野では、条約違反が見逃されることがあれば、各国の安全保障に大きな脅威をもたらしかねない。そのため、条約

の履行状況を確認する検証制度は重視され、厳格に規定・運用される必要がある。一方で、将来における技術の発展という不確実性が伴う要求に対し、どの程度柔軟性を確保しておけるかによって新たな技術や手法の導入可能性の幅も変わってくる。信頼性の観点から検証制度の規定を柔軟にすることは望ましくない一方で、過度に厳格な規定を設けてしまうと新たな技術や手法を有効に活用できないということにもなりかねず、慎重な検討が求められる。

3　北東アジアの非核化プロセスにおける利用可能性と課題

では、リモートセンシング衛星技術は、北東アジアという地域の非核化あるいは安全保障にどのように貢献できるだろうか。とりわけ、北朝鮮の非核化プロセスにおいて、リモートセンシング衛星はどのような利用可能性と課題があるだろうか。

まず、既に確認してきたように、技術的観点から見れば、その利用可能性は今日大きく広がっている。今日では、自ら人工衛星を保有・運用しなくても、実に多種多様なリモートセンシング衛星のデータを利用することができる。もし北朝鮮の非核化が合意された場合には、その非核化プロセスの検証を支えるうえでも、こうしたリモートセンシング衛星による監視技術は意味のある貢献をすることができるだろう。

事実、商業的に利用可能な衛星画像は、既に研究機関などによる北朝鮮の動向分析において重要な情報源になっている。米国ワシントンDCに所在する科学国際安全保障研究所（ISIS）やジョンズホプキンス大学高等国際関係大学院が運営する北朝鮮分析サイト38 Northは、こうした高分解能の商業衛星画像を活用して北朝鮮の核関連施設の動向などを継続的にモニターし、詳細な分析を行っている[39]。例えば、DigitalGlobe社が提供する空間分解能50cm程度の衛星データは、寧辺核施設における5MWe原子炉の冷却塔から立ち上る水蒸気を捉えることが可能であった[40]。また2010年に取得された同社の衛星データは、以前に取り壊された冷却塔があったエリアで新たな建設作業が進んでいる事実を示していた[41]。

近年では、さらに高分解能の衛星データも利用できるようになっている。今日、DigitalGlobe 社が運用する WorldView-3 や WorldView-4 は、31cm の空間分解能で衛星データを取得することが可能となっている。例えば、2015年のDigitalGlobe 社による衛星データは、寧辺核施設で絶え間なく活動する車両の種類を特定したり、新たな建造物の平面図や区割りなどを分析したりするうえでも十分な性能を示していた。また、寧辺核施設から排出される温水によるものと思われる雪解けの兆候を示し、5MWe 原子炉が継続的な運用状態にあると分析することを可能にした。[42]

加えて、今日では利用可能なリモートセンシング衛星にも多様化が見られる。それぞれの利点と欠点を踏まえ、北東アジアにおける非核化の検証や安全保障環境の改善に向けた将来の利用可能性を検討していくことも重要な課題となる。例えば、近年注目される InSAR 技術を利用することによって、核実験によって生じた地形の変化を検知することも技術的には可能である。本研究が行なった調査では、欧州のコペルニクス計画が提供している Sentinel-1 の衛星データを利用して InSAR 処理を行うことにより、2017年9月の北朝鮮による第6回目の核実験で生じた山崩れや地滑りの痕跡を確認することが可能であった。

また VCDNP が行った調査は、近年急速に発展する小型・超小型衛星の将来における利用可能性を示唆している。この調査によれば、空間分解能が90cm 程度の小型衛星によるデータであっても、核実験場の動向把握や核実験後の状況分析、また原子力関連施設の運用状況や新たな建設作業の動きなどを監視・分析するうえで一定程度の貢献ができると結論づけている。例えば、Skysat と呼ばれる小型衛星のデータは、北朝鮮の原子力関連施設における新たな建設作業の状況や建造物の基礎が築かれる過程を監視することが可能であった。また、そこから新たな建物のレイアウトを分析することも可能であった。[43] また、2017年9月に北朝鮮が核実験を行った際、38 North は Planet Lab 社が運用する超小型衛星のデータを用いて素早い状況分析を行っている。決して高分解能の衛星データではなかったものの、核実験場に見られるいくつもの地滑りの痕跡を確認することが可能であった。そして、38 North の分析によれば、こうした衛星データによって確認できた変化は、過去の5回の核実験よ

り大きく、またより広い範囲で生じているということを示唆するものであった。[44]

　さらに、高い頻度で観測できる小型・超小型衛星のコンステレーションによって蓄積されたアーカイブ・データは、時系列での詳細な変化を分析するうえでも有用な情報源になる。例えば、原子力関連施設の稼働状況や新たな建設作業の過程、あるいは核実験の兆候を示す重要な動きが見られる場合など、高い頻度での定点観測によってその経緯を詳細に記録することは有用であろう。また実際に核実験の実施が疑われる場合にも、過去のアーカイブ・データを活用し、時間を遡って経緯を分析することが可能である。加えて、核実験の直後に取得されたデータと比較することで、その影響や変化を分析することもできるだろう。

　このように商業的に利用可能なリモートセンシング衛星のデータを用いることで、北朝鮮における原子力関連施設や核実験場の動向について非常に詳細な分析が可能となっている。先述の通り、このような衛星データの活用は、既にIAEAにおいても現地での査察ができない北朝鮮の動向を把握するうえで中心的役割を担っている。将来、北東アジアの非核化、さらには非核兵器地帯の設立が合意された場合には、こうしたリモートセンシング衛星による監視技術は、その非核化プロセスや非核兵器地帯設立後の検証制度を支えるうえでも十分利用可能性があると言えるだろう。

　より重要なことは、このように新たに利用可能となっているリモートセンシング衛星の技術やデータを北東アジア地域の非核化に向けた検証手段の一つとして活用するための制度や体制をどのように設計するかという問題である。特に、北東アジア地域においては、北朝鮮の非核化という困難な課題を抱えている。将来、北朝鮮の非核化が合意された場合には、その検証のあり方を検討することが重要な課題となるだろう。北朝鮮が国際的な核不拡散体制のもとに復帰し、IAEAの保障措置のもとで平和裏に非核化を進めるということも考えられるが、将来的な非核兵器地帯の設立を視野に入れた地域的な検証制度を設計することも選択肢の一つとなろう。

　北東アジアの非核化に向けた地域的な検証制度を設計する場合、その中でリ

モートセンシング衛星の活用を可能とする制度的枠組みをどのように整備するかが課題となる。とりわけ、必要な人材や財源といったリソースの確保は大きな課題となる。地域的な検証制度の中で、商業利用可能なリモートセンシング衛星のデータを購入して利用する場合には、一定程度の安定的な予算を確保することが必要となるだろう。以前と比べれば、リモートセンシング衛星のデータは入手しやすくなっているものの、それでも高分解能のリモートセンシング衛星のデータとなるとその価格も依然として高価である。こうしたデータを購入して検証制度の中で日常的に利用するためには、それにかかる費用を通常予算として確保していくことが求められる。また、購入したデータを解析する専門知識を持った人材をどのように確保するかという点も大きな課題である。IAEAの事例が示すように、リモートセンシング衛星のデータを検証手段として活用するためには、衛星データの画像解析のみならず、地理空間情報の専門家や核関連・原子力関連の技術に精通した専門家が必要になる。さらに、SARによる衛星データの利用も視野に入れる場合には、より高度な解析技術と専門知識を持った人材が必要になるだろう。中立・公平な立場から、このようなデータ解析を行うことができる人材を確保することも重要になる。

　一方で、注意が必要なのは、リモートセンシング衛星による監視技術に過度に依存しないということだろう。近年では、リモートセンシング衛星の技術も著しく発展しており、軍縮・不拡散の分野における利用可能性も広がっている。しかしながら、衛星データの解析から得られる情報のみで全てが判断できるわけではない。言うまでもなく、他の手段によって得られる情報とも組み合わせて利用することで、その有効性や信頼性も高まるものと考えられる。

　そして何より、北東アジア地域における独自の検証制度を設計する場合には、検証技術の一つとしてリモートセンシング衛星を位置付ける法的基盤を整えることが求められる。その際、信頼性の観点から、どのような技術を検証技術として採用するかという判断には慎重さも求められる。一方で、リモートセンシング衛星の技術は、日を追うごとに進歩している。こうした将来の利用可能性を現時点でどのように評価するべきか、という点も考慮する必要があるだろう。信頼性という観点から要求される厳格性と不確実な将来の利用可能性に対する

柔軟性という難しい要求の間で如何にバランスをとっていくかという点は、検証制度のあり方を左右する大きな課題となる。

　このような難しい課題を抱えつつも、リモートセンシング衛星を活用した北東アジア地域における検証制度が確立された場合には、北朝鮮の非核化プロセスの検証だけではなく、この地域の透明性と信頼醸成を向上させていくことにも資すると考えられる。北東アジア地域には、北朝鮮の非核化という問題だけでなく、複数の核兵器国が混在するという特殊な安全保障環境がある。将来、北朝鮮の非核化や非核兵器地帯の設立が合意された場合には、単に北朝鮮の非核化プロセスを進めるだけでなく、核兵器国の側においても合意内容を遵守する必要がある。とりわけ、非核兵器地帯の設立が目指される場合には、核兵器国は条約上の義務として非核保有国に対する「消極的安全保証」の供与を遵守する必要がある。非核化のプロセスを進めることになる北朝鮮にとっては、核兵器国の消極的安全保証に対する信頼性がなければ、このような条約に合意することは難しいだろう。それゆえ、北東アジアにおける透明性と信頼醸成は、このようなプロセスを進めるうえでの大きな前提となる。冷戦時代に米ソ両国がそれぞれの軍事偵察衛星によってお互いに条約の履行状況を確認し合うことで一定程度の信頼性が維持されたように、北東アジアにおいてもリモートセンシング衛星を活用した信頼醸成の仕組みを確立することは検討に値するだろう。かつては米ソのような技術と能力を保有する国家にしか入手することができなかった衛星データが、今日では商業的に誰でも利用できるようになっている。このような情報を用いることで、消極的安全保証を含め、核兵器国の側の条約上の義務を検証することも一定程度可能になるかもしれない。このような検証制度を整えることにより、北東アジア地域の透明性と信頼醸成を高め、安全保障環境を改善することで、非核化に向けたプロセスも安定的かつ平和裏に進めることが可能になると考えられる。

1） 永井雄一郎「アイゼンハワー政権期における米国の安全保障と宇宙開発：U-2型偵察機計画との関連で」『国際関係研究』32巻1号（2011年10月）、71-79頁。Dwayne A. Day, John M. Logsdon, and Brian Latell, eds., *Eye in the Sky: The Story of the CO-*

RONA Spy Satellite. Washington, D.C.: Smithsonian Inst Pr, 1998.; Kevin C. Ruffner, ed., *CORONA: America's First Satellit Program.* CIA Cold War Records, Center for the Study of Intelligence, 1995.
2） ジョン・ルイス・ギャディス著、五味俊樹訳『ロング・ピース：冷戦史の証言「核・緊張・平和」』芦書房、2002年、345-374頁。
3） 打ち上げ当時は、「地球資源技術衛星（ERTS）」と呼ばれていた。「ランドサット」と呼ばれるようになったのは1975年以降である。
4） しかしながら、ランドサットのデータは、潜在的には軍事安全保障の分野でも利用可能性を持つものであった。1975年の中央情報局（CIA）の報告書は、早くもランドサットのデータが持つ軍事安全保障上の意味合いについて評価していた。Central Intelligence Agency, "Strategic Intelligence from ERTS? An Analysis of Digital Data on Soviet ICBM Sites," June 1975.
5） ただし、米国政府は1990年代の初めにEOSAT社による商業運用を断念し、再びランドサットを政府衛星として運用していく方針に転換した。現在、ランドサットは、NASAと米国地質調査所（USGS）によって運用されている。一方、ランドサットの衛星データは、1992年の方針転換以降も有償利用が可能であった。2008年にはデータポリシーが改められ、現在では過去のアーカイブデータも含め、ランドサット衛星のデータは全て無料で公開されるようになっている。
6） Airbus Defense and Space, "Pléiades Satellite Imagery: The Very-High Resolution Constellation".（http://www.intelligence-airbusds.com/pleiades/）
7） Planet Labs, "Planet to Acquire Terra Bella from Google, Sign Multi-Year Data Contract," February 3, 2017.（https://www.planet.com/pulse/planet-to-acquire-terra-bella-from-google/）
8） Bhupendra Jasani, Irmgard Niemeyer, Sven Nussabaum, Bernd Richter, Gotthard Stein, *International Safeguards and Satellite Imagery: Key Features of the Nuclear Fuel Cycle and Computer-Based Analysis.* Berlin: Springer, 2009.
9） World Economic Forum Global Agenda Council on Space Security, *Bringing Space Down to the Earth,* March 2015.（http://www3.weforum.org/docs/WEF_Bringing_Space_Down_to_Earth.pdf）
10） 当時、米国のリチャード・ニクソン（Richard Nixon）大統領は、「もし軍備管理条約を検証することができないのであれば、我々はいかなる交渉も行うつもりはない」と語ったと言われる。Day, op. cit., p. 180.
11） 例えば、SALT I 暫定協定においては、第5条で次のように規定されている。"For the purpose of providing assurance of compliance with the provisions of this Interim Agreement, each Party shall use national technical means of verification at its disposal in a manner consistent with generally recognized principles of international law." "Each Party undertakes not to interfere with the national technical means of verification of the other Party operating in accordance with paragraph 1 of this Arti-

cle."
12) James E. Carter, "Kennedy Space Center, Florida Remarks at the Congressional Space Medal of Honor Awards Ceremony," October 1, 1978. (http://www.presidency.ucsb.edu/ws/?pid=29897)
13) Day, op. cit., pp. 1-18.
14) 例えば、1978年にフランスは将来的な軍備管理・軍縮合意を国際的に監視する体制を確立する目的で国連のもとに国際衛星監視機関（ISMA）を設立することを提案したが、この構想が実現することはなかった。Bhupendra Jasani, "ISMA: Will It Ever Happen?" *Space Policy* 8 (1), February 1992, pp. 13-15.
15) Michael Krepon, Peter D. Zimmerman, Leonard Spector, and Mary Umberger, eds., *Commercial Observation Satellite and International Security*. Houndmills: Macmillan, 1990. See also, Bhupendra Jasani and Toshibomi Sakata, eds., *Satellites for Arms Control and Crisis Monitoring*. Oxford: Oxford University Press, 1987.
16) Frank G. Sadowski and Steven J. Covington, *Processing and Analysis of Commercial Satellite Image Data of the Nuclear Accident Near Chernobyl, U.S.S.R.* (U.S. Geological Survey Bulletin 1785) Washington, D.C.: U.S. Government Printing Office, 1987. (https://pubs.usgs.gov/bul/1785/report.pdf)
17) Krepon, op. cit., pp. 125-141.
18) IAEA, "Strengthening the Effectiveness and Improving the Efficiency of the Safeguards System: A Report by the Director General," GOV/2784, 21 February 1995.
19) Bhupendra Jasani, "Orbiting Spies: Opportunity and Challenges," *Space Policy* 18 (1), 2002, pp. 9-13.
20) Christer. Andersson, "IAEA Safeguards: Cost/Benefit Analysis of Commercial Satellite Imagery," SKI Report 99:14, March 1999.
21) IAEA, "Strengthening the Effectiveness and Improving the Efficiency of the Safeguards System and Application of the Model Protocol," GC (44)/12, 2000.
22) IAEA, "The Agency's Programme and Budget for 2000," GC (43)/6, August 1999; IAEA, "The Agency's Programme and Budget for 2004-2005," GC (47)/3, August 2003.
23) Frank Pabian, *Commercial Satellite Imagery as an Evolving Open-Source Verification Technology: Emerging Trends and Their Impact for Nuclear Nonproliferation Analysis*. JRC Technical Report, 2015.
24) IAEA, "IAEA Safeguards: Staying Ahead of the Game," July 2007, p. 21. (https://www.iaea.org/sites/default/files/safeguards0707.pdf)
25) Robolfo Quevenco, "Computing the Picture: Using Satellite Imagery to Enhance IAEA Safeguards Capabilities," *IAEA Bulletin* 57 (2), June 2016, pp. 24-25.
26) IAEA, "IAEA Safeguards" p. 21.
27) 例えば、2009年11月16日付IAEA事務局長報告（GOV/2009/74）、2011年11月8日

付 IAEA 事務局長報告（GOV/2011/65）および2012年5月25日付 IAEA 事務局長報告（GOV/2012/23）。イランの核問題に関する IAEA 事務局長報告は以下 URL より閲覧可能。(https://www.iaea.org/newscenter/focus/iran/iaea-and-iran-iaea-reports)
28) IAEA, "Application of Safeguards in the Democratic People's Republic of Korea," GOV/2016/45, August 19, 2016.
29) Quevenco, op. cit., pp. 24-25.
30) IAEA, "Implementation of the NPT Safeguards Agreement in the Syria Arab Republic," GOV/2011/30, May 24, 2011.
31) IAEA, "Implementation of the NPT Safeguards Agreement in the Syrian Arab Republic," GOV/2008/60, November 19, 2008.
32) Jasani, "orbiting Spies," pp. 9-13.
33) Jaap, Ramaker, Jenifer Mackby, Peter D. Marshall CMG OBE, and Rober Geil, *The Final Test: A History of the Comprehensive Nuclear-Test-Ban Treaty Negotiations*. Vienna: Technical Secretariat of the Preparatory Commission for the CTBTO, 2003, pp. 96-110.
34) Ola Dahlman, Jenifer Mackby, Svein Mykkeltveit, and Hein Haak, eds., *Detect and Deter: Can Countries Verify the Nuclear Test Ban?* Dordrecht: Springer, 2011.
35) 広瀬訓「包括的核実験禁止条約（CTBT）の意義と現状」 広島市立大学広島平和研究所監修 『なぜ核はなくならないのかⅡ』 法律文化社、2016年、76-77頁。
36) Vienna Center for Disarmament and Non-Proliferation, *Emerging Satellite for Non-Proliferation and Disarmament Verification*. January 2016. (http://nonproliferation.org/vcdnp/wp-content/uploads/2016/06/160614_copernicus_project_report.pdf)
37) Quevenco, op. cit., pp. 24-25.
38) 2016年3月31日に実施したIAEA事務局へのヒアリング。J. Rutkowski et al., "The Implementation and Use of the Geospatial Exploitation System within the IAEA's Department of Safeguards," *Journal of Nuclear Materials Management*, 44 (2), 2016, pp. 39-44.
39) 詳しくは、ISISおよび38Northのウェブサイトを参照。(http://isis-online.org/) および (http://www.38north.org/)
40) この数ヶ月前に取得された衛星データでは、水蒸気は確認できなかった。ISIS, "September 11, 2005 Satellite Photos Showing the 5MWe reactor at Yongyon with a Steam Plume Indicating That It Is Again Operational and the Construction Site for the 50MWe Reactor Showing Some New Activity at the Site," September 14, 2005. (http://isis-online.org/isis-reports/detail/new-satellite-photos-of-5mwe-reactor-and-50mwe-reactor-construction-at-yong/10#images)
41) David Albright and Paul Brannan, "What is North Korea Building in the Area of the Destroyed Cooling Tower? It Bears Watching," *ISIS Imagery Brief*, September 30, 2010. (http://isis-online.org/uploads/isis-reports/documents/New_Activity_

DPRK_Cooling_Tower_30Sept2010.pdf); ISIS, "New Satellite Imagery of Yongbyon Shows Construction Progress on Experimental Light Water Reactor," November 18, 2010.（http://isis-online.org/uploads/isis-reports/documents/Yongbyon_Light_Water_Reactor_Construction_18November2010_200PM.pdf）

42) Vienna Center for Disarmament and Non-Proliferation, *Emerging Satellite for Non-Proliferation and Disarmament Verification.* January 2016, pp. 14–18.

43) Ibid., p.18.

44) 38 North, "North Korea's Sixth Nuclear Test: A First Look," September 5, 2017.（http://www.38north.org/2017/09/punggye090517/）

第13章

地域核物質検証制度の可能性

堀尾　健太

1　アルゼンチンおよびブラジルにおける原子力開発

　ブラジルとアルゼンチンは、ともに1950年代初頭には原子力開発に着手し、特に1960年代後半から本格化させた。炉型選択や開発方法に違いがある一方、ブラジル・アルゼンチン両国の間にはある種の「競争」（rivalry）が存在し、お互いの原子力開発の進展を意識しながら、それぞれのプログラムが進められた。一方で、両国は、1990年代半ばまでNPT未加盟であったことから、特に1970年代以降、核物質や原子力資機材等の国際市場からの調達において困難に直面した。

　ブラジル・アルゼンチンの原子力協力の萌芽は、1980年に開催された首脳会談の折に締結された最初の原子力協力協定締結に見られるが、本格的な関係改善・強化に向けた協議が始まるのは、両国で文民政権が誕生した1985年からである。

　1985年に始まった二国間の協議は、首脳会談と実務レベルの作業部会や委員会での作業を組み合わせて実施され、1990年に共通核物質計量管理システム（SCCC）の創設に合意した。一連の協議には実質的な交渉に加えて、首脳同士が両国の原子力関連施設を訪問・視察することによる、信頼醸成の側面もあった。

1990年の合意を受けて、ブラジル・アルゼンチン両国は、1991年7月にSCCC創設等を定めた原子力平和利用に関する二国間協定に署名し、同年12月にブラジル・アルゼンチン共通核物質計量管理機関（ABACC）が設立された。一連の交渉およびABACC設立以後の信頼醸成の成果もあり、両国はトラテロルコ条約およびNPTの批准に至った。

(1) アルゼンチン

アルゼンチンの原子力開発は1949年のペロン政権下で始まった。当初は、オーストリア系移民の科学者リヒター（Richter）が、アンデス山脈にほど近いサン・カルロス・デ・バリロチェ（San Carlos de Bariloche）において核融合の実現を目指した研究を始め、1951年に成果を公表したが、結果が虚偽であったことが判明し、更迭された。その後は、1950年に設立された原子力委員会（CNEA）が一貫してアルゼンチンの原子力開発の推進を担った。当初より、技術的な自立化路線が志向され、アルゼンチンが天然ウラン資源を豊富に有すること、また当時ウラン濃縮技術は米国が独占していたことなどから、天然ウランを燃料とする重水炉が選択された。

1960年代前半には、発電用原子炉の導入の決定がなされ、英米が軽水炉、西独やカナダが重水炉を提案したが、前述の理由や、資本的な条件等から西独の重水炉が採用された。最初の原子炉アトゥーチャI（Atucha I）は、1971年の運転開始を目指して1969年に建設が始まったが、実際に運開したのは1974年3月であった。2号炉はカナダの重水炉（CANDU）を採用してエンバラセ（Embalse）に、3号炉は再び西独の重水炉をアトゥーチャII（Atucha II）にそれぞれ建設した。

核燃料サイクルについては、重水製造技術をスイスから導入し、1980年に施設の建設が始まった。またCNEAは、ピルカンヌ（Pilcanyeu）においてガス拡散法によるウラン濃縮技術に関する活動、エセイサ（Ezeiza）にて再処理技術に関する活動をそれぞれ行っていた。特にピルカンヌの施設については、軍政下において秘密裡にされていた。

(2) ブラジル

ブラジルの原子力開発は、アルゼンチンの原子力開発に触発される形で始まり、1950年代初頭の黎明期を経て、1956年に原子力委員会（CNEN）が設立された。

炉型選択については、自立化路線と技術導入の間を巡り、政権交代等により方針が度々変わったが、1960年代の後半にアルゼンチンが原子炉導入を決めると、ブラジルも1972年に米ウェスティングハウス(WH)社の軽水炉をターンキー方式で導入することを決定した（アングラ I（Angra I））。この取引には、ウラン濃縮や使用済燃料再処理の技術移転も含まれていた。

1974年のインドの核実験により、状況は一変する。ブラジルはNPT未加盟であったことから、WH社によるこれらの技術移転は米国政府により禁止され、また濃縮ウランのブラジルへの供給も停止された。米との協力停止を受けて、1975年に西独と核燃料サイクル関連の技術移転を含む協定を締結したが、西独も米からの圧力があり、厳しい保障措置の適用などの条件が加えられた（なお、カーター政権が人権外交を展開したこともあり、1970年代後半の伯米関係は悪化することとなった）。

1970年代後半から、CNENによる原子力開発とは別に、軍主導の「パラレル・プログラム」が始まり、海軍がガス遠心分離法によるウラン濃縮、空軍がレーザー濃縮、そして陸軍が再処理の研究・開発を実施した（本プログラムの存在は1986年に公になった）。

2　ブラジル・アルゼンチン核物質計量管理機関（ABACC）

(1) 設立までの経緯

最初の原子力協力協定は1980年の初めての首脳会談の際に締結されたが[1]、その背景には、1979年に、両国にまたがるパラナ川の利用（イタイプダムの建設）を巡る紛争を外交的に解決したことにより、両国間に協力の土台ができたことがある。同協定では、原子炉や核燃料サイクルから、原子力安全、非発電利用、そして基礎研究まで、幅広い分野について、人材育成や人材交流、資機材の供

給などの協力を行うことが定められたが、本格的な協力に向けた協議は、両国での文民政権誕生（亜：1983年、伯：1985年）後に始まり、1990年までに累次の首脳会談及び実務者協議が行われた。

文民政権発足後初となった、1985年11月29-30日に行われたサルネイ大統領とアルフォンシン大統領の首脳会談の際には、「原子力政策に関する共同宣言」(Joint Declaration on Nuclear Policy) が採択された。共同宣言では、両国が平和目的に限って原子力開発を行うことを再確認した上で、両国の原子力委員会および関連企業のメンバーから構成される共同作業チーム（Joint Work Team）を立ち上げることが発表された。作業チームは、原子力開発の促進、原子力分野での二国間関係の強化、および地域の平和、安全および開発に関する利益（superior interest）を確保するためのメカニズムの創設を目的とし、120日以内に最初の会合を持つこととされていた。また、両国の協力は、核物質や原子力資機材の国際市場からの調達が困難になってきていることに対して、両国がより良い条件で対峙することを可能にするものと認識されていた。

1986年12月10日には原子力協力に関する議定書が締結された[2]。この議定書では、研究炉用の高密度燃料、安定同位体の濃縮、核物理・プラズマ物理学など、具体的な協力領域が明示されているが、その中には保障措置技術の開発および実装も含まれていた。また、1986年12月と1987年前半に相互訪問を実施することにも合意している。

1987年にはブラジル・サルネイ大統領が、アルゼンチンのピルカンヌ濃縮施設を訪問し、両首脳の間で「この歴史的な訪問は、相互の信頼を促進するプロセスにおける重要なランドマーク」であるという旨の宣言を発出した[3]。次いで1988年には、アルゼンチン・アルフォンシン大統領が、ブラジル・イペロにあるアラマル実験センター（Aramar Experimental Center）を訪問し、同サイトにあるウラン濃縮施設の落成式に立ち会った。この際に発出された宣言では、これまでの両国間の原子力協力の進展に満足していることを示すとともに、両国の原子力プログラムへの理解を深め、相互の信頼を強化するために、政治的・技術的な協力をさらに拡大することが決定された[4]。具体的には、共同作業部会を常設委員会に格上げし、120日ごとに会合を持つことが決定された（会合はブ

ラジル・アルゼンチンで交互に開催)。また、この宣言においても、「原子力分野の主要な国際問題」(main international issues in the nuclear fields) に対して、両国のポジションが完全に一致していることを強調している。また同じく1988年には、伯サルネイ大統領がアルゼンチン・エセイサ (Ezeiza) にある放射化学プロセス研究所 (Laboratory of Radiochemical Process)(アルゼンチン原子力委員会が管轄)を訪問した。その際の宣言では、高速増殖炉の開発に関する共同プロジェクトの立ち上げを発表している。[5]

1990年11月28日にブラジル・コロル大統領、アルゼンチン・メネム大統領の署名により発出された「共通の原子力政策に関する宣言」(Declaration of a Common Nuclear Policy) は、両国の原子力政策にとり非常に重要な内容を含んだものであった。[6] 主要な要素は3つある。第1に、常設委員会が合意した共通核物質計量管理システム (SCCC) を承認し、SCCC が両国の全ての原子力関連活動に適用されることを決定した。また次の45日間に実行する、SCCC設立のために必要な活動(例えば原子力関連施設一覧の作成、核物質の在庫量の申告など)を定めた。第2には、SCCC を基盤として、IAEA との間で、両国共通の保障措置協定を締結するための交渉を開始することであり、第3には、そのような保障措置協定が締結されたのちには、トラテロルコ条約の両国への適用に向けてイニシアティブを取ることであった。

1990年の共同宣言を受けて、両国は1991年7月18日に原子力の平和利用に関する協定に署名し、ブラジル・アルゼンチン核物質計量管理機関 (ABACC) が設立された。[7] また1991年12月には、ブラジル・アルゼンチン・ABACC・IAEA の間で、保障措置の適用に関する四者間協定が締結された。[8]

表1　ABACC 設立までの主要行事

年	場所	成果
1980	アルゼンチン・ブエノスアイレス	●原子力協力協定
1985	アルゼンチン・プエルト・イグアス Puerto Iguazú およびブラジル・フォス・ド・イグアス	●原子力政策に関する共同宣言 (Joint Declaration on Nuclear Policy)

179

	Foz do Iguaçu	
1986	ブラジル・ブラジリア Brasilia	●原子力政策に関する共同宣言 ●プロトコル17—原子力協力
1987	アルゼンチン・ヴィエドマ Viedma	●ヴィエドマ宣言 ●ピルカンヌ濃縮施設を視察
1988	ブラジル・イペロ Ipero アルゼンチン・エセイサ Ezeiza	●イペロ宣言 ●アラマル実験センターを視察（アルミランテ・アルバレ・アルベルト濃縮プラント） ●エセイサ宣言 ●放射化学プロセス研究所を視察
1990	ブラジル・フォス・ド・イグアス Foz do Iguaçu	●共通の原子力政策に関する宣言
1991	メキシコ・グアダジャラ オーストリア・ウィーン	●二国間協定（ブラジル・アルゼンチン） ●四者間協定（ブラジル・アルゼンチン・ABACC・IAEA）

(2) 枠組み

　ABACCは、SCCCを実施するために両国により設立された国際機関である。本部はリオデジャネイロにおかれている。SCCCの目的は、両国にある全ての核物質が二国間協定により禁止された目的、すなわち「核兵器の実験、使用、製造、生産、或いは取得」や「核兵器の受領、貯蔵、配備等」、に転用されないことを検証することである。

　組織は、委員会（Commission）と事務局（Secretariat）から構成される。委員会はブラジル・アルゼンチン2名ずつの委員から構成され、任期は3年である。両国の外交当局および原子力当局から幹部が任命されている。一方の事務局は、12名の専門職および5名の一般職から構成されており、専門職の内訳は事務局長／次長（各1）、企画（2）、核物質計量（2）、実施（2）、技術支援（2）、財務（1）、対外関係（1）である。事務局長／次長以下、主要なポストはブラジル・アルゼンチン1名ずつで構成されている。

　実際に現地査察を行う査察官はABACC職員ではなく、両国の専門家である（"neighbor observes neighbor"）。現在は両国から50名ずつ、計100名の査察官

が登録されている。査察官の所属先は、両国の政府系機関や研究機関、事業者、大学など様々である。

予算は、両国の拠出金（ドル建て）により、両国は同額を負担している。近年はインフレおよび施設数の増加を反映し、予算も増加している。

(3) ABACC設立後の二国間関係

1994年1月にアルゼンチン、同5月にブラジルが、それぞれトラテロルコ条約を批准した。NPTについても1995年にアルゼンチンが、1997年にブラジルが批准した。

その後90年代後半には、両国の信頼醸成という成果を達成したという見方から、ABACCの解散という話も政治的な話題に上ったが、1985年の共同宣言から20年の節目となる2005年に行われた首脳会談にて新たな共同宣言が採択され、その中でABACCの重要性が再確認された。[9]

現在では、両国の間で原子力協力が進展している。2008年の共同宣言には、原子炉の共同開発や二国間ウラン濃縮事業の可能性が記され、2013年には、アルゼンチンの技術を用いて、ブラジル・アルゼンチン両国で2基の研究炉（亜RA-10および伯RMB）を建設することに合意した。[10]

また2011年に改訂された原子力供給国グループ（NSG）ガイドラインでは、受領国に対する保障措置の条件として、初めて地域保障措置が言及された。[11]

3　ABACC成功の要因と課題、評価

成功要因としては、第1に、政治的な環境が挙げられる。ブラジル・アルゼンチン両国の二国間関係は比較的「安定」していた。両国間では2世紀以上の間武力紛争がなく、また領土問題等も存在しなかった。両国関係者も「敵国ではなくライバル」（"not enemy but rival"）だと表している。また、1979年には、両国間の懸案事項であったパラナ川の利用（イタイプダムの建設）を巡る問題も解決し、両国間の協力を推進する環境が整っていた。加えて、1980年代半ばには、両国とも軍事政権から文民政権に移行し、より協調的な路線を取る政治的

変化があったことも重要である。第2に、原子力を巡っては共通の利益や懸念があったことである。両国は、NPT と IAEA を中心とする国際的な核不拡散体制に対して不信感を抱いており、特に核物質や原子力資機材の国際市場からの調達への介入に対して、懸念を持っていた。同時に、お互いの秘密裏の原子力プログラムについても懸念を持っていた。第3に、政治的なリーダーシップである。原子力という国益に直結する事案について、域内のライバル国同士が協調する上では、両国の首脳レベルのコミットメントが不可欠であった。第4に、長年にわたる両国の科学者の交流である。5年間の交渉過程においては、共同作業部会や常設委員会の元で、両国の科学者・技術者が協議に参加したが、彼らは軍政下においても学会等の場で交流があり、作業部会や委員会での協働のベースとなった。

　一方で、初期の課題としては、SCCC を運用・実施する技術的な専門性・能力の確立、ブラジルにある軍事サイト内のウラン濃縮施設に対する査察アプローチの開発、IAEA 保障措置との適合性の確保などがあった。残る課題としては、国際レジームとの整合性、具体的には IAEA 保障措置における追加議定書の扱いが挙げられる。

　SCCC および ABACC は、ブラジル・アルゼンチン両国の原子力プログラムについて、透明性の欠如と相互の懸念を解消することに貢献した。両国は、兵器開発が目的ではなく、原子力技術に関する開発競争を行っていたが、伯における軍主導の秘密裏のプログラムなど、相互に懸念を生じうる状態が継続していた。しかし、ABACC のスキームにより、両国の技術者（査察官）が、相互に査察を行うことで、お互いの原子力プログラムに対する信頼醸成に繋がった。

　ABACC のスキームを通じた信頼醸成は、ブラジル・アルゼンチン両国が核を巡る地域或いは国際的なレジームに加盟することにも繋がった。両国は、ABACC 設立後、長年にわたり留保されていたトラテロルコ条約および NPT を批准した。トラテロルコ条約批准に向けたイニシアティブを取ることは、SCCC 創設に合意した1990年の共同宣言にも含まれていたが、宣言内容を着実に履行し、加えて NPT への加盟も果たしたことは大きな成果である。さらに、

着実な信頼醸成の蓄積は、両国間の民生原子力協力の推進に寄与した。ABACC設立前は競争意識が強く、お互いに懸念も持っていた両国であるが、現在では共同開発等も行うまでの関係になった。

ただし、ABACCの「隣人が隣人を監視」("neighbor observes neighbor")というコンセプトには、被査察国として、国際機関の査察官よりも、隣国の査察官の方が受け入れ易いというメリットがある一方で、国際的な核不拡散体制との間では、いまだ改善の余地がある（例：両国とも追加議定書を未だ批准していない）。

4 北東アジアにおける地域核物質検証制度の可能性

北東アジア地域には、北朝鮮による核兵器開発、日本・韓国・中国における大規模な民生原子力利用など、多くの核物質および核物質を扱う施設が存在することから、非核化プロセスや非核兵器地帯設立後の検証、ひいては地域内での信頼醸成において、核物質管理は重要だと考えられる。では、北東アジア、特に非核化の文脈で、ABACCの経験はどのように生かせるだろうか。

まず、地域環境の相違を考慮したい。一般的な政治環境としては、長年にわたり紛争のなかったラテンアメリカと異なり、北東アジアには、現在も休戦状態にある朝鮮半島をはじめ、軍事力を伴う対立の歴史が色濃く残っている。一方で、地域内での文化的な共通性は、一定程度存在する。原子力を巡る域内の状況としては、北東アジアには核兵器保有国と非核保有国が混在している。またABACC設立当時のブラジル・アルゼンチン両国と比して、北東アジア各国の原子力開発は相当に進んでおり、関連する施設の数や種類も多い。特に、核燃料サイクルやプルトニウム在庫量、安全性や核セキュリティ対策で、相互に懸念が生じ始めている点は重要である。今後、域内での透明性向上、信頼醸成の必要性はあると考えられる。

その上で、北東アジア地域における制度のオプションであるが、この地域でABACCのモデルをすぐに適用する場合、まず対象となり得るのは原子力開発が進んでおり、またともに非核保有国である日韓が考えられる。両国は、核燃料サイクルを巡る技術基盤に差異はあるものの、ともに強い関心を持ち、民生

第3部　非核化の検証と北東アジアの課題

原子力利用については比較的同等なステータスにある。両国はIAEAの包括的保障措置および追加議定書を受け入れていることから、日韓で相互査察のスキームを創設する場合、ABACCよりも国際的な核不拡散体制と親和的なものになるだろう。相互査察が日韓関係の信頼醸成に貢献する可能性もある。ただし、両国が国際的な核不拡散体制にコミットしていることの裏返しとして、追加的なスキームの構築に対する動機に乏しい一面もある。また、地域全体の非核化という文脈で、どの程度の付加価値を見出せるかについても議論が分かれるかもしれない。

　一方で、北東アジア非核兵器地帯の創設に向けては、北朝鮮の非核化、という他の地域にはない難しい課題を抱えている。将来、北朝鮮の非核化が平和裏に進展する場合、何らかの形で検証が必要となるが、北朝鮮は、1970～80年代のブラジル・アルゼンチン両国と同じく、NPT-IAEA体制に対して強い不信感を持っていることから、「隣人が隣人を監視」のコンセプトに基づく、地域的な非核化プロセスの検証スキームを検討する余地があるだろうし、地域的な信頼醸成プロセスを経て、北朝鮮が国際的な核不拡散体制に復帰する環境を整備するという選択肢も検討に値する。北東アジア非核兵器地帯が設立された暁には、これをさらに発展させ、恒常的な核物質計量管理制度とすることもあり得るかもしれない。

1）　"Cooperation Agreement between the Government of the Federal Republic of Brazil and the Government of the Argentine Republic for the Development and Application of the Peaceful Uses of Nuclear Energy," 17 May 1980.
2）　1986年7月29日に亜ブエノスアイレスで両首脳が署名した "Act for Brazilian-Argentine Integration" を踏まえて策定されたもの。なお、同年には両首脳の間でもう1つ Joint Declaration on Nuclear Policy が署名されている（原語のみ）。
3）　"Declaration of Viedma"（会談は亜（アルゼンチン）Viedmaで実施）
4）　"Declaration of Ipelo"
5）　"Declaration of Ezeiza"
6）　会談は伯（ブラジル）Foz do Iguaçuにて実施。
7）　"Agreement between the Republic of Argentina and the Federal Republic of Brazil for the Exclusively Peaceful use of Nuclear Energy"
8）　"Agreement between the Republic of Argentina, the Federal Republic of Brazil, the

Brazilian-Argentine Agency for Accounting and Control of Nuclear Materials and the International Atomic Energy Agency for the Application of Safeguards"
9) "Joint Declaration on Nuclear Policy, Pueruto Iguazu"
10) IAEA, "Communication Dated 3 March 2008 Received from the Resident Representatives of Argentina and Brazil to the Agency Concerning the Peaceful Uses of Nuclear Energy", INFCIRC/722, 4 March 2008; MercoPress, "Brazil and Argentina agree to jointly build two nuclear research reactors", 10 May 2013.
11) IAEA, "Communication Received from the Permanent Mission of the Netherlands regarding Certain Member States' Guidelines for the Export of Nuclear Material, Equipment and Technology," INFCIRC/254/Rev.10/Part 1, 26 July 2011.

該当部分は 6 (c) 項の以下の箇所

"…In this regard suppliers should authorize transfers, pursuant to this paragraph, only when the recipient has brought into force a Comprehensive Safeguards Agreement, and an Additional Protocol based on the Model Additional Protocol or, pending this, is implementing appropriate safeguards agreements in cooperation with the IAEA, including a regional accounting and control arrangement for nuclear materials, as approved by the IAEA Board of Governors."

第14章

北東アジア非核兵器地帯の検証制度とその課題

鈴木達治郎
堀尾　健太

1　はじめに

　提唱されている「3（北朝鮮、韓国、日本）＋3（米国、ロシア、中国）」による北東アジア非核兵器地帯構想では、従来の非核兵器地帯と大きく異なる点として、①北朝鮮が核兵器を保有しており、核兵器を廃棄するまでの検証措置が必要、②核保有国と非核保有国が共存し、核保有国に対しても検証（監視）が必要なこと、③原子力平和利用、とくに核燃料サイクルについて信頼醸成が必要なこと、の3点が挙げられる。そこで、本節では、北東アジアの持つこの3つの特徴に焦点をあてて、検証措置の可能性とその課題について検討する。

2　北朝鮮の非核化検証

　北朝鮮の非核化プロセスの検証は、核兵器禁止条約における核保有国の非核化（核兵器の廃棄）プロセスの検証にもつながる重要な課題であり、北東アジア地域で検証措置を検討することは、今後の核兵器禁止条約の実効性を高める意味でも大変意義があると思われる。以下は、過去の事例や地域の特性を踏まえつつ、実施可能性の高い検証措置について検討したものである。

(1) 核兵器を放棄してから参加

　第1の可能性は、北朝鮮が核兵器を放棄し、非核化を宣言してから非核兵器地帯に参加する場合の検証措置である。過去に似たように、核兵器を廃棄して非核保有国としてNPTに参加した唯一の事例として、南アフリカが挙げられる。南アフリカは、アパルトヘイト政策のため国際社会から孤立を深めていた1970～80年代に、独自の核兵器開発を行い、最終的に計6発の核兵器を製造したが、1989年9月にデクラーク氏が大統領に就任すると、国際社会への復帰を目指し、核不拡散条約（NPT）への加入に向けた検討を開始した。翌1990年2月に核兵器の全廃とNPT批准に向けた準備等を指示した。1991年7月上旬に核兵器の解体作業を終えると、同年7月10日にNPTに加入し、同9月16日にはIAEAとの保障措置協定が発効した。[1]

　保障措置協定に基づいて、南アフリカは10月末には国内の核物質や関連施設等の暫定的な報告を完了し、IAEAも随時査察を開始したが、同時期に包括的保障措置協定を締結した他の国家と比較して、南アフリカの核物質や関連施設の多くは保障措置協定（INFCIRC/66型）の対象外であり、IAEAはあまり多くの情報を持っていなかった。したがって、各施設に対する保障措置アプローチを確立するには、IAEAと南アフリカ当局との間での協議等に時間と労力がかかった。[2]

　また、この報告には相当量の高濃縮ウラン（HEU）も含まれていたが、当初のIAEAのタスクは申告された核物質をすべて保障措置下に置くことにあり、これらのHEUが過去にどのような目的で使用されていたかは対象外であった。しかし、1993年3月24日に、同国議会においてデクラーク大統領が、過去に限定的な核抑止能力を保有していたこと、および現在はこれを放棄したことを表明（関連する技術文書は3月23日までに廃棄）すると、それに対してIAEAは、IAEA外（米・英・仏・露）の核兵器の専門家をチームに加える形で、過去の核兵器開発に関する査察・検証を行った。この過程では、核開発に携わった技術者等へのインタビューも実施されたが、1993年のIAEA総会に提出された事務局長報告、および同年11月の国連総会におけるハンス・ブリックスIAEA事務局長のステートメントにおいて、「南アフリカによる申告に疑義があると

は認められない」「継続したIAEAの尽力と、被査察国の高いレベルでの協力と透明性により、（保障措置上の）困難は克服できる」と認められるに至った。[3]

　しかし、核兵器の開発がかなり進んだ北朝鮮に、この事例が参考になる可能性は低いと言わざるを得ない。南アフリカの場合、秘密裡に保有していた核兵器を自主的に廃棄してからNPTに加入し、IAEAおよび核兵器国の専門家による査察を受け入れたが、数次にわたって核実験を行い、核兵器の保有を公に表明してきた北朝鮮の状況を考えると、自主的な核兵器の廃棄とIAEAによる検証という南アフリカ型のプロセスを踏む可能性は低いうえに、その検証措置の困難さも高いだろう。したがって、次の「条約に参加してから廃棄」のプロセスのほうがより可能性も高く、また実効性もあると思われる。

(2) 参加してから核兵器を廃棄

　核兵器を保有したまま、放棄することを約束したうえで、条約に参加した場合、米・ロの核軍縮の検証に似たようなプロセスがまず考えられる。

　ただ、米・ロの検証は上記に述べたように、二国間での枠組みしか実施されておらず、第三者が関与した検証はまだ実施されたことがない。もし北東アジア非核兵器地帯で、第三者も関与した形で、検証措置が確立されれば、核兵器禁止条約におけるすべての核保有国の検証措置にも有益な前例となりうると期待される。

　可能性としては、米・ロの核軍縮で検討されたIAEAとの「三か国イニシアティブ」がまず挙げられる。核兵器禁止条約では、「権威ある機関」としか述べられていないが、北東アジアでまずIAEAが参加する検証措置を検討する価値はある。ただし、「三か国イニシアティブ」は主に「解体核兵器から回収された核物質」の検証措置に焦点を置いていたので、より広い検証メカニズムが必要と考えられる。

　次に参考となるのが、やはり第11章で挙げたIPNDVのプロジェクトの経験を活かすことである。地域で似たような検証メカニズムプロジェクトを立ち上げ、非核保有国が協力した形での検証メカニズムを検討することが必要となろう。ここでは、非核保有国として、原子力平和利用先進国である、日本と韓国

の役割が極めて重要となる。

　最後は下記に述べる地域相互査察制度を拡大して、核軍縮の検証も対象とする案もありうる。CWCでは専門機関としてOPCWを新たに設置して検証を実施している。北東アジア地域で、保障措置のみならず、核軍縮の検証を専門的に行う機関を立ち上げることも検討に値するだろう。

　ここで重要な点は北朝鮮の申告がどの程度信頼できるのか、どの程度真摯に検証措置に協力するのか。北朝鮮の核廃棄プロセスの透明性がどの程度確保されるのか。検証措置の信頼性はまさにこの点にかかっている。南アフリカの場合、他国への核兵器情報の拡散を防ぐ、という理由において関連文書等の破棄が行われたことが知られている。しかし、検証プロセスにおいては、検証主体たるIAEAに対して、IAEAが納得できる程度の協調性・透明性が確保されていたと言われている。この協調性・透明性を確保するためには、条約にて検証への協力を義務づけて、遵守されない場合の罰則規定も検討しておく必要がある。

2　核兵器国への監視と検証の可能性

　非核兵器地帯における、核兵器国の条約義務の遂行に対する監視・検証措置の可能性も検討しておく必要がある。核兵器国は、非核保有国に対する「消極的安全保証」を遵守することが条約に明記されることになるが、こういった「政策理念（ドクトリン）」を検証することは極めて難しいとされる。

　一方で、現実の核弾頭の生産・貯蔵、核兵器の配備や制御、といった現実の核戦略の実施は、「政策理念」に基づいて行われることになるから、ドクトリンが変われば、その実施面変わることになる。逆に言えば、「消極的安全保証」という政策理念が採用されれば、それに基づいた核戦略が実行されることになる。この実行面を監視し、その変化を監視することで、それが「ドクトリン」の範囲を超えていないかどうかの検証をすることが可能かもしれない。

　例えば「先制不使用」ドクトリンを採用すれば、必要となる核兵器の数は大幅に減少する。特定の国に対する「消極的安全保証」が採用されれば、対象国

への攻撃を可能とするような核兵器の配備を廃止することで、ある程度の「検証」は可能となるかもしれない。ドクトリンと核兵器のつながりに注目し、継続して監視することで、核兵器国の行動の透明性を高めて、「検証」につながる信頼性措置とすることができる可能性がある。

ここで注目されるのが、第2節で検討した「衛星監視技術」である。既に、冷戦時代から、米・ソ連の間では、衛星による監視技術が核関連活動の監視ならびに査察手段として重要な役割を果たしてきた。しかし、当時はその情報はそれぞれの「軍事機密」として公表されることはなかった。それが、21世紀に入り、高分解能商業リモートセンシング衛星の普及により、新たな可能性をもたらしてくれるかもしれない。一部の軍事情報ではなく、どの国でも利用できる高性能の商業リモートセンシング衛星による監視情報を用いて、軍縮・不拡散分野への応用を検討することができるようになったといえる。

既に、北朝鮮の核関連施設の稼働状況等については、衛星監視情報が活用されている。しかしここでは、一歩踏み込んで、核兵器国を対象とした監視情報を、地域の国々が共有することも可能である。

このような、地域における情報共有と監視メカニズムとして、環境分野で知られているのが「東アジア酸性雨モニタリングネットワーク」(EANET) である[4]。このネットワークは、国境を越えて環境に影響を与える酸性雨の監視とその影響の解明に向けた地域協力体制の構築を目的に、1998年に試験的に稼働し、2001年に本格稼働開始したものである。参加国は13か国に上り[5]、活動内容としては、①共通の手法を用いた酸性雨モニタリングの実施、②データの収集、評価、保管および提供、③精度保証・精度管理 (QA/QC) 活動の推進、④傘下国への技術支援と研修プログラムの実施、⑤酸性雨に関連した調査研究活動の推進、⑥普及啓発活動の推進、⑦関係国際機関との情報交換、などを実施している。こういった活動は、酸性雨のデータ共有や各国の対策の透明性をたかめ、地域の信頼醸成にも貢献していると評価されている。

こういった例に倣い、北東アジア地域諸国で、核関連施設を対象に、「衛星監視情報ネットワーク」(仮称) のような機関を設立することが考えられる。原子力平和利用のみならず、核兵器関連活動の透明性を高め、「ドクトリン」

の検証措置としての有効性も確かめることができる可能性がある。

核ドクトリンと核兵器関連活動の監視を、このような地域協力の形で実施することにより、将来の「検証措置」につなげていくことができるのではないか。

3　原子力平和利用に対する追加信頼醸成措置

北東アジアの原子力発電は中国が急成長を続けており、日本と韓国は福島原子力発電所事故以降停滞しているとはいえ、依然相当規模の原子力施設を所有しており、なかでも日本は核燃料サイクルの推進を原子力政策の柱としている点で、特に注目しなければならない。

日本は、兵器用核物質を生産できるウラン濃縮施設と再処理施設の両方を所有しており、特に再処理による分離プルトニウム在庫量は、2016年末現在で46.9トン（英仏に37.1トン、国内に9.8トン）に達している。日本は米国との1988年の日米二国間協定のもとで、30年間は包括同意の下、自由に再処理を実施することができる。これと同様の権利を主張しているのが韓国である。2015年、改定された米韓原子力協定では、限定的ではあるが、再処理の研究開発を認められたが、あくまでも米国との共同研究ということで、韓国内での再処理はまだ認められていない。またウラン濃縮についても、条件付きで、20％未満の濃縮活動について今後検討することが認められた。中国も、日本と同様ウラン資源の有効活用を目指して、再処理を導入する計画を進めており、2020年までに仏アレバ社から商業規模の再処理施設の導入を目指している。このような状況に対し、北東アジア地域での「（兵器転用可能な）核物質拡散の懸念」が専門家の間でも議論されるようになった。

こういった懸念に対応すべく、検討に値するのが、北東アジア地域における追加的信頼醸成措置である。ここでは3つの可能性について検討する。

第一に上記のABACCを参考にした、北東アジアにおける地域相互査察制度である。ABACCは二国間の制度であるが、北東アジアにおいては、ABACCと同様相互の専門家による査察に加えて、衛星監視情報の相互交換といった仕組みが考えられる。ABACCの場合はもともとNPTのメンバーでも

なかったため、IAEAの保障措置に代わるものとして導入されたが、日韓では既にIAEAのする包括的保障措置および追加議定書が適用されているので、新たに中国や北朝鮮を含める形で導入されれば、IAEAの保障措置を補完する役割を担うことになる。そういった措置により、地域の信頼醸成にも貢献が期待される。

　第二の案は、ウラン濃縮、使用済み燃料・廃棄物、およびプルトニウムの多国間管理である。使用済み燃料・放射性廃棄物の管理・処分は各国共通の課題である。具体的には、共同の研究開発プログラムや研究開発施設の共同利用がまず考えられる。次に立地問題が大きな障壁ではあるが、使用済み燃料の共同貯蔵も検討に値する[10]。さらにプルトニウムの多国間管理としては、日本が自主的に「余剰プルトニウム」を宣言し、IAEAの管理下におくことで国際的な信頼醸成の向上につながる[11]。

　また、多国間管理の一つとして低濃縮ウランの備蓄構想も上げられる。これは「燃料バンク」構想として、既にロシアやカザフスタンが実施している。2017年8月に開設されたばかりのカザフスタンにおける燃料バンクは、IAEAとの共同プロジェクトで、最大90トンまでの低濃縮ウランを備蓄し、IAEAのメンバー国に対し、「ウラン供給保証の最後の砦」としての役割を果たすことが期待されている[12]。ただ、もともとこの燃料バンク構想は、自国でのウラン濃縮施設所有の動機を減らすことを目的としているのであるが、現在の制度では特にその仕組みは組み込まれていない。また、燃料バンクは相変わらず、ウランや濃縮ウランの供給国に存在している。本来燃料備蓄は、消費国に設置されるのが最も効果的である。

　そこで、北東アジア地域での「地域備蓄」構想では、以下のような取り組みを提案したい。

1）濃縮施設の所有国は、燃料バンクに低濃縮ウランを提供し、かつその費用を負担する義務を負う。
2）濃縮施設を所有しない国は、燃料バンクを国内に設置する権利を有し、またその備蓄へのアクセス権が優先的に与えられる。

このような仕組みにより、濃縮施設を持たないインセンティブを付加するこ

とができ、かつ備蓄の実質的価値も高まることが期待される。[13]

　第三に、核燃料サイクルに対して、地域における新たな合意を構築することである。参考になるのは、イラン核合意における核燃料サイクル施設や行動に対する様々な制限と監視制度である。イラン核合意による「包括的共同作業計画（JCPOA）[14]」には、ウラン濃縮度の上限設定、在庫管理、研究開発の制限等が含まれ、再処理については実施しないことが合意に含まれている。また、査察制度については、通常の保障措置を超えた検証措置についての合意が含まれており、具体的には１）ウラン濃縮施設の査察にIAEAはオンラインで監視できる最新技術を採用する　２）25年間にわたりIAEA査察官を長期滞在させる　３）イランのすべての施設（未申告施設も含む）に対するIAEAのアクセスについて、早期に合意が得られるメカニズムを構築する[15]、の３点が注目される。もちろん、イラン核合意はイランの特殊事情を反映しているが、地域において、相互の信頼醸成につながる、核燃料サイクル活動への制限とその監視制度の導入は検討に値する。もう一つ、究極的な目標として参考になるのが、1991年に北朝鮮と韓国で合意した「朝鮮半島非核化宣言」に含まれた、「再処理とウラン濃縮施設は所有しない」という合意である。現状から考えれば、すぐに実現するものではないが、将来の目標として検討する余地はあるだろう。

1） 北野充「第５章　南アフリカ―アパルトヘイト国家からの脱却」同『核拡散防止の比較政治：核保有に至った国、断念した国』ミネルヴァ書房、2016年。
2） G. Dillon and D. Perricos, "Verification of Completeness and Correctness of Inventory: Experience gained in the verification of the completeness of the inventory of South Africa's nuclear installation and material," Proceedings of a Symposium International Nuclear Safeguards 1994.
3） N .c. Wielligh and L. v. Wielliegh-Steyn, *The Bomb: South Africa's Nuclear Weapons Programme*. Institute for Security Studies, 2015.
4） 外務省ウエブサイト「東アジア酸性雨モニタリングネットワーク」(http://www.mofa.go.jp/mofaj/gaiko/kankyo/kikan/eanet.html)
5） カンボジア、中国、インドネシア、日本、ラオス、マレーシア、モンゴル、フィリピン、韓国、ロシア、タイ、ベトナム、ミャンマー。
6） 内閣府原子力政策担当室「我が国のプルトニウム管理状況」平成29年8月1日。(http://www.aec.go.jp/jicst/NC/iinkai/teirei/siryo2017/siryo27/siryo2.pdf)

7）　日本経済新聞「韓国、核燃料再処理に道、米との改定原子力協定に仮署名」2015年4月22日。（https://www.nikkei.com/article/DGXLASGM22H68_S5A420C1FF1000/）
8）　日本経済新聞「中国原発大手、仏アレバと核燃料再処理工場建設へ」2015年9月23日。（https://www.nikkei.com/article/DGXLASGM23H59_T20C15A 9 FF2000/）
9）　Henry Sakolski, "Can East Asia avoid a nuclear explosive materials arms race?" The Bulletin of Atomic Scientists, 28 March 2016.（http://thebulletin.org/can-east-asia-avoid-nuclear-explosive-materials-arms-race9295）
10）　Robert D. Sloan, "Multinational Storage of Spent Nuclear Fuel and Other High-level Nuclear Waste: A　Roadmap for Moving Forward", *American Academy of Arts and Sciences*, 2017.（https://www.amacad.org/multimedia/pdfs/publications/researchpapersmonographs/GNF-Spent-NuclearFuel/GNF_Spent-Nuclear-Fuel-Storage.pdf）
11）　Fred McGoldrick, "IAEA Custody of Japanese Plutonium Stocks; Strengthening Confidence and Transparency," *Arms Control Today, September* 28, 2014.（https://www.armscontrol.org/print/6555）
12）　International Atomic Energy Agency (IAEA), "IAEA Low Enrichment Uranium Bank".（https://www.iaea.org/topics/iaea-low-enriched-uranium-bank）
13）　Tatsujiro Suzuki, "Civilian Nuclear Power Programs in Northeast Asia: Possible Multinational Frameworks for Northeast Asia Nuclear Weapon Free Zone (NEA-NWFZ)," Paper presented at the 2nd Panel on Peace and Security of Northeast Asia (PSNA), June 24-25, Ulaanbaatar, Mongolia, 2017.（http://www.recna.nagasaki-u.ac.jp/recna/bd/files/S4-2_Suzuki.pdf）
14）　Joint Comprehensive Plan of Action, Vienna, 14 July 2015.（https://www.state.gov/documents/organization/245317.pdf）
15）　Annex I to JCPOA（nuclear related matters）.（https://www.state.gov/documents/organization/245318.pdf）

第3部まとめ

　以上、非核化に不可欠な「検証」について、第11章では「核軍縮における検証の現状と課題」、第12章では、事例研究として「衛星監視技術の応用の可能性について」、第13章では同じく事例研究として、「ABACCと地域相互監視制度について」、そして第14章では、「北東アジア非核兵器地帯における検証措置の可能性」について論じてきた。ここで、改めて各節のまとめと、今後に向けての提言をまとめておき

たい。

　第11章では、まず核軍縮における検証の重要性とこれまでの歴史的経緯やこれまでの活動について事実関係をまとめた。完璧な検証はありえない、という現実を踏まえたうえで、検証の目的は「違反の抑止」にあることを再確認したうえで、核軍縮については、未だに拘束力のある検証措置が確立していないことが大きな課題であることを指摘した。

　第12章では、衛星監視技術が、過去既に核軍縮・不拡散を目的とした「監視・検証」に大きな役割を果たしてきたこと、そして最近の飛躍的な発展と民間事業によるオープンアクセスの拡大により、今後さらにその応用可能性が広がっていること、ただしそれを制度化するためには人材の確保やルール作りに課題があることを指摘した。

　第13章では、ブラジルとアルゼンチンが確立したABACCの成功の要因、地域の信頼醸成への貢献、そして現状における課題について分析し、北東アジアへの適応可能性と課題についてまとめた。

　第14章では、北東アジア非核兵器地帯が実現した場合の「検証措置」の可能性とその課題について検討した。特に、他の非核兵器地帯との相違点として、北朝鮮の核廃棄プロセスの検証の必要性、中国・ロシア・米国といった核保有国に対する監視・透明性向上の可能性、最後に核燃料サイクルをめぐる多国間アプローチについて考察した。

　これらの成果を踏まえ、本節では以下のような取り組みを提言としてまとめた。

1. 　核軍縮の検証措置については、IAEAやCTBTO、OPCWといった、既存の国際機関における検証ノウハウも十分に取り入れ、非核保有国も含めた検証措置の開発にさらに取り組むこと。
2. 　衛星監視技術は既に商業化が進み、汎用性も高まっており核軍縮・不拡散の検証の精度や効率、信頼性、各国の核関連プログラムの透明性を飛躍的に高める可能性がある。今後は、現実に制度として導入する場合の課題（費用負担、人材確保など）を考慮しつつ、積

極的に先端技術の適応を検討していくこと。
3．ABACC のような地域における相互査察制度は、地域の原子力利用の透明性向上や信頼醸成にも貢献する。北東アジアにおいては、後述するように、原子力平和利用のみならず、北朝鮮の非核化の検証等への応用を検討する価値がある。
4．北東アジア非核兵器地帯での「検証措置」の可能性については以下のような取り組みを進めることが望ましい。
①北朝鮮が条約に参加しやすいよう、条約に参加してから非核化を進めるべく、そのための検証措置の開発や地域での核軍縮検証を専門に行う機関を立ち上げることも検討に値する。
②核保有国の核政策（ドクトリン）の透明性向上、とくに「消極的安全保証」政策について、実際の核兵器配備や動向を監視することにより、その信頼性・透明性を高めていく努力を進めるべきである。衛星監視技術の進展は、その可能性を示唆しており、地域で衛星監視情報を共有・分析するネットワークの設立なども検討に値する。
③地域における原子力平和利用、特に核燃料サイクル関連施設の信頼醸成のため、多国間での取り組みを検討することが望ましい。具体的には地域における相互査察制度、低濃縮濃縮ウラン国際備蓄、使用済み燃料やプルトニウムの多国間管理、イラン核合意や「朝鮮半島非核化宣言」を参考にした核燃料サイクルに関する地域合意などがあげられる。

第4部

パネル討論

【核の脅威にどう対処すべきか：北東アジアの非核化と安全保障】

パネリスト：藤原帰一
　　　　　　太田昌克
司　　会：吉田文彦

2017年11月23日（木）／東京大学伊藤国際学術センター

RECNA研究成果へのコメント

吉田：研究発表も踏まえながら、皆さん関心のある北朝鮮問題について、今後の政策と課題について議論を進めていく。

藤原：3つお話が出た。1つ目は非核保有国で核の傘の下にいる拡大抑止に関わる非核保有国について。2つ目は緊張する北東アジアで、北朝鮮を相手に信頼醸成が可能かどうか。3つ目が検証について。つまり核兵器の廃絶のためには核兵器を本当に解体したかどうか検証が必要。米ソの軍拡の時代からの課題だが、現在の新技術を元にお話いただいた。

この3つのお話にかぶせる形で考えを申し上げたい。1つは、**現代の国際関係で核兵器の役割とは何かという問いかけ**だ。核兵器が実際に使用され、多くの犠牲者が広島・長崎で苦しまれ、亡くなられた。核兵器の廃絶こそが目標であるべきという立場には十分な説得力がある。しかし反対に核兵器で脅すことで相手の行動を阻むことができるのだから核抑止の現実に目を向けるべきという立場、2つの考え方がある。

第二次世界大戦後の日本では、核兵器の廃絶を求め、広島・長崎の悲劇を繰り返してはいけないと一方では言いながら、他方では米国の核抑止力に依存して安全を図る政策をとってきた。つまり核の廃絶を求めながら他方では抑止に頼る、抑止の受益者の立場である。さらに言えば核抑止は成り立つ可能性が十分にある。私は米ソ関係については少なくともキューバ危機後の1962年からはかなりの期間、米ソの相互抑止が維持されたと考えている。また、インドとパキスタンの場合、両方とも核保有国で1998年に相次いで核実験を行い、カーギルで戦争が起こった後もやはり相互抑止が成立していると考える。核廃絶の話ではないのか？　と思うかもしれないが、この状況と今の関係から2点申し上げたい。

1つは、**軍事戦略において核兵器の占める役割は急速に小さくなったということ**だ。なぜなら核兵器は簡単には使われない可能性が高いからである。米国でもロシアでも中国でも、核兵器は現在軍事戦略の中心ではない。中国は大規模な核戦力の拡充を進めているが、中心は空軍力と海軍力だ。核も新たな世代交代に向かうものの戦略の中心ではない。米国もレーガン時代に軍備拡大したものが老朽化し、世代更新の状況である。オバマ政権下の新たな兵器調達でもその中心は海軍力と空軍力だ。この辺りは今変化があり、2017年10月にはトランプ大統領が大規模な核戦力の拡充を進めるべきだと主張したようである。ここで変化の可能性があるものの、核が中心では必ずしもない。なぜなら核を使わなかった状況が長く続き、実戦使用した場合のリアクションが大きすぎるからだ。

むしろ課題は**主要な軍事大国ではない国に核兵器が拡散して、その国が使う可能性である**。これは以前から問題で、1962年のキューバ危機の後米ソ関係が相対的な安定に向かい相互抑止が成立する中で、関心が向けられたのが中国だった。1960年に中国は核実験を行って米中関係が緊張する。そういう意味では、いま中国は危ない国だが核兵器は使わないだろうというところに米中関係の柱がある。しかし北朝鮮は使うかもしれない。つまり**新たな核保有国こそ核兵器の実戦使用の可能性が高く、その対応が求められる**ということだ。

核兵器がレガシー兵器になるなら核の軍縮に向かうが、しかしそうなっていない。東西冷戦後、核弾頭は相当削減されて2万

発を下回ったところで核の廃棄は停滞している。主な要因はロシアの通常兵器の老朽化で、相対的に核に対する依存度が高まったためだ。もともと米ロ主導の核軍縮だけれど、両国とも核における優位は保ちたいからこれ以上減らさない。特にロシアの場合は核への依存は相対的に高まり、ここから、我々の言葉でいう「**経路依存**」が発生する。これまでのやり方（経路）に頼って変えない、これが経路依存。役所ではよくある話だが、核についても発生している。その極端な例がオーストラリアで、現在核による攻撃の対象ではないのに核の傘に頼る。すべての戦力が抑止力の一環だとするという立場を崩すと、いらない部門が出てきて予算がつかなくなるから、これはありえない。経路依存が発生した状況を打開するのは非常に難しくなり、これをどう変えるかが課題だ。

核兵器については日本で様々な議論や提言が行われてきた。広島市は、被爆者の方々が中心となり大変な努力を重ねて被爆体験を伝えることを活動の中心にしてきた。長崎は、非核兵器地帯といえば長崎というくらい、非核地帯という構想と長崎の研究者、それから市民活動が結びついている。そして藤原本人は広島県の呼びかけで進めてきた事業がある。それは「**核兵器を削減し、しかも安全が実現される。政策としての核兵器の削減を考えられないか**」という課題である。核抑止に頼りながら同時に核廃絶を訴えるという二重性に引き裂かれてきた状況をどう変えていくかということから生まれたもので、広島ラウンドテーブルという形で、中国の方も含めて協議を進めてきた。核兵器に頼らない安全について、机上の空論に少々お付き合いいただきたい。

米ソが核兵器を持っている時代、核の放棄の可能性は誰も考えなかった時代が長く続いた。核兵器でお互いを脅しあって安全が保たれているのだから、無くすのはとんでもないと。ところがソ連が核兵器の削減に応じ始めた。この流れはレーガン政権の時にできて、ブッシュ大統領の時代に展開される。そして、ソ連も核兵器を減らす、米国も核兵器を減らす、結果的には短期間で終わったけれども米ロ関係は相当な安定を実現できた。ケネス・ボールディングの言葉を使えば「不安定な平和から安定した平和への転換」。核軍縮を考える過程の中の数少ない例の1つである。

しかし、この核軍縮のスタイルは今行き詰っている。次の世代の話をどう作っていけるか。ターゲットは中国とロシアだ。残念なことにロシアは核兵器に対する依存を高めている。中国は核弾頭の数は米ロに比べて多くはないが、核の削減には応じず「我々は先制不使用」と言っているだけ。インド、パキスタンはじめかなりの数の核保有国が核兵器に関する軍備管理に応じようとしている中でどうするか。

1つは**核の軍備管理に関する交渉を始めること自体の意味をここで強く力説しておく**。私は核兵器廃絶の立場に賛成だが、その前段として核に関する軍備管理の交渉を始めるのである。軍備管理といっても米ソ冷戦時代の戦略核兵器制限交渉（SALT）タイプの取り組みは、核兵器をどう増やすかという話で、核の削減ではない。しかしこの時米ソ間に核に関する情報の共有が出てくる。話は元に戻るが、ソ連が核の削減に応じたゴルバチョフ政権の時の非常に重要な変化となったのは、**米ソの間で核に関する情報共有の専門家が存在したことである**。すごく小さな信頼醸成だが、我々は中国との間にそんなものを持っていない。そ

のような小さなステップが結果的には核で脅さなくても平和が保たれる希望を作っていくという過程。広島で我々が行っているのはその作業だ。

太田：日本に軍縮学会ができて10年、これだけ体系的に3つのエリアで促進要因と阻害要因を分析する議論はほとんど行われておらず画期的だ。

　昔ワシントンに常駐していた時、ブッシュ（子）政権下で冷戦後のあるべき核抑止の姿が熱心に議論されていたことがある。今の潜水艦発射弾道ミサイル（SLBM）、大陸間弾道ミサイル（ICBM）はどれも核弾頭が1発300～400キロトンと広島・長崎型の原爆の20倍前後で、こんなものに大統領がボタンを押せるはずはない―。そうしたセルフ・レストレイント（自己抑制）な状態が米国の核抑止力を相対的に弱めているのではないかという議論だった。中心にいたのがキース・ペイン氏。当時は国防副次官補として核戦略指針「NPR（核態勢の見直し）」の草案を書いた一人で、今のトランプ政権にも相当インプットしていると見られる。ペイン氏にインタビューした際「**米ソの核抑止は非常にユニークなものだった**」という話を聞いた。例えば米ソの軍備管理交渉は1960年代に始まり、そこで情報共有という小さな信頼醸成ができていく。それから互いが互いの国にスパイを大勢送りこんで、ミッションを成し遂げるために相手側の真意をさぐる。さらに外交官が互いの首都に駐在しあって意思疎通を図る。そんな重層的なコミュニケーションによって相手の意図を読み誤らないような戦略環境を作ることで、相互抑止が米ソ間で成り立った―。ペイン氏から聞いた話を、藤原先生のお話を聞きながら思い出した。

　本題に戻るが、1つ目の核の傘の依存低減は、私の取材テーマ、研究テーマであり、博士論文に関連する題材だ。昨年5月、オバマ大統領が広島を訪問した後、核政策を見直そうとホワイトハウスを中心にかなり熱心な議論が行われた。その大きな目玉は核の先制不使用。オバマ大統領が日本から帰国し、翌月の6月には高官レベルの協議が始まり、国家安全保障会議（NSC）、国防総省、国務省、エネルギー省など、多くのステークホルダーが一堂に会して核政策の見直しについて議論し、プラハアジェンダを何とか実現したいと先制不使用をその柱の1つに持ってきた。しかし軍部は真っ先に反対した。その理由は同盟国、つまり核の傘の下にある同盟国への懸念だった。7月にオバマ大統領が招集した閣僚会議で核の役割低減と先制不使用について議論が行われた際、国防総省を率いるカーター国防長官はやはり反対した。先制不使用に舵を切ることは軍事戦略の大転換になるし、日本や韓国、北大西洋条約機構（NATO）諸国などの同盟国への影響が大きいからだ。ケリー国務長官は、先制不使用は核の役割低減を目指すオバマ政権にとっていいアイデアだが、**問題は同盟国。特に日本の説得に相当な時間がかかる**と。最後はエネルギー省のモニーツ長官、エネルギー省は核兵器を作る軍算複合体の一角を代表する立場。そのトップのモニーツ氏も反対意見を表明した。こうした反対論を聞いたオバマ大統領は憮然として会議を途中で打ち切ったそうだ。この閣僚会議の内容はこの会議に直接出席していた当時の高官から直接聞いたことだ。

　先制不使用はこうして断念に追い込まれるが、バイデン副大統領は退任間際の今年1月、カーネギー国際平和財団のシンポジウムで演説し、米国の持つ圧倒的な非核戦

力を考えると、「核の先制使用が必要になるもっともらしいシナリオは想定しにくい」と発言した。この言葉は核の役割低減を目指し続けたオバマ政権が残した「遺言」とも言える。しかしその後、今のトランプ大統領が現れた。ロシアとの緊張関係や中国の軍事大国化、北朝鮮のような新しい核保有国の出現、さらには大量破壊兵器（WMD）拡散に対する「対抗」措置強化という概念の下、核戦力は必要だと核の大量保有を正当化し続けている。

もう1つ重大な要素は**軍産複合体の問題**。私は「**核権力**」とも呼んでいる。核に存在意義を見出すべく安全保障政策の形成を図り、ビジネス上、経済上の巨大利権を増進させていく。そんな「核権力」の存在が米国にはある。クリントン政権が包括的核実験禁止条約（CTBT）を署名する時、「ストックパイル・スチュワードシップ」という制度を新たに設け、未臨界核実験などが行えるようにして核研究所の研究者や専門家を納得させた。「核兵器計画で飯を食っている技術者や研究者におもちゃを与えた」とある上院議会スタッフが語ってくれたことがある。米国の核兵器関連予算は年間2兆円を上回る。エネルギー省も数千億単位の巨額予算を付け、核弾頭の技術的性能と信頼性を維持している。

そんな「核権力」の存在に加え、核を手放すに当たってもう1つの阻害要因がある。それは**核の傘にある日本などの同盟国の存在**だ。ここで考えなくてはいけないのは、核に依存する安全保障戦略をどう変容させていくか、核により依存しない安全保障とは何かを志向する必要性だ。オバマ大統領のNPRは「核はextreme circumstance（国家にとっての極限の状態）でしか使わない」としており、核戦力と通常戦力を一応仕分けている。通常戦力だけでやる戦争とそこから核使用にエスカレートする戦争は次元が違う。一方で西側の専門家は最近、**中国が「核常兼備」の戦略概念を採用し始めた**と問題視し始めた。核と通常戦力の一体運用を目指すことで抑止効果の最大化を図る戦略に、中国が近づいているのではないかと。

実はこんな現状を踏まえ、日本は中国に「核常兼備」を促進させない、核戦力と通常戦力を渾然一体のものとして運用させないよう、従来の抑止のあり方を再考すべきではないか。核の傘とは拡大核抑止。しかし抑止の構成要素は何も核だけではない。先日北朝鮮周辺に「死の白鳥」と呼ばれる一番大きい通常爆弾を落とす爆撃機B1Bが飛来したが、これは抑止力のデモンストレーションだった。その後8月22日に核搭載可能な爆撃機B52が朝鮮半島の沖合を飛び、航空自衛隊機が日本の領空をエスコートする共同演習が行われたと初めて発表された。北朝鮮の核危機を背景に、日本はことさら核兵器の依存を深めていないか、核への傾斜が日米間であまりに強まっていないか。

さらに核の傘への依存低減に向けた研究について、もう1つ着目したいのは、核不拡散の要素をどう考えるかということ。核を持たない国が同盟国の核の傘にしがみつき安全を保障されることで、その国自体が核武装しなくてすむという核不拡散上の効用は確かにある。しかしネガティブな効用として、世界最強の軍隊、経済力を誇る米国が先制使用にしがみつくことの核拡散上のネガティブな含意がある。一番強い国ですら最初に核を使うかもしれないと言って抑止力の最大化を図ることが、どういう効果を他者にもたらすか。**核を背景にした抑**

力の最大化をむやみに図るとどうしても「伝染性」が生じてしまう。通常戦力で自分たちよりも強大な国が核の先制使用政策を堅持しているのだから、自分たちも核による抑止力を構築しなくてはならないとする核拡散の「伝染性」。この点を日本の安全保障政策担当者はもっと深く考えなくてはならない。だから先制不使用にはメリットもある。北朝鮮に対して、こちらが先に核を使わないと保証することで、北朝鮮も核を使った挑発行為に真っ先に踏み切るリスクが減るのではないか。先制不使用に象徴される核の役割低減は有事における危機管理上の利点があることを認識すべきだ。

それから「トラック2」に関するRECNAの研究は、北朝鮮との外交交渉が困難な今こそ意味があると考える。特に一番問題なのは南北の軍事境界線においてすら軍事コミュニケーションラインが時に途絶する状況。トラック2を有効活用することにより、**コミュニケーションの重層的な回路を切り開くことが必要だと思う。**

最後にブラジル・アルゼンチン核物質計量管理機関（ABACC）の話が出てきたが、東アジアにこれをあてはめるのは非常にチャレンジング。一方、日本の核燃料サイクル政策の問題にも繋げることができる。米国の研究者の中には、青森県六ヶ所村の再処理工場を例えば多国間の研究施設、拡散抵抗性の高い新しいR＆D施設として再利用していけばどうか、との意見もある。そうなれば日本が核燃サイクルを見直して、プルトニウムをため込まなくてすむ。核燃サイクルのマルチ化も勘案しながら議論していくことが大変有益だと思う。核兵器禁止条約下で将来、核廃棄検証を行う「コンピテント・オーソリティ」にも流し込めるような政策アイデアに育つといいと思った。

「抑止力」による核兵器の役割

吉田：第1テーマである抑止論についてもう少し議論したい。米国ではレガシー兵器になっており、一方でロシアは核しかないので頼っている。中国は核常兼備で近代化を進めている。核戦略の多様化が進んでいるのが今の世界で、冷戦期に書かれたような教科書的な抑止論は当てはまらない。そうした多様化を踏まえたうえでどうアプローチしていけば、さらなる核軍縮への糸口をつかめるのか。もう1つ大事な点は、核兵器がレガシー兵器化しているのは米国で、日本などの同盟国では拡大抑止における核抑止重視が根強く残っており、そこに新たなギャップがある。この2つをにらみながら、何を考えればいいか。

藤原：今、抑止の多様化と日本の軍事戦略について問題提起があった。まずは核の傘の話に戻る。抑止論で核を持たない国が核を持つ国の核戦力に頼る、これを当たり前としてきたが、抑止と核兵器との繋がりは本来自明ではないし、今変わりつつある。つまり**通常兵器による抑止の役割が拡大している**ということ。北朝鮮についても課題がある。北朝鮮の行動は何によって阻まれているのか。北朝鮮が何かしたら反撃をする力が「西側諸国」にある。その反撃は核兵器も入っているが中心は海軍力だ。核の戦略上の優位の変動は抑止戦略そのものの変化というより抑止における**通常兵器の役割を拡大すること**。

これが望ましい変化かといえば必ずしもそうではない。抑止が核に頼って相対的に安定する時代では通常兵器による抑止の必要性はそう高くない。しかし抑止力に対して核が果たす役割が不明確で効果がないか

もしれないとなれば、通常兵器による抑止に頼り始める。問題は、**通常兵器による抑止力は核による抑止に比べて被害規模の想定が難しいということ**。核兵器が使われた場合の被害の大きさは説明するまでもないが、通常兵器は戦闘の規模により抑止力の大小が全く違ってくる。ジョン・ミアシャイマーも書いていたが、核依存が減り通常兵器による抑止に頼れば、不安定になり実戦が発生する可能性は高まる。ポイントは**核の果たす役割が下がることが、結論から言えば戦争の可能性を誘発する**ということ。

実は我々はそこにいると私は考える。北朝鮮に対する抑止力は、核の果たす役割が相対的に減っていると多くの方が指摘している。このことは、だから核が減らせるとか核の廃絶に向かうという話ではなくて、むしろ戦闘の蓋然性が高まるということ。**抑止の多様化とは通常兵器による抑止への依存の高まり、戦争の蓋然性の高まりに繋がる**。

そこで日本の役割だが、日本は専守防衛が方針で具体的な戦力の構成にも大きな影響を及ぼしてきた。日米の協力の中心は航空自衛隊、海上自衛隊。核に頼るといいながら日米の軍事行動の中心は海という方向で動いてきた。今北朝鮮との関係で米国は軍事演習を繰り返している。海上自衛隊の方々は疲弊しきっている状況だ。この状況が、実は北朝鮮に対する抑止力の中心が通常兵器による抑止に移行していることを裏書きしている。つまり**日本は核の傘より通常兵器による抑止の一環として日本が米軍と一緒の行動をとっている**。もっとも韓国軍の方が米国には役立っていると思うが、日本も加わっている。日本は核の傘の中で抑止力を考えているがその中心は通常兵器。

この場合、紛争が発生する懸念を見据えて行動しなければいけない。米ソ冷戦の時代には核が中心だからこそ核の軍備管理が必要だった。今は核中心ではないが廃棄はリスクが高いから無理だと。**核戦争にエスカレートする可能性を避けるために核に関する軍備管理の仕組みをつくる仕掛けが必要だ**。すべての国が参加するのは机上の空論で、北朝鮮がこの枠組みに参加することは考えにくい。しかし核燃サイクルを含め、エネルギーの調達は容易ではないから、核保有国が非核保有国と連携しながら核兵器に関する軍備管理の仕組みを再開していく。ここで中心となるのは中国。だからこそ広島ラウンドテーブルでは中国の専門家との協議を常に重視してきたし、強い圧力を加えてきた。核に対する依存が下がり通常兵器による抑止に向かっていくならば、逆に核戦争にエスカレートする危険を避けるチャンスがある。まずこの仕組みを作ろうと提言したい。

北朝鮮にどう対処すべきか

吉田：次の話題は、北朝鮮の現状に対する見方と中長期的な方策について。

藤原：まず朝鮮戦争の話から。米国が核兵器を使うぞと脅したから中国が休戦の協議に加わったというのは明らかな間違い。1953年5月にアイゼンハワーはネルーと会って核使用の可能性について話した。中国とのラインをもつネルーから中国にメッセージが伝わるのを期待した。その後休戦についての協議が始まったので、脅したからということになる。実際はネルーに連絡した4日後にも核実験を行っている。ただ、実は中国は休戦協定の協議に決定を下したのは53年5月よりも前。なぜならば今指摘があった通り3月にスターリンが死んだから。朝鮮戦争はスターリンがやりたがった

戦争で、彼が死んで、ソ連はすぐに下りた。その情報がすぐに中国に伝わって引き上げたという話で、抑止が成果を上げたという話には、危ういものが多い。

核兵器で攻撃するぞという脅しで相手を屈服させることが本当に可能か。ここで、「抑止」と「強制外交」という言葉の区別を明確にしておきたい。抑止は相手が何かやったらこうするぞという脅しで、相手の行動を阻む。**軍事的圧力をかける場合は強制外交**で、抑止とは違う。今大きな課題は、北朝鮮の極めて粗暴な兵器の開発と、それに対抗する北朝鮮への武力行使。北朝鮮が現在大規模な侵略を準備していると考える人は極めて少ない。北朝鮮が核戦力を持つという核拡散の問題やミサイル技術等が北朝鮮から外に流出していくというリスクと、北朝鮮が侵略行動を準備していると考えることとは全く別。米朝交渉の目的は限定的なもので、手段が粗暴であれば、緊張状態が極めて高い膠着状態で北朝鮮に対する方針を変えてはいけないし、軍事的な圧力を続けなければいけない。

と同時に**軍事的圧力を加えることが様々なハザードを起こすことも念頭におかねばならない。**

現在、軍事演習の状況は回数・規模からいってもミスが起こりやすい状況。米軍関連の事故が起こる中で軍事演習を続けること自体が、ハザードを生みかねない。海上自衛隊だけでなく米海軍もいっぱいいっぱいだし、北朝鮮には圧力をかけても相手が政策を変えない可能性がある。となると1つの方向として北朝鮮の核兵器を凍結という形で認めるのではないか。日本は反対するだろうけれど、この方法はとるべきではないと私は考える。2つ目は逆で膠着状態打開のために攻撃するというやり方で状況を悪化させるのは間違いない。仮に北朝鮮が核弾頭を搭載したミサイルの発射実験を行えば、game changerになる。実行すれば大気圏内の爆発となり、北朝鮮への攻撃を支持する世論が米国内でも高まる。また、それと対なのが「俺は頭がおかしい、何でもやりかねないぞ」となれば相手は必ず引くだろうという信念。すると米国は先制攻撃しかねないぞということで、相手が屈服することを期待する。これが核を使った強制外交で、米国は実は何回かやっている。1968年北朝鮮がプエブロ号を拿捕した時にも核を使うぞと脅すが効果がなかった。1975年マヤゲス号拿捕事件の時も、イランでの米国大使館院人質事件の時も、湾岸危機でフセインがクウェートを侵略した時にも**核の脅しは逆効果で、強制外交には全く何の成果も期待できない**。しかも、そのような選択に訴えると実際に軍事行動をしなければならず、瀬戸際政策で失敗した後は選択を狭めてしまう。

向かい合う西側も問題だ。北朝鮮の核保有を容認しないという政策を維持しながら、一方的な攻撃も阻んでいく。北朝鮮はもともと核攻撃を恐れて戦略を組み立ててきたので山奥や地下に拠点を持つ。核爆弾を何発も投下すれば相当の成果があるかもしれないが、この時、核兵器は使える兵器になる。私は核兵器を使うタブーが世界で成立したという議論には賛成しない。いったん使われれば核兵器は使える兵器として多く使用されるだろう。核を使わない攻撃をした場合には相手の反撃能力は残るが妥協を期待できる。

注意すべきは北朝鮮が体制の存続を賭けて戦っているということ。新たな領土の獲得を巡る争いではない。とすると、かなりの打撃を加えても相手は譲歩しない可能性

もある。さらに、通常兵器による攻撃でも韓国が米国と協力しない可能性が高まる。理由は簡単、ソウルが攻撃される可能性があるから。米国がこの地域の軍事力で一番頼るのは、日本ではなく実戦力のある韓国。そして米国は韓国の協力なしでこの地域で長期間戦闘を行うことは不可能。同盟国の支持を失えば米国は首を絞めることになる。一方的な攻撃をすれば、恐らくオーストラリアも反対するだろう。結果的には日米同盟の見地でその力を確保してきた日本が、仮に米国を支持したら二階に上がってはしごを外された状態になり、目も当てられない。日本としては絶対に一方的な攻撃に賛成してはならない。この点はしっかり強調しておきたい。そしてこの危機が長期化することを覚悟して対処することが必要だ。

太田：今回のトランプ大統領のアジア歴訪後、中国は特使を平壌に送ったが、中朝間の交渉は成果がないまま終わったと見られる。そこで、トランプ政権はテロ支援国家の再指定に踏み切り、脱北した北朝鮮兵のビデオを流しながら、脱北兵を追跡した北朝鮮兵は南北軍事境界線を越えており休戦協定違反だと言い出した。これは米国の仕掛けた心理作戦であり、藤原先生ご指摘の封じ込め型による北朝鮮の核放棄、強制外交に米国が重心を移しつつあることの表れではないかと考える。軍事オプションだが、日米の邦人退避計画がまだ確立されていないようだ。日本人、米国人、EU各国の在韓国連軍の関係者などの退避計画も調整できていない。そうした状況下でトランプ政権が一方的な武力行使に踏み切ることはないだろうと若干安心している。

ただ韓国で行ったトランプ大統領の国会演説は最後の1行が象徴的だった。大統領は「ならず者」「カルト」「暴君」などの言葉を並べながら、一方で核をあきらめたら明るい道があると提言している。それでもトランプ大統領は、「北朝鮮は何人にも値しない地獄」だと言い放ち、先々代の金日成が夢見た「天国」とは違って三代目は「地獄」を作ったと非難した。そして最後に、全ての人は「自由の下に生きなければいけない」と明言し、演説を締めくくった。米国は能動的に体制転換は目指さなくとも、中長期的な統一朝鮮は韓国による吸収型統一であると言わんばかりの内容。これでは対話の余地はますます減っていく。トランプ大統領は北朝鮮に「悪」のレッテルを貼ることで金正恩体制を孤立化させ、さらに制裁を強め、圧力を高める。一方で抑止力を保って暴発を防ぐという封じ込め型の核放棄戦略を取りつつあると思った。

この北朝鮮封じ込め戦略の将来的な成否はわからない。今は圧力と抑止力ばかり強調しているが、やはりその先の大戦略が必要ではないか。日米韓の間で外交解決への道筋をきちんと調整して、中国もこちらにひき入れた「国家100年」の外交戦略が今こそ必要ではないか。残念ながら、日本政府を取材しても今後100年先をにらんだ外交ビジョンは見えてこない。非常に重大局面が来ているのに。

昨今の北朝鮮情勢を巡りもう1つ象徴的だったのが、先の衆院選での党首討論。安倍首相は「日米間のデカップリング（敵対国の核報復を恐れて米国が核使用をためらい、日米間に安全保障の利益相反が起こること）は起きない」と唐突に発言した。かつてソ連がICBMを持った時、「パリやロンドンを守るために誰がニューヨークやシカゴを犠牲にするか」との趣旨の発言をした、フランスのシャルル・ドゴール大統領

らの考え方がデカップリング論の原型だが、安倍首相はああいうデカップリング現象は起きないと。この首相発言は下手したら、北朝鮮によるICBMの保有を黙認するメッセージとも読める。日米同盟が堅固だと言いたいがゆえの発言だろうが、大変間違ったメッセージを送りかねないと思う。「首相の外交スタッフは何をしているのか」と唖然とした。米国を狙えるICBMを北朝鮮が保有したとしても、果たして本当にデカップリングは起きないのか。ICBMを保有してからでは遅いのではないかとも考える。

軍備管理と日本の役割

吉田：北朝鮮への先制攻撃論がくすぶる一方で、核兵器凍結を条件とした対話路線を促す意見もある。簡単な答えはないだろうが、この2つ以外に第三の道はあるのだろうか。北東アジアにおける軍備管理の重要性は疑いの余地のないところで、北朝鮮だけじゃなく地域や戦略の多様化も含めた問題だ。軍備管理の意味について、藤原さんにさらに詳しくお考えを伺いたい。太田さんに伺いたいのは、本来日本が軍備管理のイニシアチブをもっと取っていいと思うが、ここ何年かの流れはそういう外交に乗り出してはいない。トラック2も含めて日本はどう動くべきだろうか。

藤原：北朝鮮に対して核兵器凍結という形で保有を認めるのはアウト。それから先制攻撃もアウト。じゃあどうするか、膠着状態だから時間がかかるだろう。ポイントは経済制裁だが、北朝鮮に対するよりは中国とロシアに対する二次的経済制裁が考えられる。

経済依存度が高いのは中国だけど、中国は北朝鮮の体制崩壊を恐れている。北朝鮮が韓国主導で統一された場合、米軍が国連軍という形で国境に来るのは認めたくない。北朝鮮と経済的な取引をしている中国を、北朝鮮をけん制させる方向に向けていく、それが二次制裁。かなり成果をあげている。理由は単純で金融取引の情報を米国財務省が相当掌握しており、これを種に相手を揺さぶる。イランに対する経済制裁の強化も図った。これが元になりロシアに対する経済制裁が、特にクリミア危機以降行われてくる。

北朝鮮については中国のアンダーグラウンドな資金の移動については米政府が相当情報を集めており、**中国を二次制裁で抑えて北朝鮮についての共同歩調をとらせる。これは**適切な対処だ。北朝鮮の政策が変わるかどうかはわからないが、中国が北朝鮮をけん制するネットワークの中で活動することを明示していく必要があるから。

今北朝鮮に関して一番心配なのは、北朝鮮に対する姿勢で、例えば米国、日本、韓国と違う方向をとる国が結果的には北朝鮮の立場を強化するということ。ポイントは中国とロシア。中国は今の二次制裁で相当の成果を挙げるだろう。ところがロシアは二次制裁に経済制裁が加えられ、金融情報を相当掌握しているのに、そこと結びついた人が米大統領になったので、今ロシアに対する金融を通じた制裁が止まっている状況。早急に変えなければいけない。

今国際関係で不安定な要因は北朝鮮の次にしばしば中国が上がってくるが、私はロシアだと思う。ロシアに対して戦争を回避しながら西側諸国との関係を好転させないと、相当苦しくなる。この状況をどう変えていくのか。相手は核保有国だから軍事危機を回避しながらそれを進める最も有効な手立てはインテリジェンスと経済制裁。こ

れを米国が使って、**中国とロシアがネットワークの中に入った状態で北朝鮮に対する状況を維持できれば、北朝鮮の危機のエスカレートは避けられる**。紛争が起こりかねない時、次に考えるべきは紛争拡大の可能性。北朝鮮の危機が拡大してもロシア、中国と戦争するわけじゃないぞという消極的安全保証を与えながら、同時に北朝鮮への対応を各国で堅持していく。すると北朝鮮危機が周辺化され、エスカレートを止められる。最低限それをした方がいい。地域的な軍備管理がセットになる。

中国は封じ込めを最も恐れている国。米ソ冷戦後、中国が各国に封じ込められるという恐怖と闘いながら極端な軍備の拡大を図ってきた。中国との軍備管理交渉は、特に通常兵器は大変難しい。次世代の原子力潜水艦はお金かかるから、核の優先順位が低いということを利用しながら軍備管理交渉の中に中国を誘い込んでいくことは、エスカレーションを避けるメカニズムにおいては重要。少なくとも SALT 時代、米ソでの軍事情報の共有がある程度見られたが、今米中間ではそれは全く進んでいない。

これを進めていく手がかりとして**軍備管理という枠組み**を考えられないだろうか。北朝鮮の危機がある中で6カ国協議の中では北朝鮮以外の5カ国が核について協議を行うという情報が入っている。これで北朝鮮以外の諸国が北東アジアの安全保障に関連して核に関する交渉を開始するのもありうる。

太田：トラック2について言うと、何かと先例を踏襲したがる経路依存の論理が示すように、新しいことをやるときには臆病になりがち。危機的な状況では尚更だ。**東アジアには軍備管理の枠組みがない**とずっと指摘されてきたが、RECNA の研究の意義はまさにこの点にあり、トラック2の議論が具体的な政策アイデアを政府レベルに流し込んでいくことがますます必要となる。

それから従来の政府間の枠組みで何ができるか。日本は各国との間で軍縮・不拡散協議を結構、定期化している。日韓の軍縮・不拡散協議もあるし、日米、日ロにもそれがある。そういう二国間の枠組みが既にあるのだから、安全保障担当者をこれに巻き込みながら、軍備管理、軍縮、不拡散は重要な安全保障上のツールであるという認識を植え付けていくことが重要だ。そしてバイ（二国間）からマルチ（多国間）にこの議論を発展させていく。こうしたプロセスをトラック2の枠組みと連動させてもいいのではないか。また軍縮・不拡散の分野にとどまらず、**将来的に東アジアの安全保障を構想するような大胆な頭の体操をやってもいいだろう**。

いくつか個別のアジェンダを挙げたい。まず、韓国で騒がれている**米国の戦術核再配備**の問題。この地域で本当に戦術核が抑止力を増大させるのか、私は否だと思うし米国は再配備をやりたくない。日米でも日韓でもこれに関する議論をする必要があるだろう。韓国に戦術核を集めることは、北朝鮮の核攻撃のターゲットを増やすこと。それは危機管理上の安定化要因にはならない。

他の具体的アジェンダとしては、ロシアが違反しているとされる**中距離核戦力（INF）条約**の問題。この条約違反問題は軍備管理上、深刻な政策的含意があり、欧州にとっては地殻変動的な話かもしれない。一昨日、2018年春に行われる NPT 再検討会議準備委員会の議長と議論をさせていただいたが、彼も INF は欧州の軍備管理の礎石だと発言していた。INF 条約を米

口に限らず国際標準化する取り組みを日本もやったらどうか。個人的に安倍首相の側近にもそう提言してきた。しかしこの話は中国が乗ってこないからとなかなか動かない。しかしバイの協議枠組みを日米韓のトライラテラルに広げながら、INF条約を地域的な枠組みに応用できるのではないか。それは中国の核軍拡の阻止に繋がり日本の安全保障に資する政策だ。**最後に、北朝鮮の問題解決もトラック2を活用しながら、そこでの専門的議論を通じて非核地帯構想を実現性の高いレベルへ少しでも近付けていくこと。そしてそれをトラック1、**オフィシャルレベルに政策選択肢として流せるよう努力することが必要だ。

吉田：まとめとして2点だけ指摘したい。仮にこの地域で核兵器が使われれば核抑止が消えてしまう。**核が使われる兵器になったら世界中の安全保障の危機であり核時代が根本的に変わる**という意識で北朝鮮問題に立ち向かわなければならない。もう1点は、日本は自分の安全保障に関わるといいながら、国難突破総選挙をやりながら、どういう危機認識とそれに対応するツールを検討しているのかという点に疑問を残したままになっている。

まとめ

パネル討論は、主に北朝鮮問題への対応を中心に、安全保障における「抑止」という考え方や理論と実践に深く踏み込む、充実した議論となった。「抑止力」は一定の効果を持つが破たんした時のリスクを考えることが重要であること、「抑止力」のなかでも「核」の持つ特殊性、さらにはその役割が現実には減少していること、現場の取材を含めた説得力のあるこのやり取りは、今後の北朝鮮問題や北東アジアの安全保障、ひいては「核兵器のない世界」を議論するうえで、きわめて重要な示唆を与えてくれた。司会の吉田教授、パネリストの藤原教授、太田氏に深く感謝したい。なお、文中の太字部分は編者がつけたものである。

（編者：鈴木達治郎）

参考文献

■日本語

秋山信将編『NPT 核のグローバル・ガバナンス』岩波書店、2015年
浅田正彦・戸崎洋史編『核軍縮不拡散の法と政治』信山社、2008年
宇野重明・小林博、『北東アジア地域協力の可能性』国際書院、2009年
梅林宏道『非核兵器地帯：核なき世界への道筋』、岩波書店、2011年
小柏葉子「南太平洋フォーラム諸国の地域協力：南太平洋非核地帯条約成立をめぐって」『国際法外交雑誌』89巻5号、13-39頁、1990年
小川伸一『「核」軍備管理・軍縮のゆくえ』芦書房、1996年
外務省軍縮不拡散・科学部『日本の軍縮・不拡散外交』(第五版)、2011年
外務省軍縮不拡散・科学部『日本の軍縮・不拡散外交』(第六版)、2013年
外務省軍縮不拡散・科学部『日本の軍縮・不拡散外交』(第七版)、2016年
北野充『核拡散防止の比較政治』ミネルヴァ書房、2016年
黒澤満『核兵器のない世界へ：理想への現実的アプローチ』東信堂、2014年
ジョゼフ・ゴールドブラット著、浅田正彦訳『軍縮条約ハンドブック』日本評論社、1999年
澤田眞治「アルゼンチンとブラジルにおける核政策：開発競争から協調管理への展開」『広島平和科学』17号、41-78頁、1994年
鈴木基史『平和と安全保障』東京大学出版会、2007年
長崎大学核兵器廃絶研究センター(RECNA)『提言：北東アジア非核兵器地帯設立への包括的アプローチ』2015年3月
福井康人『軍縮国際法の強化』信山社、2015年
防衛省編『平成29年版防衛白書』2017年
防衛省編『平成27年版 日本の防衛：防衛白書』2015年
藤田久一『軍縮の国際法』日本評論社、1985年
北東アジア平和協力構想チーム著『北東アジア平和協力構想』ソウル、ORUEM、2015年

■英　語

Arguello, E.J. Buis, "From Rio to Helsinki: Advantages and Shortcomings of the ABACC Concept and Its Possible Application in the Middle East", Policy Brief for the Middle East Conference on a WMD/DVs Free Zone, Academic Peace

Orchestra Middle East, April 2014.

Argüello, Irma "Brazil and Argentina's Nuclear Cooperation", PROLIFERATION ANALYSIS, Carnegie Endowment for International Peace, January 2009.

Australian Government Department of Defence, "2016 Defence White Paper" (http://www.defence.gov.au/whitepaper/Docs/2016-Defence-White-Paper.pdf) .

Australian Government Department of Foreign Affairs and Trade, "Australia's Nuclear Non-Proliferation and Disarmament Policy" (http://dfat.gov.au/international- relations/security/non-proliferation-disarmament-arms-control/nuclear-weapons/Pages/australias-nuclear-non-proliferation-and-disarmament-policy.aspx).

Ball, Desmond and Kwa Chong Guan eds., "Assessing Track 2 Diplomacy in the Asia-Pacific Region", S. Rajaratnam School of International Studies, 2010.

Burgess, Heide and Guy Burgess, "Conducting Track II Peacemaking," United States Institute of Peace Press, 2010.

Carasales, J.C. "The Argentine-Brazilian Nuclear Rapprochement", The Nonproliferation Review, Spring-Summer 1995.

Commonwealth of Australia, "Defending Australia-Defence White Paper 1994" (http://www.defence.gov.au/Publications/wpaper1994.pdf).

Goldemberg, J. Lessons from the Denuclearization of Brazil and Argentina", Arms Control Today, April 2008.

Jervis, Robert, "The Symbolic Nature of Nuclear Politics", The Meaning of the Nuclear Revolution, Cornell University Press, 1989.

Jones, Peter, "Track Two Diplomacy: in Theory and Practice", Stanford University Press, 2015.

Schweitzer, Glenn E., "Scientists, Engineers and Track-Two Diplomacy", The National Academic Press, 2004.

United Nations, "Work of the Advisory Board on Disarmament Matters, Report of the Secretary-General", A/68/206, July 26, 2013.

United Nations, "Comprehensive study of the question of nuclear-weapon-free zones in all aspects", General Assembly Resolution 3472, 1975.

U.S. Department of Defense, Nuclear Posture Review Report. April 2010.

U.S. Department of States, "International Partnership for Nuclear Disarmament Verification (IPNDV)" (https://www.state.gov/t/avc/ipndv/).

Vienna Center for Disarmament and Non-Proliferation, Emerging Satellite for Non-Proliferation and Disarmament Verification. January 2016.

参考文献

Wolf, Amy, "Monitoring and Verification in Arms Control," Congressional Research Service, December 23, 2011, R41201. (https://fas.org/sgp/crs/nuke/R41201.pdf).

編著者紹介
（執筆順、＊は編者）

＊鈴木 達治郎　　長崎大学核兵器廃絶研究センターセンター長・教授
　　　　　　　　　　　　　　　　　　　　　　　　　　　　はじめに、第11章、第14章

中村 桂子　　長崎大学核兵器廃絶研究センター准教授　　　　第1～3章、第6章

榎本 浩司　　一橋大学大学院法学研究科博士後期課程在籍中　　第4章、第12章

吉田 文彦　　長崎大学核兵器廃絶研究センター副センター長・教授　第5章、パネル討論

＊広瀬 訓　　長崎大学核兵器廃絶研究センター副センター長・教授
　　　　　　　　　　　　　　　　　　　　　　　　　　　第7章、第9章、第12章

向 和歌奈　　亜細亜大学国際関係学部国際関係学科講師　　　　第7章、第10章

孫 賢鎮　　広島市立大学広島平和研究所准教授　　　　　　　第8章

堀尾 健太　　東京大学大学院工学系研究科原子力国際専攻　　第11章、第13章、第14章

全 炳徳　　長崎大学教育学部教授　　　　　　　　　　　　　第12章

永井 雄一郎　日本大学国際関係学部国際総合政策学科助教　　　第12章

＊藤原 帰一　　東京大学大学院法学政治学研究科教授　　　　　パネル討論

太田 昌克　　共同通信編集委員、RECNA客員教授　　　　　　パネル討論

Wolf, Amy, "Monitoring and Verification in Arms Control," Congressional Research Service, December 23, 2011, R41201. (https://fas.org/sgp/crs/nuke/R41201.pdf).

編著者紹介
(執筆順、＊は編者)

＊鈴木　達治郎（すずき　たつじろう）　長崎大学核兵器廃絶研究センターセンター長・教授
　　　　　　　　　　　　　　　　　　　　　　　　　　　　　はじめに、第11章、第14章

中村　桂子（なかむら　けいこ）　長崎大学核兵器廃絶研究センター准教授　　第1～3章、第6章

榎本　浩司（えのもと　こうじ）　一橋大学大学院法学研究科博士後期課程在籍中　　第4章、第12章

吉田　文彦（よしだ　ふみひこ）　長崎大学核兵器廃絶研究センター副センター長・教授　　第5章、パネル討論

＊広瀬　訓（ひろせ　さとし）　長崎大学核兵器廃絶研究センター副センター長・教授
　　　　　　　　　　　　　　　　　　　　　　　　　　　　　第7章、第9章、第12章

向　和歌奈（むかい　わかな）　亜細亜大学国際関係学部国際関係学科講師　　第7章、第10章

孫　賢鎮（そん　ひょんじん）　広島市立大学広島平和研究所准教授　　第8章

堀尾　健太（ほりお　けんた）　東京大学大学院工学系研究科原子力国際専攻　　第11章、第13章、第14章

全　炳徳（ちょん　びょんどく）　長崎大学教育学部教授　　第12章

永井　雄一郎（ながい　ゆういちろう）　日本大学国際関係学部国際総合政策学科助教　　第12章

＊藤原　帰一（ふじわら　きいち）　東京大学大学院法学政治学研究科教授　　パネル討論

太田　昌克（おおた　まさかつ）　共同通信編集委員、RECNA客員教授　　パネル討論

Horitsu Bunka Sha

RECNA叢書3

核の脅威にどう対処すべきか
――北東アジアの非核化と安全保障

2018年3月31日　初版第1刷発行

編　者　　鈴木達治郎・広瀬　訓
　　　　　藤原帰一

発行者　　田靡純子

発行所　　株式会社　法律文化社
　　　　　〒603-8053
　　　　　京都市北区上賀茂岩ヶ垣内町71
　　　　　電話 075(791)7131　FAX 075(721)8400
　　　　　http://www.hou-bun.com/

＊乱丁など不良本がありましたら、ご連絡ください。
　送料小社負担にてお取り替えいたします。

印刷：亜細亜印刷㈱／製本：㈱藤沢製本
装幀：白沢　正
ISBN978-4-589-03921-7
© 2018　T. Suzuki, S. Hirose, K. Fujiwara
Printed in Japan

JCOPY 〈(社)出版者著作権管理機構 委託出版物〉

本書の無断複写は著作権法上での例外を除き禁じられています。複写される場合は、そのつど事前に、(社)出版者著作権管理機構(電話 03-3513-6969、FAX 03-3513-6979、e-mail: info@jcopy.or.jp)の許諾を得てください。

ウォード・ウィルソン著／黒澤 満日本語版監修／広瀬 訓監訳〔RECNA叢書1〕 **核兵器をめぐる5つの神話** A5判・186頁・2500円	「日本の降伏は原爆投下による」、「核には戦争を抑止する力がある」など、核兵器の有用性を肯定する理論が、史実に基づかない都合のよい〈神話〉に過ぎないことを徹底検証する。核廃絶のための科学的な論拠と視座を提供する。
ハロルド・ファイブソン、アレキサンダー・グレーザー、ジア・ミアン、フランク・フォン・ヒッペル著／鈴木達治郎監訳／冨塚 明訳〔RECNA叢書2〕 **核のない世界への提言** ―核物質から見た核軍縮― A5判・204頁・3500円	核物質の専門家が科学技術の専門知識をもたない市民に向けて核物質の本質、実態と問題性を整理・解説。実現可能な核廃絶への道を提言する。
広島市立大学広島平和研究所監修／吉川 元・水本和実編 **なぜ核はなくならないのかⅡ** ―「核なき世界」への視座と展望― A5判・240頁・2000円	核廃絶が進展しない複合的な要因について国際安全保障環境を実証的かつ包括的に分析し、「核なき世界」へ向けての法的枠組みや条件を探究するとともに、被爆国・日本の役割を提起する。
広島市立大学広島平和研究所編 **平和と安全保障を考える事典** A5判・710頁・3600円	混沌とする国際情勢において、平和と安全保障の問題を考える上で手引きとなる1300項目を収録。多様な分野の専門家らが学際的アプローチで用語や最新理論、概念を解説。平和創造の視点から国際政治のいまとこれからを読み解く。
山田康博著 **原爆投下をめぐるアメリカ政治** ―開発から使用までの内政・外交分析― A5判・242頁・4300円	なぜアメリカは日本へ原爆を投下したのか。70年が経過した今、あらためて先行研究のすべてを整理のうえ、開発から使用までの内政・外交の全政治過程を分析する。論拠となる文献・資料の典拠をすべて提示することによって、根拠を明らかにした。

―法律文化社―

表示価格は本体（税別）価格です